A
# Bíblia dos Cristais volume 2

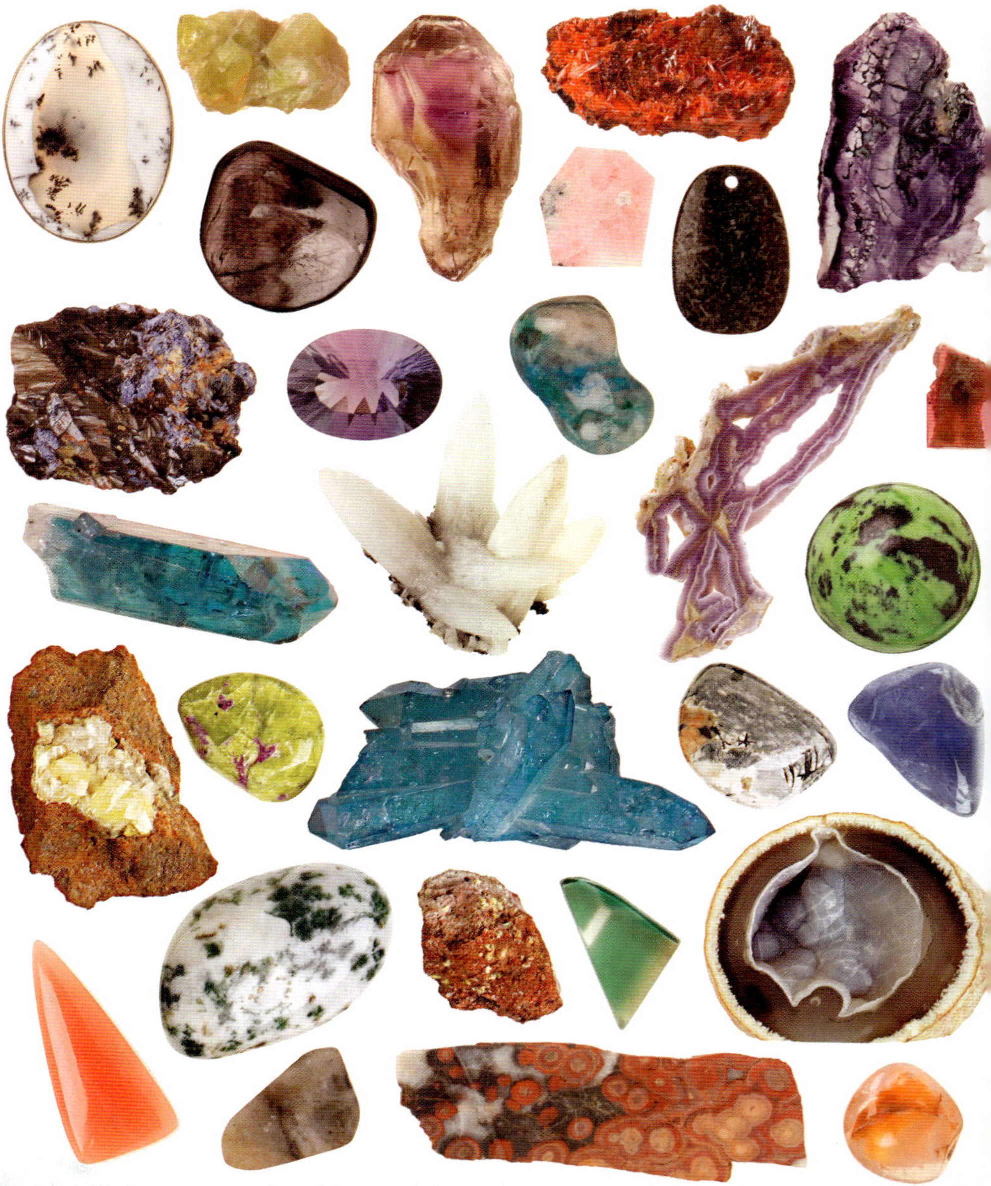

A
# Bíblia dos Cristais volume 2

**Judy Hall**

**Com a descrição de mais de 200 cristais de cura**

*Tradução:* DENISE DE C. ROCHA DELELA

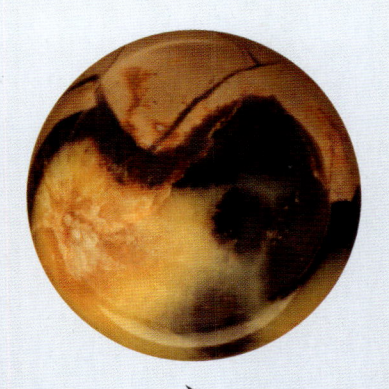

Editora
Pensamento
SÃO PAULO

Título original: *The Crystal Bible volume 2.*

Copyright do texto © 2009 Judy Hall
Copyright © 2009 Octopus Publishing Group Ltd.
Copyright da edição brasileira © 2009 Editora Pensamento-Cultrix Ltda.
1ª edição 2010 (catalogação na fonte 2009).
8ª reimpressão 2022.

Publicado pela primeira vez na Grã-Bretanha em 2009 sob o título *Crystal Bible volume 2* por Godsfield Books, uma divisão da Octopus Publishing Group Ltd, Carmelite House, 50 Victoria Embankment, London EC4Y 0DZ.

Todos os direitos reservados. Nenhuma parte deste livro pode ser reproduzida ou usada de qualquer forma ou por qualquer meio, eletrônico ou mecânico, inclusive fotocópias, gravações ou sistema de armazenamento em banco de dados, sem permissão por escrito, exceto nos casos de trechos curtos citados em resenhas críticas ou artigos de revistas.

A Editora Pensamento não se responsabiliza por eventuais mudanças ocorridas nos endereços convencionais ou eletrônicos citados neste livro.

**Dados Internacionais de Catalogação na Publicação (CIP)**
**(Câmara Brasileira do Livro, SP, Brasil)**

---

Hall, Judy.
  A Bíblia dos cristais, volume 2 / Judy Hall ; tradução Denise de C. Rocha Delela. – São Paulo : Pensamento, 2009.

  ISBN 978-85-315-1593-4

  1. Cristais - Uso terapêutico 2. Gemas - Uso terapêutico 3. Pedras preciosas - Uso terapêutico I. Título.

09-07531                                                                                                    CDD-133.2548

---

**Índices para catálogo sistemático:**
1. Cristais : Uso terapêutico : Esoterismo    133.2548

---

Direitos de tradução para o Brasil
adquiridos com exclusividade pela
EDITORA PENSAMENTO-CULTRIX LTDA.
Rua Dr. Mário Vicente, 368 — 04270-000 — São Paulo, SP
Fone: (11) 2066-9000
E-mail: atendimento@editorapensamento.com.br
http://www.editorapensamento.com.br
que se reserva a propriedade literária desta tradução.
Foi feito o depósito legal.

# SUMÁRIO

| | |
|---|---|
| GUIA DE REFERÊNCIA DOS CRISTAIS | 6 |
| A GRANDE ABUNDÂNCIA DE CRISTAIS | 10 |
| **AS VIBRAÇÕES DOS CRISTAIS** | **12** |
| **LISTA DE CRISTAIS** | **34** |
| **GUIA DE REFERÊNCIA RÁPIDA** | **356** |
| GLOSSÁRIO | 376 |
| ÍNDICE | 384 |
| INFORMAÇÕES ÚTEIS | 400 |
| AGRADECIMENTOS | 400 |

*ADVERTÊNCIA: As informações contidas neste livro não pretendem substituir o tratamento médico nem podem ser usadas como base para um diagnóstico. Se você tiver alguma dúvida sobre o uso das pedras, consulte um especialista em cura por meio de cristais. No contexto deste livro, a doença é uma indisposição\*, a manifestação final de estresse ou desequilíbrio espiritual, ambiental, psicológico, cármico, emocional ou mental. A cura significa recuperar o equilíbrio da mente, do corpo e do espírito e facilitar a evolução da alma; não implica a cura da doença. De acordo com o consenso relativo à cura pelos cristais, todas as pedras são chamadas de cristais, quer tenham ou não uma estrutura cristalina. Os cristais são poderosos e podem dar margem a abusos ou mal-entendidos. Se você tiver qualquer dúvida com relação ao seu uso, consulte um profissional qualificado, de preferência especializado em terapia com cristais.*

# GUIA DE REFERÊNCIA DOS CRISTAIS

**A**

| | |
|---|---|
| Actinolita | 36 |
| Actinolita Preta | 37 |
| Adamita | 38 |
| Aegirina | 40 |
| Ágata Árvore | 47 |
| Ágata com Bandas | 42 |
| Ágata com Bandas Cinza | 42 |
| Ágata de Botsuana | 42 |
| Ágata de Fogo Craquelê | 44 |
| Ágata Pele de Cobra | 45 |
| Agrelita | 49 |
| Ajoíta | 222 |
| Ajoíta com Papagoíta | 223 |
| Ajoíta com Shattuckita | 223 |
| Alexandrita | 50 |
| Ambligonita | 52 |
| Amolita | 54 |
| Anabergita | 56 |
| Aragonita Azul | 69 |
| Astrofilita | 58 |
| Atlantasita | 59 |
| Avalonita | 61 |

**B**

| | |
|---|---|
| Barita | 63 |
| Berilonita | 65 |
| Bertrandita | 337 |
| Biblioteca de Luz | 240 |
| Bixbita | 66 |
| Bornita | 73 |
| Bornita sobre Prata | 74 |
| Boulangerita no Herkimer Azul | 226 |
| Brasilianita | 75 |
| Bronzita | 77 |
| Bustamita | 79 |
| Bustamita com Sugilita | 80 |
| Bytownita | 327 |

**C**

| | |
|---|---|
| Cacoxenita | 81 |
| Calcedônia Azul Drusiforme | 61 |
| Calcedônia Dendrítica | 118 |
| Calcita Cobalto | 85 |
| Calcita Dente de Cão | 92 |
| Calcita Fantasma Cor de Mel | 88 |
| Calcita Hematoide | 87 |
| Calcita Mariposa | 88 |
| Calcita Pedra das Fadas | 83 |
| Calcita Pingente de Gelo | 89 |
| Calcita Raio Estelar | 91 |
| Calcopirita | 100 |
| Cassiterita | 94 |
| Cavansita | 96 |
| Celestobarita | 98 |
| Cianita Cristalina | 171 |
| Cianita Preta | 172 |
| Citrino Catedral | 241 |
| Clevelandita | 104 |
| Conicalcita | 106 |
| Covelita | 107 |
| Creedita | 109 |
| Creedita Laranja | 110 |
| Crisotila | 102 |
| Crocoíta | 111 |

**D**

| | |
|---|---|
| Danburita Aqua Aura | 115 |
| Danburita Dourada | 114 |

| | |
|---|---|
| Danburita | |
| Drusiforme | 115 |
| Datolita | 116 |
| Dedo de Bruxa | 37 |
| Diópsido | 119 |
| Dolomita Espato | |
| Pérola | 209 |
| Dumortierita | 121 |

### E

| | |
|---|---|
| Epídoto | 125 |
| Epídoto no Quartzo | 248 |
| Eritrita | 127 |
| Escapolita | 320 |
| Esfalerita sobre Quartzo | |
| Drusiforme | 251 |
| Espectrolita | 326 |
| Especularita | 328 |
| Estibnita | 329 |
| Estichtita | 331 |
| Eudialita | 128 |
| Explosão de Cobalto | 127 |

### F

| | |
|---|---|
| Feldspato Vermelho | |
| com Fenacita | 317 |
| Fluorita Opalizada | 337 |
| Frondelita | 134 |
| Frondelita com | |
| Estrengita | 135 |
| Fulgarita | 136 |

### G

| | |
|---|---|
| Gaspeíta | 140 |
| Girassol | 203 |
| Goethita | 142 |
| Goethita Arco-íris | |
| Iridescente | 143 |
| Greenlandita | 144 |

### H

| | |
|---|---|
| Hackmanita | 146 |
| Hackmanita com | |
| Ussingita Violeta | 147 |
| Halita | 148 |
| Hanksita | 150 |
| Hedenbergita | 286 |
| Hematita com Rutilo | 152 |
| Hematita Especular | 328 |
| Hemimorfita | 154 |
| Herderita | 156 |
| Herkimer "Citrino" | 225 |
| Herkimer | |
| "Enfumaçado" | 225 |
| Herkimer Azul com | |
| Boulangerita | 226 |
| Herkimer Enidro | |
| Dourado | 226 |
| Heulandita | 158 |
| Hiperstênio | 327 |
| Hiperstênio violeta | 327 |
| Hubnerita | 160 |
| Huebnerita | 160 |

### I/J/K

| | |
|---|---|
| Interferência Himalaia | |
| no Crescimento | 270 |
| Jade Lemuriano | 174 |
| Jaspe Floresta | |
| Tropical | 167 |
| Jaspe Orbicular | |
| Oceânico | 163 |
| Jaspe Orbicular Pele | |
| de Leopardo | 161 |
| Jaspe Papoula | 165 |
| Kakortokita | 169 |

### L

| | |
|---|---|
| Labradorita Amarela- | |
| Dourada | 327 |
| Labradorita Veludo | 327 |
| Lazulita | 173 |
| Lepidocrocita | 178 |
| Limonita | 182 |
| Lingam de Shiva | 324 |

### M

| | |
|---|---|
| Marcassita | 184 |
| Mariposita | 283 |
| Menalita | 186 |
| Merlinita | 188 |
| Mica Lepidolita com | |
| Quartzo | 266 |

## GUIA DE REFERÊNCIA DOS CRISTAIS

| | |
|---|---|
| Molibdenita | 190 |
| Molibdenita no Quartzo | 191 |

### N
| | |
|---|---|
| Natrolita | 194 |
| Netunita | 195 |
| Novaculita | 196 |
| Nuumita | 198 |

### O
| | |
|---|---|
| Oligiocrase | 201 |
| Oligocrase | 201 |
| Opala Azul | 203 |
| Opala Azul Andino | 202 |
| Opala do Oregon | 203 |
| Opala Púrpura | 337 |

### P
| | |
|---|---|
| Paixão Púrpura | 337 |
| Papagoíta na Ajoíta | 223 |
| Pederneira | 132 |
| Pedra Azul de Preseli | 211 |
| Pedra Caligráfica | 93 |
| Pedra da Lua Arco-íris | 72 |
| Pedra da Lua Azul | 71 |
| Pedra da Melodia | 333 |
| Pedra Dálmata | 112 |
| Pedra de Atlântida | 163, 240 |
| Pedra de Eilat | 123 |
| Pedra Gaia | 138 |
| Pedra Tiffany | 337 |
| Pedra Zebra | 353 |
| Pedra-pomes | 214 |
| Picrolita | 60 |
| Pirofilita | 218 |
| Prasiolita | 282 |
| Psilomelana | 188 |
| Purpurita | 216 |

### Q
| | |
|---|---|
| Quantum Quattro | 219 |
| Quartzo Actinolita | 37 |
| Quartzo Ametista Enfumaçado | 295 |
| Quartzo Ametista Vera Cruz | 315 |
| Quartzo Anfíbola | 227 |
| Quartzo Aura | 312 |
| Quartzo Aura da Tanzânia | 312 |
| Quartzo Azul | 229 |
| Quartzo Azul com Lazulita | 231 |
| Quartzo Brandenberg | 232 |
| Quartzo Bushman Cascata Vermelha | 236 |
| Quartzo Catedral | 240 |
| Quartzo Celestial | 242 |
| Quartzo Citrino Enfumaçado | 297 |
| Quartzo com Ajoíta | 222 |
| Quartzo com inclusões de Turmalina Azul | 230 |
| Quartzo com Mica Lepidolita | 266 |
| Quartzo Craquelê | 280 |
| Quartzo Craquelê Cor-de-rosa | 280 |
| Quartzo Cristal de Transferência | 289 |
| Quartzo Cromo Chinês | 244 |
| Quartzo das Fadas | 257 |
| Quartzo dos Sonhos | 248 |
| Quartzo Drusiforme | 250 |
| Quartzo Elestial | 252 |
| Quartzo Elestial Ametista | 254 |
| Quartzo Elestial Enfumaçado | 253 |
| Quartzo Entalhado Glacial | 260 |
| Quartzo Espírito | 300 |
| Quartzo Faden | 255 |
| Quartzo Fantasma | 275 |
| Quartzo Fantasma Anjo | 227 |
| Quartzo Fenster | 258 |

# GUIA DE REFERÊNCIA DOS CRISTAIS

| | |
|---|---|
| Quartzo Gelo | 260 |
| Quartzo Herkimer Ametista | 224 |
| Quartzo Holandita Estrela | 304 |
| Quartzo Indicolita | 230 |
| Quartzo Janela | 258 |
| Quartzo Kundalini | 262 |
| Quartzo Lâmina de Açúcar | 310 |
| Quartzo Lilás | 267 |
| Quartzo Morango | 308 |
| Quartzo Morion | 268 |
| Quartzo Morion Branco | 269 |
| Quartzo Nirvana | 270 |
| Quartzo Ouro Verde | 274 |
| Quartzo Rio Laranja | 272 |
| Quartzo Rosa Enfumaçado | 298 |
| Quartzo Satyaloka | 284 |
| Quartzo Satyamani | 285 |
| Quartzo Semente Estelar | 306 |
| Quartzo Semente Lemuriana | 263 |
| Quartzo Serifos | 286 |
| Quartzo Siberiano | 291 |
| Quartzo Sichuan | 293 |
| Quartzo Varinha de Condão | 311 |
| Quartzo Vela | 238 |
| Quartzo Vermelho Chinês | 246 |
| Quartzo Xamã | 287 |

**R**

| | |
|---|---|
| Rosa do Deserto | 208 |
| Rubi de Fiskenaesset na Matriz | 130 |
| Rutilo | 318 |

**S**

| | |
|---|---|
| Sangue de Ísis | 67 |
| Sangue de Lopar | 169 |
| Sangue de Rena | 339 |
| Selenita Fantasma | 207 |
| Selenita Pêssego | 206 |
| Septariana | 322 |
| Serpentina Pele de Leopardo | 176 |
| Sete Sagrado | 333 |
| Shattuckita com Ajoíta | 223 |
| Super Sete | 333 |

**T**

| | |
|---|---|
| Tanzanita | 335 |
| Tectita do Deserto da Líbia | 180 |
| Tectita Ouro da Líbia | 180 |
| Titânio | 318 |
| Topázio Místico | 192 |
| Tugtupita | 339 |
| Tugtupita com Nuumita | 342 |
| Turmalina da Paraíba | 204 |

**U/V**

| | |
|---|---|
| Uranofano | 344 |
| Ussingita | 345 |
| Ussingita com Hackmanita | 147 |
| Vidro da Líbia | 180 |
| Vivianita | 348 |

**W/Y/Z**

| | |
|---|---|
| Wavellita | 350 |
| Youngita | 351 |
| Zircônio | 354 |

*NOTA O asterisco\* depois de uma palavra ou expressão indica que ela consta do Glossário deste livro (ver páginas 376-383), no qual é explicada em detalhes.*

GUIA DE REFERÊNCIA DOS CRISTAIS

# A GRANDE ABUNDÂNCIA DE CRISTAIS

Em *A Bíblia dos Cristais – volume 2*, você encontrará mais de duzentos cristais e combinações de pedras que não foram descritos com detalhes em *A Bíblia dos Cristais*, além de cristais que foram estudados com maior profundidade. Esta obra complementar tornou-se necessária devido à grande abundância dos cristais disponíveis no mercado. A maioria deles irradia vibrações* elevadas que propiciam uma alquimia espiritual e a cura em muitas dimensões. Alguns deles são ressonâncias mais elevadas de pedras que já existem – como a Greenlandita da Aventurina e a Espectrolita da Labradorita, por exemplo – e levam a energia dessas pedras a um novo patamar. Outras pedras aqui apresentadas já são utilizadas há milênios, mas finalmente agora estão mais acessíveis – a Rússia agora vende cristais para o mundo ocidental, ao passo que a China e o Himalaia estão revelando as suas riquezas minerais. Embora longe de serem acessíveis, as incríveis rochas milenares da Groenlândia, reveladas pelo derretimento do gelo, também oferecem pedras notáveis. Não só estão surgindo novas fontes de pedras, mas a Internet e os sites de leilões virtuais agora possibilitam a compra praticamente instantânea de pedras de todos os lugares do mundo. Embora seja preciso verificar com todo o cuidado as descrições das pedras – especialmente quanto ao seu tamanho – antes de se fazer qualquer compra, pode-se adquirir alguns cristais excelentes dessa maneira. A prática divertida de dar lances nos leilões virtuais torna o processo ainda mais interessante: se o seu lance for o maior, isso indica que a pedra estava realmente destinada a ser sua!

*Pedra Azul de Preseli*

*Pedra Tiffany*

*Topázio Místico*

## A GRANDE ABUNDÂNCIA DE CRISTAIS

Ao comprar pedras, tente se lembrar de que as maiores não são necessariamente as melhores, e que as mais bonitas podem não ser as mais poderosas. Também não é preciso comprar uma pedra lapidada. Embora as lapidadas possam ser usadas em belas peças de joalheria, dependendo do uso que se quer dar à pedra, as brutas podem exercer efeitos tão poderosos quanto as lapidadas. Quando comprar uma pedra, procure saber se a energia dela se ajusta ao propósito que você tem em mente. Esse é o melhor critério! Para ter certeza de que escolheu com sabedoria, basta consultar o seu coração.

*Estichtita*

A Lista de Cristais (ver páginas 34-355) descreve o efeito das pedras do ponto de vista espiritual, cármico*, ambiental, psicológico, mental, emocional e físico, para que você possa escolher com exatidão a pedra de que mais precisa. Indica ainda como combinar e onde posicionar as pedras para usufruir ao máximo as suas qualidades terapêuticas, no intuito de aumentar a energia vital, proteger o seu espaço, abrir chakras e meridianos* de energia sutil e fazer viagens astrais* com segurança para os mundos extra ou interdimensionais que existem à nossa volta. Todos os cristais precisam ser purificados e ativados antes de ser utilizados. No final deste livro (*ver* páginas 356-375), você encontrará um Guia de Referência Rápida com informações úteis, bem como uma lista de correspondências entre os cristais e os chakras do corpo humano.

*Tugtupita*

*Calcita Pedra das Fadas*

*Quantum Quattro*

*Quartzo Aura Tangerina*

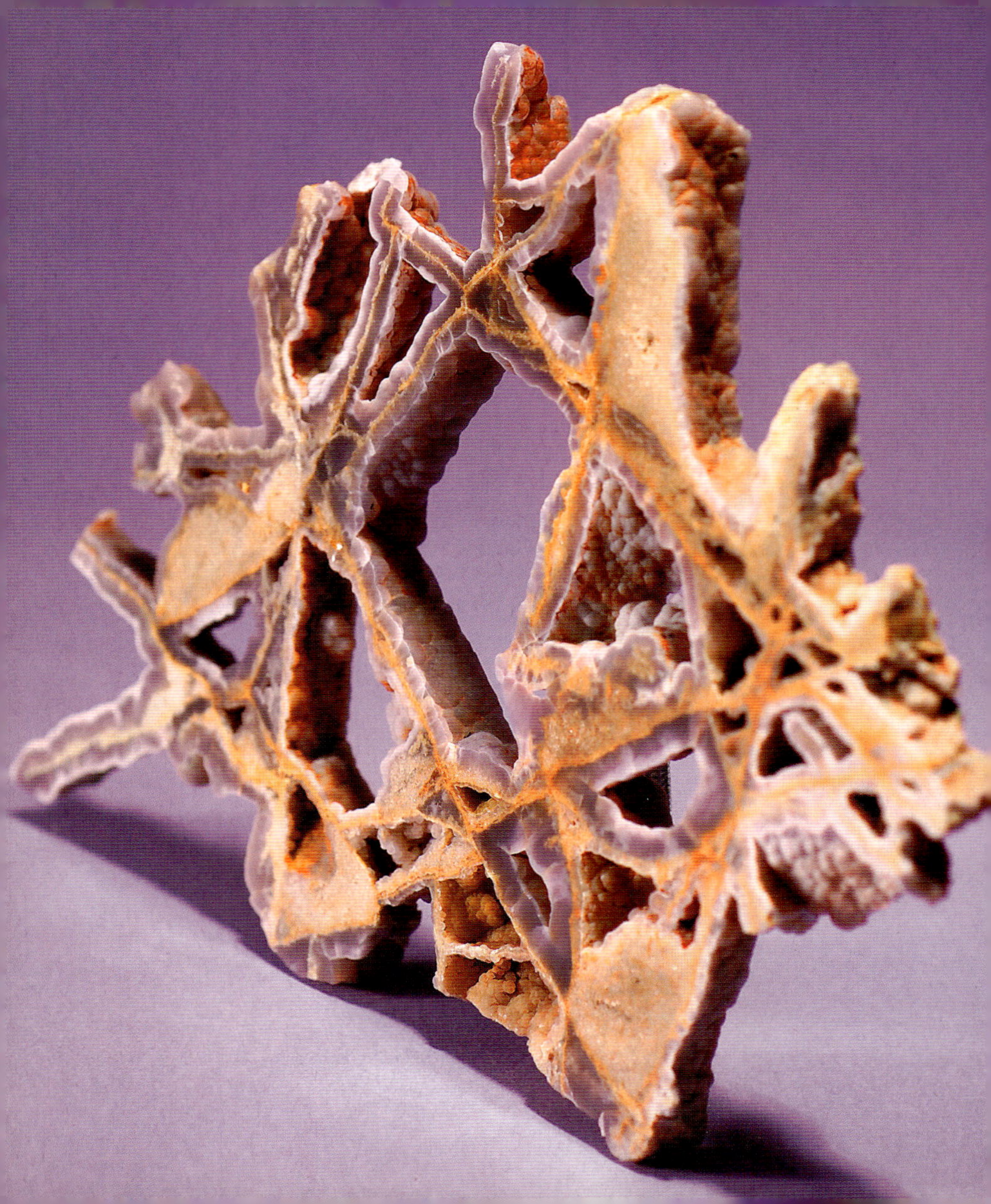

# AS VIBRAÇÕES DOS CRISTAIS

Ninguém sabe como ou por que os seres humanos começaram a usar cristais, mas há indícios de que eles são usados há milhares de anos. Até hoje cristais esplêndidos estão sendo descobertos e quase todos originaram-se nas profundezas da Terra. As exceções são resultado de acontecimentos "sobrenaturais", como é o caso da Fulgarita, que se origina da areia calcinada por um raio. Os cristais resultantes dão a impressão de serem verdadeiros presentes dos deuses. Para você ter uma ideia de quanto esses cristais são bem cotados, saiba que o Ouro da Líbia figurava entre os ornamentos funerários do faraó Tutancâmon.

Repositórios energéticos em miniatura, nascidos como terra solidificada, os cristais registram o desenvolvimento do nosso planeta ao longo de milhares de anos. Como passaram por metamorfoses à medida que o próprio planeta se transformava, podemos considerá-los o próprio DNA da Terra ou um registro mineral da evolução. Seja qual for a forma que assumam, a estrutura cristalina dessas pedras absorve, guarda, concentra e emite energia, especialmente na faixa de onda eletromagnética. E como os cristais são instrumentos muitos eficientes para gerar energia e purificar ambientes, você pode criar, por meio deles, um espaço seguro para viver, amar, trabalhar e se divertir.

# A HISTÓRIA DOS CRISTAIS

Você pode achar que os cristais são um modismo da Nova Era, mas eles na verdade são uma das formas de cura mais antigas deste planeta e sempre foram usados para proteção. Pederneiras em forma de seixos ou de machados de pedra polida foram encontradas em muitas sepulturas do período Neolítico, e os cristais sempre foram considerados sagrados no mundo antigo. A Especularita, por exemplo, era extraída na África desde 40.000 a.C. com propósitos cosméticos e rituais, pois simbolizava o sangue da Terra; durante milhares de anos também foi polvilhada sobre os corpos dos mortos. De acordo com um antigo texto médico, no Iraque de 5.500 anos atrás colocavam-se Lápis-lazúlis e Jaspes ao redor de pessoas para curar suas moléstias e o Heliotrópio era usado para doenças do sangue, exatamente como se faz hoje em dia. No Egito, em 1900 a.C., pedras de Lápis-lazúlis, Jaspes, Cornalinas e Turquesas eram colocadas ao redor do pescoço dos bebês recém-nascidos, para protegê-los.

*Pederneira*

*Especularita*

Os cristais também são uma parte integrante da mitologia. Ornamentada com joias de Lápis-lazúli, a deusa suméria Inanna (uma precursora de Afrodite e de Vênus) viajava para o mundo subterrâneo portando os seus cajados de Lápis-lazúli, que mediam o tempo e o período de vida das pessoas. Acreditava-se que os cristais eram a carne dos deuses e que estes eram seres de cristal. A Tectita Ouro da Líbia, a Sangue de Ísis, o Lápis-lazúli e a Turquesa das joias funerárias de Tutancâmon não serviam apenas como ornamentos; eles protegiam e transportavam a alma para o outro mundo. Foi preciso uma viagem de mais de oitocentos quilômetros por uma região desértica para que se obtivesse o Ouro

*Sangue de Ísis*

## AS VIBRAÇÕES DOS CRISTAIS

da Líbia do escaravelho do peitoral faraônico, que retrata a viagem diária das barcas do Sol e da Lua pelo céu.

Na Índia, as gemas terapêuticas astrológicas têm sido usadas há milhares de anos e, assim como no Egito, a mitologia conta que duas serpentes celestiais travaram uma luta, e das gotas do suor que caíram na terra nasceram as pedras preciosas. Na China, também, os cristais pertenciam ao reino dos deuses e, tanto nesse país quanto no Japão, acreditava-se que caíam do céu pedras preciosas de um

*Tectita Ouro da Líbia*

*Peitoral de Tutancâmon, com escaravelho do Sol no centro sob a barca da Lua.*

**15**

*Pedra Azul de Preseli*

joalheiro. Muitas culturas visualizavam uma série de domos de cristal circundando o espaço onde giravam os planetas, enquanto as estrelas se mantinham no lugar. Os aborígines australianos acreditavam que os fósseis e as pedras preciosas vinham do Tempo do Sonho, um período idílico semelhante aos tempos do Jardim do Éden. Os *vikings* noruegueses erigiram uma capela de cristal de quartzo na Ilha de Man, contendo um relicário também de cristal, provavelmente para intensificar o vigor dos ossos sagrados ali contidos. O Quartzo tem sido usado durante milhares de anos para amplificar a energia e para a construção dos círculos de pedra. Os construtores de Stonehenge, no condado inglês de Wiltshire, transportaram Pedras Azuis de Preseli por quatrocentos quilômetros, até o centro do seu círculo sagrado de cura.

## OS CRISTAIS BÍBLICOS

Em Ezequiel 28:12-14, o profeta Ezequiel dirige-se ao Rei de Tiro e lhe diz:

> *Assim diz o Senhor Deus: Tu és o sinete da perfeição, cheio de sabedoria e formosura.*
> *Estavas no Éden, jardim de Deus; de todas as pedras preciosas te cobrias: o Sárdio, o Topázio, o Diamante, o Berilo, o Ônix, o Jaspe, a Safira, o Carbúnculo e a Esmeralda; de Ouro se te fizeram os engastes e os ornamentos; no dia em que foste criado, foram eles preparados.*
> *Tu eras querubim de guarda ungido, e te estabeleci; permanecias no monte santo de Deus, no brilho das pedras andavas.*

Essa imagem nostálgica de um rei ornamentado com cristais, caminhando no brilho das pedras do Jardim do Éden, está no Velho Testamento, uma escri-

AS VIBRAÇÕES DOS CRISTAIS

tura reverenciada por três religiões do mundo. Ao longo tanto do Velho Testamento quanto do Novo Testamento, há inúmeras referências aos cristais. De acordo com o Apocalipse de São João, a Nova Jerusalém será construída sobre alicerces de cristal, que por sua vez descansam numa peça essencial do traje sacerdotal – o Peitoral do Sumo Sacerdote, uma peça adornada com gemas. Em Êxodo 28: 17-20, o peitoral é descrito da seguinte maneira:

*Colocarás nele engaste de pedras, com quatro ordens de pedras: um Sárdio, um Topázio e um Carbúnculo na primeira ordem;*

*Na segunda ordem, uma Esmeralda, uma Safira e um Diamante;*
*Na terceira, um Jacinto, uma Ágata e uma Ametista;*
*A quarta ordem terá um Berilo, um Ônix e um Jaspe; eles serão guarnecidos de ouro nos seus engastes.*

Os problemas de tradução fazem com que seja impossível saber com exatidão que pedras ornamentavam o peitoral – cada versão da Bíblia cita um conjunto diferente de pedras. As Safiras, por exemplo, não eram conhecidas nessa parte do mundo antigo, por isso a "Safira" dos versículos bíblicos é na verdade Lápis-lazúli, trazido das terras que hoje formam o Afeganistão. O "Sárdio" na realidade é o Sardônix, mas o "Carbúnculo"

*O Sumo Sacerdote judeu usando um peitoral cravejado de pedras.*

**17**

## AS VIBRAÇÕES DOS CRISTAIS

pode ser Granada ou Cornalina. A "Esmeralda" pode ser Aventurina verde e o "Diamante" pode ser cristal de Quartzo transparente. Ao contrário da opinião popular, as pedras do peitoral podem não ser a origem das pedras dos signos que conhecemos hoje.

O Ônix era engastado nos ombros do peitoral e essa pedra muitas vezes tem marcações que, segundo dizem, lembram inscrições celestiais. O historiador romano Josefo, que viveu em torno de 1500 anos depois do Êxodo, faz uma descrição do uso do peitoral como oráculo, em Antiguidades Judaicas:

*Ônix com marcações simulando as esferas*

> *Das pedras usadas pelo sumo sacerdote nos ombros, que eram Sardônix (e eu acho desnecessário descrever a natureza dessas pedras, pois isso é de conhecimento geral), uma delas reluzia quando Deus estava presente nos seus sacrifícios (...) raios fulgurantes irradiavam dali e eram vistos até por aqueles que estavam mais distantes; tal esplendor, no entanto, não era natural dessa pedra antes.*

*Mago de Ágata com Bandas. As varinhas mágicas usadas pelos magos e feiticeiros muitas vezes incluem um cristal.*

Embora Josefo não seja a testemunha mais confiável, é interessante a sua suposição de que todos conheciam a natureza de um Sardônix.

Voltando a Ezequiel, o profeta viu muitas coisas assombrosas e fez descrições vívidas das suas experiências clarividentes. Ezequiel 1:4-28 mostra que o seu dom da profecia era repleto de imagens de cristais:

> *Olhei, e eis que um vento tempestuoso vinha do Norte, e uma grande nuvem, com fogo a revolver-se, e resplendor ao redor dela, e no centro um brilho cor de âmbar [também traduzido como "cristal impressionante"], que saía do meio do fogo. (...)*
>
> *Olhei as criaturas viventes e vi uma roda na terra ao lado de cada uma das criaturas com suas quatro faces.*
>
> *O aspecto das rodas e a sua estrutura eram brilhantes como o Berilo...*
>
> *Sobre a cabeça dos seres viventes havia algo semelhante ao firmamento, resplandecente como o cristal mais brilhante...*
>
> *Por cima do firmamento havia algo semelhante a um trono, como uma Safira...*
>
> *Como o aspecto do arco-íris que aparece na nuvem em dia de chuva, assim era o resplendor em torno dele. Essa era a aparência da glória do Senhor.*

Esse texto descreve a famosa "carruagem de fogo", que tantas pessoas hoje em dia interpretam como uma espaçonave aterrissando. Para Ezequiel, não havia nada de mundano nos cristais; eles eram parte integrante do seu mundo divino.

*Um impressionante Berilo flamejante*

# A ESTRUTURA DOS CRISTAIS

A estrutura interna de qualquer formação cristalina é constante e imutável. É essa estrutura interna, e não os minerais a partir dos quais se formou o cristal, que determina a sua classificação. Cada família de cristais tem uma identidade específica, formada pelas impurezas químicas, pela radiação, pelas emissões telúricas e solares e pelos meios exatos da sua formação. Em alguns casos, o conteúdo mineral do cristal muda um pouco, dando origem a pedras com várias cores. Embora muitos cristais possam se formar a partir do mesmo mineral ou combinação de minerais, cada tipo se cristaliza de um modo diferente, e os formatos afetam a maneira como a energia é concentrada.

## A CROSTA TERRESTRE

A Terra teve início numa nuvem gasosa rodopiante de detritos cósmicos contendo a matéria-prima para cristais. Isso se condensou numa bola derretida incandescente. Ao longo de milhões de anos, esse magma derretido foi se resfriando até formar a crosta terrestre – o manto da Terra –, comparativamente, tão fina quanto a casca de uma maçã. No interior do manto, o magma derretido e carregado de minerais continua em ebulição, se resfriando, borbulhando e formando novos cristais. Alguns, como o cristal de Quartzo, formam-se a partir de gases ígneos e minerais derretidos no magma. Superaquecidos, eles afloram na superfície, impelidos pelas pressões causadas pelo movimento das placas tectônicas na superfície do planeta. À medida que os gases penetram na crosta e encontram as rochas sólidas, eles se resfriam e se solidificam – um processo que pode levar eras ou ser rápido e violento. Se esse processo for relativamente lento, ou se o cristal se desenvolver numa bolha de gás, podem se formar cristais de tamanho grande. Processos rápidos produzem cristais pequenos. Se o processo sofrer interrupções, podem surgir cristais fantasmas ou cristais de autocura*. Se o processo for excepcionalmente rápido, forma-se um cristal amorfo* e vítreo.

## AS VIBRAÇÕES DOS CRISTAIS

Outros cristais são formados quando os minerais se derretem e se recristalizam sob intensa pressão e enorme calor. Esses cristais, conhecidos como metamórficos, passam por uma transformação química que reorganiza a sua estrutura atômica original. A Calcita e outros minerais sedimentares se formam a partir de um processo secundário em que as rochas da superfície se fragmentam e a água mineralizada goteja através das rochas ou forma rios subterrâneos, resultando na formação de novos cristais ou minerais, originários da deposição de detritos. Outros cristais se formam a partir da evaporação – eles se estratificam em camadas e tendem a ter uma textura mais macia. Os cristais são muitas vezes encontrados ainda presos a leitos de rocha ou agregados em conglomerados, conhecidos como rocha matriz.

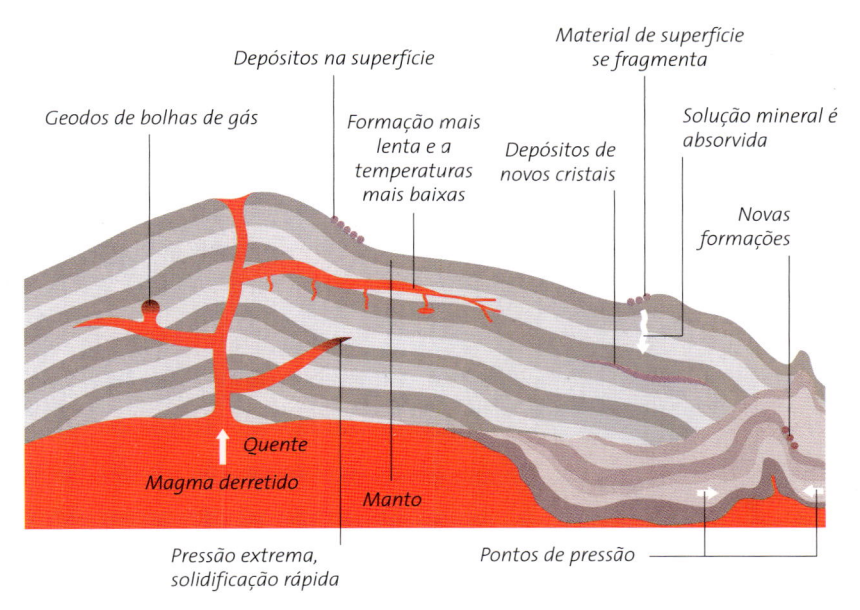

*Material de superfície se fragmenta*

*Depósitos na superfície*

*Geodos de bolhas de gás*

*Formação mais lenta e a temperaturas mais baixas*

*Depósitos de novos cristais*

*Solução mineral é absorvida*

*Novas formações*

*Quente*

*Magma derretido*

*Manto*

*Pressão extrema, solidificação rápida*

*Pontos de pressão*

# A PROTEÇÃO QUE OS CRISTAIS OFERECEM

Os cristais afetam sutilmente todos os níveis do nosso ser e o espaço em que vivemos e trabalhamos. Sintomas atribuídos a males físicos podem, na verdade, ser sinais de indisposição*, criatividade bloqueada ou ansiedade emocional – a manifestação final de desequilíbrio ou desgaste mental, emocional, cármico*, psicológico, ambiental ou espiritual. Curar significa restabelecer a harmonia da mente, do corpo e do espírito, facilitando a evolução da alma. Isso não sugere uma cura, especialmente nos casos das experiências – externamente negativas – pelas quais a alma avança na sua evolução. O que os cristais fazem é alterar a nossa maneira de interpretá-las, preservando o nosso bem-estar e propiciando lampejos intuitivos e crescimento espiritual.

## OS CRISTAIS FALAM

Então, como sabemos qual a função de cada cristal? É simples. Eles falam conosco. Os antigos acreditavam que as pedras tinham vida, mas só respiravam a cada cem ou duzentos anos, e muitas culturas consideravam-nas encarnações do divino. Os especialistas em cristaloterapia concordam que essas maravilhosas dádivas da Mãe Terra são seres vivos incrivelmente sábios e antigos. Trate os seus cristais como amigos. Fale com eles, segure-os nas mãos, medite em silêncio e convide-os a ajudá-lo e a lhe dizer como eles gostariam de atuar. Você pode se surpreender ao descobrir como é fácil se comunicar com essas pedras e como o trabalho energético se torna muito mais eficiente quando a linguagem delas assume um significado totalmente novo. Falar com os cristais é particularmente útil quando se trata de pedras mais novas, de vibração alta, pois cada uma delas tem uma identidade energética que pode não se afinar com todas as pessoas. A comunicação com elas pode revelar qual é o cristal certo para você.

A primeira coisa que o cristal comunica é o fato de que é um instrumento eficiente para o aumento da energia, para a cura e para o crescimento espiri-

## AS VIBRAÇÕES DOS CRISTAIS

*O cristal comunicará o seu propósito se você aprender a ouvi-lo.*

*Quartzo Catedral*

tual, mas cada cristal atua de uma maneira, dependendo da nossa vibração e das nossas necessidades. Não limite o potencial do seu cristal pressupondo que ele só tenha certas funções. São muitas as possibilidades, e quanto mais você se sintonizar e se harmonizar com os cristais, mais eles o deixarão encantado e surpreendido!

### CRISTAIS DE VIBRAÇÃO ELEVADA

Muitos cristais recém-descobertos têm uma vibração elevadíssima que promove curas multidimensionais e uma alqui-

*Joia de Turmalina da Paraíba*

mia espiritual – se as vibrações que ele emite estiverem em sintonia com você. O uso desses cristais pode requerer alguma prática anterior para algumas pessoas, pois eles enfatizam a necessidade que temos de nos curar e empreender a nossa evolução nesta dimensão, antes de passar para um nível de vibração mais elevado – que então se expressará no plano físico. A maioria desses cristais serve como um espelho das nossas energias interiores, o que pode ser um verdadeiro choque caso você tenha qualidades interiores desconhecidas. Embora nos ajudem a integrar o nosso Eu Superior e a manifestar na matéria nossa identidade espiritual mais profunda – o amor –, os cristais não são um atalho para a felicidade ou para a ascensão* espiritual. Contudo, eles facilitam tal mudança quando ela é apropriada e a ancoram no nível terreno.

Para saber se um cristal de vibração elevada se sintoniza com você, segure-o gentilmente na mão e sente-se em silêncio. O seu corpo pode vibrar enquanto entra em sintonia com o cristal ou pode levá-lo instantaneamente para outra dimensão energética. Isso significa que esse cristal atuará a seu favor. Se isso não acontecer, escolha outro cristal e tente fazer o mesmo mais tarde, quando já tiver reposto as suas energias. A maior parte das pedras de vibração elevada que afeta o corpo físico age lentamente, promovendo mudanças primeiro nos níveis sutis e só depois no nível físico. Se uma pedra de dimensão superior* provocar uma crise de cura* ou uma catarse, afaste-a de você e segure entre os pés um Quartzo Clorita ou Enfumaçado para estabilizar as suas energias.

## PEDRAS DE PODER

Cristais como o Quartzo Elestial Enfumaçado, o Quantum Quattro ou qualquer um dos Quartzos vermelhos promoverão a reposição das suas energias, caso elas tenham sido drenadas de você ou se esgotado. As pedras cor-de-rosa ajudam no fortalecimento emocional assim como o fazem muitas pedras específicas (*ver* a Lista de Cristais das páginas 34-355). O Quartzo Elestial branco ou ametista, a Selenita e outras pedras de vibração elevada nos fortalecem num nível espiritual e são particularmente eficazes na formação de cristais em forma de cetro* (*ver* página 272).

Para usar essas pedras para fortalecimento, simplesmente relaxe e segure o cristal mais apropriado durante dez a quinze minutos. Respire suavemente, deixe a visão desfocada e se abra para um influxo de energia enquanto pede que a pedra restaure o seu poder. Você também pode aumentar a sua força usando uma peça de joalheria engastada com um cristal que tenha esse atributo (*ver* página 358).

### TRANSFERÊNCIA DE ATRIBUTOS

A maioria das pedras é eficiente mesmo quando pequenas, especialmente os cristais de alta vibração, mas de vez em quando é necessário o poder de vibração de uma pedra maior para se obter um efeito específico. Se você necessita da energia de um cristal volumoso, mas evita comprar um por ser muito caro ou por não poder carregá-lo, "transfira o atributo" desse cristal colocando uma pedra menor sobre outra grande e deixando que as duas entrem em sintonia por cerca de quinze minutos. A pedra menor retirará a energia da grande para realizar o trabalho, não importa a distância que estejam uma da outra. Quando for purificar a pedra pequena, (*ver* página 358), peça que a limpeza afete a maior.

*Quartzo Rio Laranja (cetro)*

### INTENSIFICAÇÃO DA ENERGIA E LIMPEZA DE AMBIENTES

O esgotamento energético acontece quando o seu ambiente é afetado pelo estresse geopático* ou pela neblina eletromagnética*. Cristais colocados num cômodo ou num ambiente neutralizam e purificam energias negativas, tornando o espaço seguro e sagrado, além de equilibrá-lo e purificá-lo do ponto de vista energético. O ambiente também pode ser "poluído" pelas emoções negativas irradiadas pelas pessoas que o frequentam. Pendure uma grande Clorita Fantasma ou um Elestial Enfumaçado na caixa d'água para limpar energeticamente toda a casa. Você também pode colocar no ambiente cristais que atraiam mais amor e abundância para a sua vida ou para fortalecer uma relação amorosa ou familiar.

Depois dos fatores ambientais, as causas mais comuns do esgotamento energético pessoal são a família, os amigos e os clientes. Pessoas carentes de energia se "prendem" aos nossos corpos sutis* ou órgãos vitais para conseguir a energia vital que almejam – trata-se de vampiros psíquicos*. Essas pessoas também podem nos controlar por meio do pensamento. Se estamos cheios de energia, os nossos chakras estão alinhados e a nossa proteção áurica é forte, é muito mais difícil sermos afetados por energias negativas, vampiros psíquicos ou pensamentos controladores. O jeito mais simples de elevar a nossa vibração é usar no corpo o cristal mais apropriado – só é preciso se lembrar de purificá-lo e ativá-lo regularmente antes de usá-lo (ver página 358). A melhor maneira de saber qual é o melhor cristal no seu caso é usar a rabdomancia (ver página 360) ou simplesmente escolher um pelo qual se sinta mais atraído.

## PROTEÇÃO PARA O BAÇO

Uma das maneiras de neutralizar a vampirização energética* é combinar os cristais com o poder mental. Se você se sente cansado na companhia de alguém ou quando está ao telefone com uma pessoa, ou se sente uma dor embaixo da axila esquerda, fixe a um palmo da axila uma pedra de proteção do baço, como a Greenlandita ou a Gaspeíta, usando fita adesiva. Visualize uma grande pirâmide tridimensional que vá até a sua cintura, abrangendo a parte da frente e de trás do seu corpo, para proteger o baço (certifique-se de que ela tenha uma base). Para se reenergizar, substitua a pedra pelo Quantum Quattro ou por outra pedra de poder. Essa mesma estratégia da pedra e da pirâmide pode proteger também o seu fígado da raiva das outras pessoas e o seu

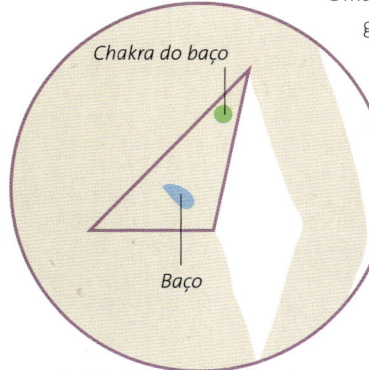

*Chakra do baço*

*Baço*

A pirâmide do desenho capta energia de um cristal como a Greenlandita, envolvendo e protegendo o baço.

## AS VIBRAÇÕES DOS CRISTAIS

plexo solar daqueles que querem sugá-lo emocionalmente. Coloque a pedra a um palmo da axila esquerda quando se sentir esgotado emocionalmente, ou a um palmo da axila direita, para proteger o seu fígado da raiva alheia.

### ESPAÇO SEGURO

Os cristais podem proteger o ambiente enquanto você deixa o corpo e viaja para outras dimensões ou mergulha fundo no seu mundo interior. Eles também tornam o seu ambiente doméstico ou de trabalho um lugar muito mais bonito. Proteger o ambiente energeticamente quando você promove qualquer tipo de reunião é algo que altera e fortalece radicalmente a dinâmica do grupo e isso é essencial para que possa atuar espiritualmente com segurança. No entanto, você precisa estar ancorado no seu corpo para criar um ambiente seguro à sua volta. Se não estiver, você ficará aberto a uma invasão sutil. Felizmente, por meio do gradeamento* com cristais você pode tanto ancorar quanto proteger o seu corpo físico e facilitar a sua transição para outras dimensões*. Grandes Elestiais Enfumaçados são as pedras perfeitas para criar um ambiente seguro, mas uma grande Labradorita bruta também funciona muito bem nesse caso. Quando se trata de proteger um ambiente da poluição ambiental, a grande Amazonita e a Turmalina preta são as minhas favoritas, mas a Greenlandita ou o Jaspe Papoula também são eficazes, assim como os Elestiais. Um triângulo básico de Bronzita, com um triângulo invertido de Turmalina preta no vértice superior, combate o mau-olhado e outras energias negativas (*ver* página 31).

*Quantum Quattro*

*Jaspe Papoula*

O gradeamento com três pedras em triângulo, seis na forma da estrela de Davi ou em outras disposições (*ver* páginas 29-31) purifica, protege e energiza o ambiente. A síndrome do edifício doente, por exemplo, exige a energia poderosa gerada por um padrão em zigue-zague. Vale a pena fazer experiências para saber qual é o efeito energético de várias pedras e formatos, e depois acrescentar um cristal de vibração elevada ou um cristal de ancoramento e sentir a diferença.

## GRADEAMENTO

O gradeamento é a arte de dispor pedras para criar uma malha energética que proteja e energize o ambiente. O jeito mais fácil de gradear um cômodo ou outro espaço é colocar um cristal em cada canto, criando uma rede energética que abranja todo o cômodo. Contudo, você também pode gradear um cômodo com outros padrões que lhe pareçam eficazes no momento (*ver* opções nas páginas 29-31).

A rabdomancia pode indicar a posição exata de um cristal, quando fizer um gradeamento. Nesse caso, junte os cristais com uma varinha ou um cristal pontudo, como o Lemuriano, ao fazer a grade. As varinhas são os instrumentos tradicionais dos xamãs, dos agentes de cura e dos metafísicos. Segundo se diz, as varinhas mágicas dos mitos e das lendas eram usadas por magos de cura com cristais, nas antigas civilizações de Atlântida e da Lemúria. As varinhas têm a capacidade de concentrar energia por uma das extremidades, e sua capacidade de cura pode se expandir muito mais quando usada com uma intenção (*ver* página 358). Quando usar uma varinha, é importante deixar conscientemente que a energia de cura universal flua pelo seu chakra da coroa e atravesse o braço com que segura a varinha, onde a energia será ampliada e emitida. (Não tente usar a sua própria energia para fazer isso, pois você se sentirá fraco e esgotado, e precisará de cura.) Lembre-se de purificar e ativar os cristais antes de usá-los, definindo a sua intenção claramente (*ver* página 358).

Quando fizer o gradeamento, as linhas de força podem ter de atravessar paredes e objetos sólidos (*ver* a página seguinte). Use o seu poder mental ou uma varinha de cristal para ligar os pontos: leve o traçado invisível até uma parede, veja-o atravessá-la e depois contorne a parede para recomeçá-lo do outro lado. Veja também o portal sem volta da página 208.

*Lemuriano*
*(varinha natural)*

## TRIANGULAÇÃO

Você precisará de:
- 3 cristais purificados e ativados
- Uma varinha de cristal

*O gradeamento em triângulo é muito eficiente para neutralizar energias negativas e gerar energia positiva.*

*Coloque um cristal centralizado numa parede e outros dois nas extremidades da parede oposta, formando um triângulo, de preferência de ângulos iguais. Se quiser gradear a casa inteira, as linhas de força precisarão atravessar as paredes, por isso ligue os pontos com uma varinha para fortalecer a grade.*

## ZIGUE-ZAGUE

Você precisará de:
- 8 cristais purificados e ativados
- Uma varinha de cristal

*O traçado em zigue-zague é particularmente útil no caso da síndrome do edifício doente e de poluição ambiental. Disponha os cristais apropriados como é mostrado no diagrama, lembrando-se de voltar à pedra posicionada em primeiro lugar. Purifique as pedras regularmente.*

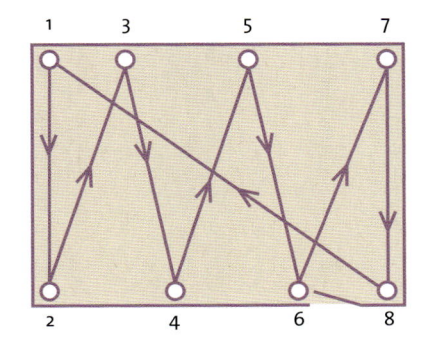

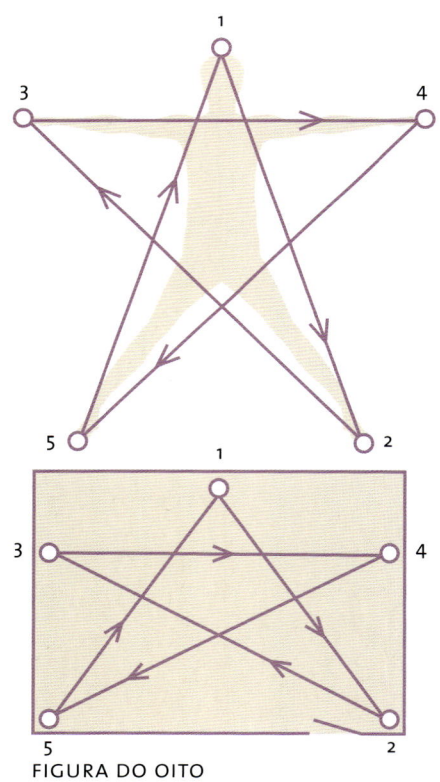

## ESTRELA DE CINCO PONTAS

Você precisará de:
- 5 cristais purificados e ativados
- Uma varinha de cristal

*Esse é um traçado de proteção, ou de evocação de amor e saúde, muito útil para estimular a produção de energia. Siga a direção das setas mostradas no diagrama quando posicionar os cristais e lembre-se de voltar ao primeiro cristal para completar o circuito. Como a estrela de Davi, esse traçado pode ser usado para gradear o corpo, um cômodo ou outro ambiente.*

## FIGURA DO OITO

Você precisará de:
- 5 pedras de vibração elevada, purificadas e ativadas
- 5 pedras de ancoramento purificadas e ativadas

*Este traçado atrai a energia espiritual para o seu corpo e funde-a com a energia da Terra absorvida pelos seus pés, para criar o equilíbrio perfeito. Ele também propicia um ancoramento\* cósmico para posicionar você entre o*

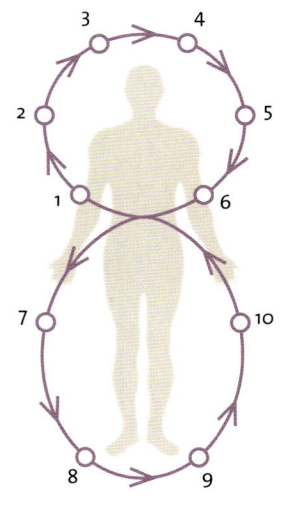

núcleo da Terra e o centro da galáxia, criando uma solidez energética que o deixa invulnerável às mudanças energéticas e canaliza a energia de vibração elevada do interior da Terra. Coloque pedras de vibração elevada, como o Anfibólio, a Cacoxenita, a Pedra da Lua Azul, acima da cintura até o topo da cabeça, e pedras de ancoramento, como o Jade Tulipa, a Ágata e a Septariana, abaixo da cintura até os pés. Lembre-se de completar o circuito até a primeira pedra posicionada.

## ESTRELA DE DAVI

Você precisará de:
- 6 cristais purificados e ativados
- Uma varinha de cristal

*Embora a estrela de Davi seja um traçado tradicional de proteção, ela também cria um espaço de manifestação ideal quando traçada com grandes Granadas Grossulares, Amolita ou outras pedras da abundância. Faça o primeiro triângulo e ligue os pontos, depois faça o segundo sobre o primeiro, de ponta-cabeça. Ligue os pontos. (Se estiver usando Bronzita e Turmalina preta, faça primeiro o triângulo de Bronzita e purifique a estrela diariamente.)*

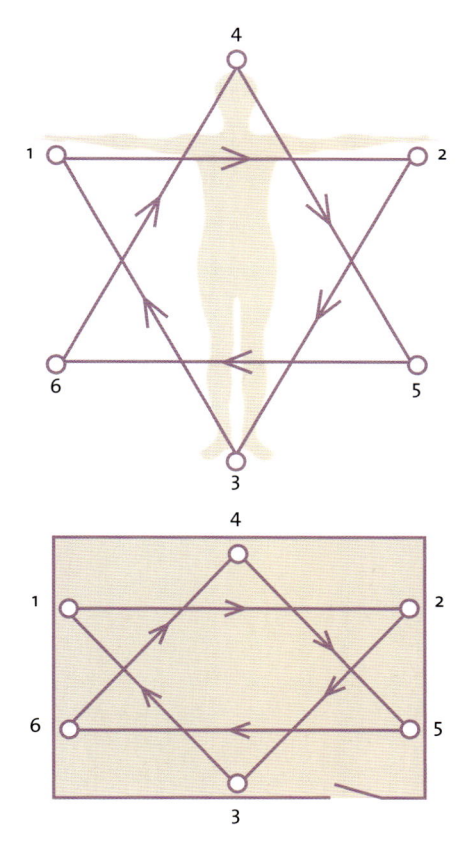

AS VIBRAÇÕES DOS CRISTAIS

# AS PEDRAS DA GROENLÂNDIA

Algumas pedras novas e fascinantes que existem no mercado atualmente são originárias da Groenlândia, berço das rochas mais antigas da Terra. A Groenlândia, a maior ilha do mundo, é uma terra de contrastes: fontes de águas termais e frias geleiras; montanhas altíssimas e fiordes profundos. Lar das fascinantes auroras boreais e do sol da meia-noite, é um lugar de extremos e natureza espetaculares, que variam de um silêncio enlouquecedor até um inverno de perpétua escuridão. Esse país remoto foi habitado, durante cinco mil anos, pelo povo inuit do Canadá, e os *vikings*, sob o comando de Erik, o Vermelho, chegaram à Groenlândia em frágeis embarcações mais de 1.000 anos atrás.

A exploração perigosa continua na Groenlândia até os dias de hoje. Um corajoso mineiro descreve a escalada por uma trilha traiçoeira num alto despenhadeiro acima de um fiorde para alcançar pedras que ele tem que carregar cuidadosamente montanha abaixo numa mochila nas costas. O caminho é tão estreito que ele não tem espaço para pegar os seus equipamentos de mineração e precisa arrancar com as mãos as pedras do seu leito. Outro mineiro precisa usar um helicóptero para chegar até as pedras, pois não existe estrada até lá. Nada surpreendente, o suprimento de pedras como a Tugtupita, a Ussingita e a Nuumita é limitado, embora algumas dessas pedras também sejam encontradas em outros países. As gemas da Groenlândia como a Greenlandita, a Hackmanita e o Rubi Fiskenaesset são extraordinários, tendo muitos deles vibrações elevadíssimas que serenamente facilitam a evolução espiritual, levando-nos de volta à unidade e a uma energia suave que nos ensina a respeitar e honrar a Terra e tudo o que existe sobre ela. De um passado distante, vem a esperança para o futuro da humanidade.

A maioria das pedras da Groenlândia é fluorescente, o que significa que, sob ativação energética, como a provocada pelo Sol ou pelos

*Tugtupita*

*Nuumita*

## AS VIBRAÇÕES DOS CRISTAIS

raios ultravioleta, elas emitem uma radiação eletromagnética que percebemos como luz colorida – uma experiência realmente mágica. A fluorescência é o resultado de uma mudança para um estado altamente energético dentro da pedra, por isso não surpreende que essas pedras sejam agentes de cura particularmente eficazes. Outras pedras da Groenlândia são tenebrescentes, mudando de cor quando são aquecidas ou estão sob a luz do dia. Para os xamãs, essas pedras têm uma aura em torno de si, razão por que eram sagradas para os povos antigos.

*Ussingita*

*Kakortokita*

*Do espaço, a Groenlândia, com a sua calota polar cintilante, parece um gigantesco cristal.*

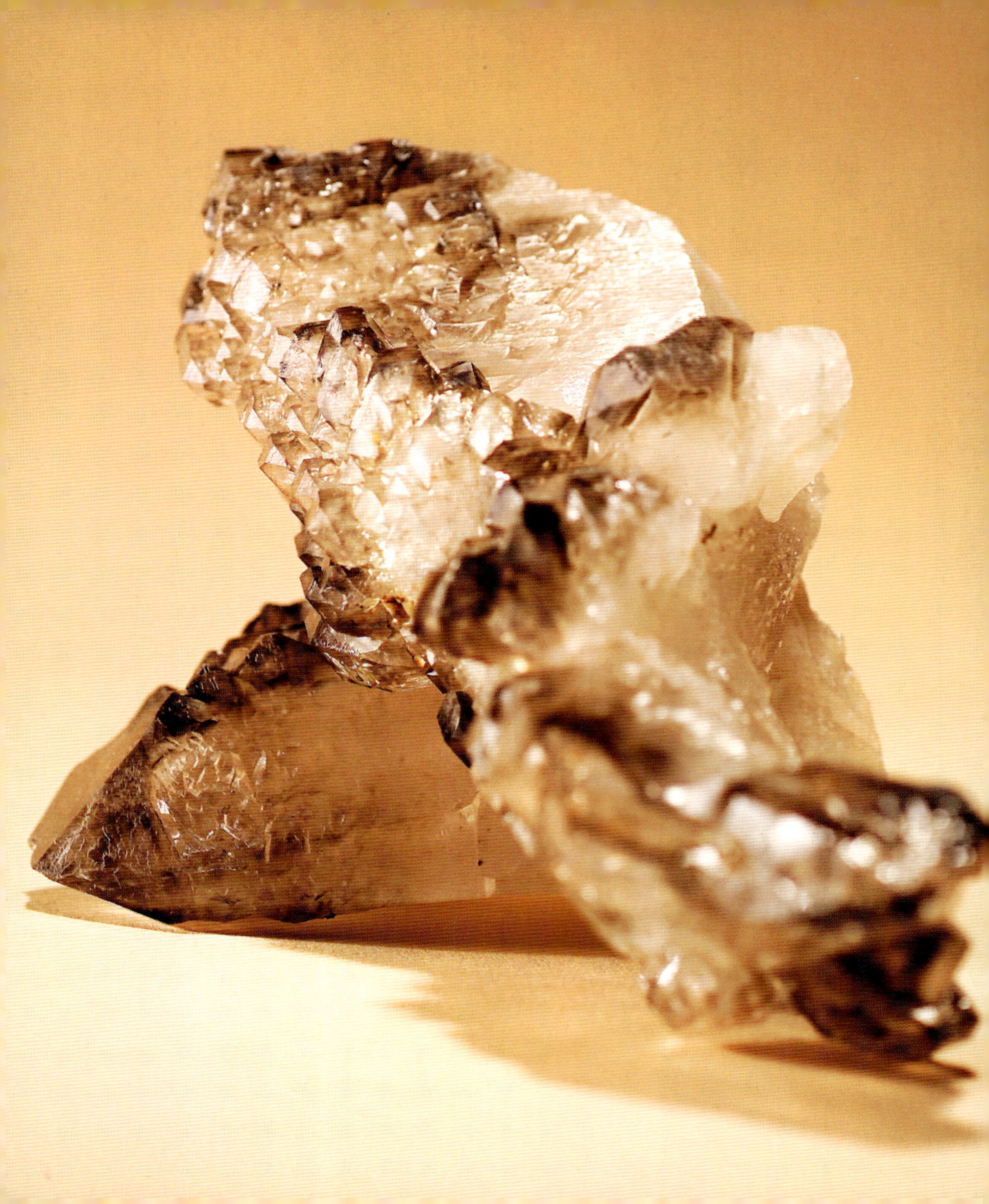

# LISTA DE CRISTAIS

É importante que saibamos identificar os cristais com precisão, por isso, na medida do possível, todas as pedras são mostradas em estado bruto, polidas e facetadas. Em vez de apresentar ilustrações de cristais belíssimos, preferimos mostrar o que você provavelmente vai encontrar nas lojas. A identificação das pedras é um pouco complicada porque algumas das mais antigas têm novos nomes ou a mesma pedra pode ter nomes diferentes. O Quartzo Catedral, por exemplo, é agora conhecido como Biblioteca de Luz e Pedra de Atlântida, um nome que designa pelo menos três outras pedras. Alguns novos cristais de quartzo são particularmente difíceis de diferenciar. Embora a sua aparência varie só ligeiramente, a energia que irradiam é totalmente diferente. Os "cristais da mudança" brasileiros têm a mesma aparência e causam a mesma impressão que os cristais himalaios de interferência no crescimento (também chamados Quartzo Nirvana e Quartzo Gelo) e os quartzos entalhados glaciais (também conhecidos como Quartzo Gelo) são semelhantes, enquanto o termo "Quartzo Celestial" se aplica a dois cristais diferentes.

Esta Lista o ajuda a chegar ao cristal certo para você (o índice desta lista está no Guia de Referência dos Cristais, no início deste livro, nas páginas 6-9). Se você não conseguir encontrar uma combinação específica de pedras, use dois cristais juntos e peça que as energias dos dois se fundam.

# ACTINOLITA

*Branca (bruta)*

*Verde (bruta)*

| COR | Verde e preto ou branco |
|---|---|
| APARÊNCIA | Cristais laminados, de translúcidos a transparentes, vítreos, muitas vezes ocluídos no quartzo ou numa massa opaca compacta |
| RARIDADE | Fácil de obter |
| ORIGEM | Estados Unidos, Brasil, Rússia, China, Nova Zelândia, Canadá |

**ATRIBUTOS** Útil se você se deparar com bloqueios ou resistência no seu caminho espiritual, a Actinolita dissipa aquilo que não é desejável ou apropriado. Pedra eficaz como blindagem psíquica, ela expande o revestimento biomagnético* e sela as suas bordas.

Do ponto de vista espiritual, a Actinolita se conecta com uma percepção mais elevada, equilibrando o corpo, a mente, a psique e o espírito. Do ponto de vista psicológico, ela oferece uma nova orientação e aumenta a autoestima. É também um instrumento para a visualização e a formação de imagens, pois expande e intensifica a criatividade espontânea.

Por levar todo o físico a funcionar em harmonia e estimular o crescimento, a Actinolita ajuda o corpo a se ajustar a mudanças ou a se recuperar de traumas.

**CURA** Ameniza o estresse; dizem que ajuda na cura de tumores relacionados à inalação da poeira de amianto e fortalece o sistema imunológico, o fígado e os rins.

**POSIÇÃO** Segure-a, posicione-a ou use-a para gradeamento (*ver* páginas 28-31) como for mais apropriado.

### CORES E FORMAS ESPECÍFICAS
A **Actinolita preta** purifica e protege o chakra da base. Eliminando suavemente tudo o que está desgastado e superado na psique, ela abre caminho para a manifestação de energias renovadas. A Actinolita preta proporciona um escudo eficiente contra pensamentos negativos, incluindo os nossos.

O **Quartzo de Actinolita** é útil se você perdeu o rumo e está buscando novos caminhos. Além de indicar a direção para a evolução construtiva, realçar o senso de oportunidade e mostrar o valor dos "erros", este cristal é benéfico para desintoxicar o organismo e estimular o metabolismo.

O **Dedo de Bruxa** da Zâmbia, que pode ter Actinolita branca, Tremolita, Rutilo ou Mica ocluídos no Quartzo, é uma pedra útil para cura* xamânica ou telúrica. Quando uma pessoa está em sintonia com a pedra, o Dedo de Bruxa é um instrumento de cura eficiente para doenças crônicas ou graves, pois estimula o fluxo de qi* e acelera o processo de cura. Ele elimina tudo o que está desgastado e então acalma e cura o local afetado. Essa formação também pode ser usada como escudo* áurico ou para gradeamento* do ambiente, durante períodos tumultuados. As suas propriedades variam de acordo com as inclusões.

*Dedo de Bruxa
(formação natural)*

# ADAMITA

*Cristais naturais na matriz*

| COR | Amarelo |
|---|---|
| APARÊNCIA | Cristal vítreo transparente ou drusa |
| RARIDADE | Raro |
| ORIGEM | México, Grécia, Estados Unidos |

**ATRIBUTOS** Pedra extremamente criativa, a Adamita tem poucos efeitos espirituais diretos a não ser intensificar dons metafísicos* e a comunicação com seres de outras dimensões. Mas, se você é regido pelas emoções, essa pedra propicia o equilíbrio emocional e ajuda você a encontrar um espaço tranquilo e centrado em torno do qual as emoções possam se agitar num torvelinho, sem afetar a sua serenidade interior.

Do ponto de vista mental, esta pedra aproxima mente e coração, pois ela liga os chakras do plexo solar, do coração e da garganta à mente universal, propiciando lucidez e força interior para lidar com questões emocionais e fortalecer a tenacidade espiritual.

Do ponto de vista emocional, a Adamita ajuda você a expressar com clareza as suas necessidades, especialmente quando precisa modificar um relacionamento para dar mais espaço à expressão emocional. Esta é a pedra perfeita para atrair mais alegria à sua vida.

Do ponto de vista psicológico, a Adamita é útil se você precisa se concentrar numa determinada tarefa ou enfrentar escolhas difíceis. Ela o ajuda a consultar o seu eu interior e a encontrar respostas. A resposta pode não ser tudo o que você esperava – essa pedra sugere soluções surpreendentes e inovadoras, mas ela só funciona se você confiar no processo.

Por ser uma pedra criativa, a Adamita ajuda você a seguir adiante com confiança rumo a um futuro desconhecido, e ativa o seu empreendedorismo. Ela estimula a capacidade de identificar novos caminhos para o crescimento tanto nos negócios quanto na vida pessoal e é a pedra perfeita para quem quer encontrar (*ver* página 358) um novo emprego ou ter mais prosperidade.

**CURA** Fortalece o coração, os pulmões e a garganta, a memória celular*, o sistema endócrino e as glândulas; é benéfica em casos de depressões de inverno, tensões pré-menstruais e fadiga crônica.

**POSIÇÃO** Segure-a, posicione-a ou use-a no gradeamento (*ver* páginas 28-31) como for mais apropriado.

LISTA DE CRISTAIS

## AEGIRINA

*Verde e vermelha (bruta)*

*Preta (varinha natural)*

| COR | Verde e vermelho ou preto |
|---|---|
| APARÊNCIA | Cristal alongado, de transparente a opaco, às vezes estriado, ou com pequenos cristais numa matriz |
| RARIDADE | Fácil de obter |
| ORIGEM | Groenlândia, Estados Unidos, África |

**ATRIBUTOS** A Aegirina é um poderoso gerador de energia, que concentra a energia para cura pessoal ou ambiental. Do ponto de vista espiritual, esta pedra intensifica a busca pelo verdadeiro eu e ensina como ser leal a ele. Este cristal ajuda você a enfrentar o seu carma* de modo confiante e íntegro. Pedra protetora extremamente poderosa contra ataques psíquicos* e influências mentais, a Aegirina dissipa formas-pensamento* e ajuda a restaurar o revestimento* biomagnético, depois do encaminhamento de entidades* presas à aura ou da eliminação da energia negativa.

Do ponto de vista psicológico, esta pedra facilita a integridade e aumenta a autoestima. Promovendo a sinceridade em tudo o que você faz, ela estimula a capacidade de fazer de boa vontade o que for preciso.

Do ponto de vista mental, a Aegirina converte pensamentos negativos em pensamentos positivos. Esta pedra o ajuda a ter uma visão mais ampla das situações e o estimula a seguir a sua verdade interior sem se deixar afetar pela pressão externa ou pelas ideias ou ideais das outras pessoas. Ela mostra como se concentrar nos seus objetivos com sabedoria, definindo as suas intenções sem investimento emocional nos resultados.

Do ponto de vista emocional, a Aegirina cura os problemas de relacionamento e transmuta a dor depois da separação. Também remove os bloqueios energéticos do corpo emocional e intensifica as vibrações positivas.

Do ponto de vista físico, ela fortalece os sistemas de autocura do corpo e aumenta o poder de cura de outros cristais.

**CURA** Estimula a memória celular*; os sistemas imunológico, metabólico e nervoso; o fígado; a vesícula biliar; o baço; os músculos e os ossos. Também combate a dor muscular, facilitando a eliminação das toxinas.

**POSIÇÃO** Segure-a, posicione-a ou use-a no gradeamento (*ver* páginas 28-31) como for mais apropriado. Para estimular o sistema imunológico, posicione-a sobre o timo. Para dissipar formas-pensamento, posicione-a sobre o chakra da garganta, do terceiro olho ou do soma (um pouco acima do terceiro olho, no meio da testa).

# ÁGATA: ÁGATA DE BOTSUANA E ÁGATA COM BANDAS CINZA

*Botsuana (rolada)*

*Ágata com Bandas Cinza (rolada)*

| COR | Cinza, cinza e cor-de-rosa (A Botsuana tende mais para o cor-de-rosa) |
|---|---|
| APARÊNCIA | Pedra opaca com bandas estreitas |
| RARIDADE | Fácil de obter |
| ORIGEM | Botsuana, Estados Unidos, Marrocos, República Tcheca, Brasil, África do Sul |

**ATRIBUTOS** As Ágatas com Bandas estimulam o chakra da coroa, levando energia telúrica e celestial para os corpos sutis* e harmonizando-os com o corpo físico. Poderosas agentes de cura holísticas, as Ágatas com Bandas eliminam dualidades e conflitos, preservando o bem-estar. Esse cristal é extremamente eficaz na cura multidimensional e no trabalho espiritual; as bandas na sua superfície levam você numa viagem a outra realidade, a diferentes fluxos de consciência ou a outras vidas.

Um ótimo agente de cura ambiental quando gradeada* em torno da casa, a Ágata com Bandas impede a entrada de visitantes fora do corpo e espíritos indesejáveis. Por tradição, a Ágata com Bandas é usada para combater envenenamentos ou toxinas físicas, emocionais e mentais, e é um receptáculo útil para a energia negativa.

Posicionada sobre o terceiro olho, a Ágata com Bandas corta rapidamente laços mentais com um guru, um parceiro de vidas passadas ou um pai ou mãe que se aproveite de uma ligação mais estreita na infância para continuar a manter o controle no presente; nesses casos, ela repõe a energia dispendida. Esta pedra é particularmente útil para a pessoa que é alvo das orações de um padre ou líder religioso desejoso de que ela "volte ao rebanho" – ou volte a se submeter ao controle –, pois ela devolve a energia de compulsão à sua fonte e deixa a pessoa livre para viver a sua vida como deseja.

Do ponto de vista psicológico, a Ágata com Bandas ensina que a sexualidade é uma função natural e que a sensualidade é a demonstração do apreço dos sentidos pela vida em sua plenitude. A Ágata com Bandas alivia a repressão emocional e estimula a expressão artística. Útil para pessoas que se magoam com facilidade, essa pedra ensina quem a usa a buscar soluções em vez de remoer problemas, e a evitar pensamentos obsessivos e padrões mentais destrutivos. Ampliando a visão das situações, ela estimula a criatividade e encoraja você a explorar territórios desconhecidos e, ao mesmo tempo, a prestar a devida atenção aos detalhes.

Do ponto de vista emocional, essa pedra pode ser programada (*ver* página 358) para proteger você e a sua família, propiciando o amor protetor, que é objetivo e não sufoca o ser amado.

A Ágata de Botsuana também auxilia qualquer pessoa cujo trabalho envolva fogo ou fumaça, e ajuda os fumantes que querem largar o vício. Dizem também que ela repele aranhas.

**CURA** Estimula a memória celular\* e a cura multidimensional; combate a depressão e a intoxicação e estimula a fertilidade; facilita a oxigenação do cérebro; melhora o sistema respiratório, circulatório e nervoso; e a renovação da pele. É útil para reprogramar a memória celular depois da mortificação da carne, das emoções ou do espírito numa vida anterior ou na atual.

**POSIÇÃO** Segure-a, posicione-a ou use-a no gradeamento (*ver* páginas 28-31) como for mais apropriado. Posicione-a sobre o terceiro olho para cortar ligações com um guru. Pode causar vertigens; nesse caso, remova-a.

## ÁGATA: ÁGATA DE FOGO CRAQUELÊ

*Rolada*

| | |
|---:|:---|
| **COR** | Laranja |
| **APARÊNCIA** | Pedra translúcida com bandas e rachaduras |
| **RARIDADE** | Fácil de obter nas lojas de cristais |
| **ORIGEM** | Estados Unidos, República Tcheca, Índia, Islândia, Marrocos, Brasil |

**ATRIBUTOS** Pedra com uma poderosa energia em sintonia com a chama* vermelha da vontade espiritual, capaz de nos impulsionar para a frente em qualquer situação, a Ágata de Fogo Craquelê emana força vital e alegria de viver. Extremamente protetora, ela propicia um escudo impenetrável contra mau-olhado*, fazendo com que a energia volte suavemente para a pessoa de onde ela veio, levando-a a tomar consciência do mal que fez e dissipando-a.

Do ponto de vista físico, esta Ágata revigorante estimula a vitalidade e a criatividade em todos os níveis. Aumentando a libido, ela estimula o chakra da base e elimina obsessões e desejos destrutivos, além de tratar os vícios.

**CURA** Restaura a vitalidade e combate a fadiga; impede a exaustão e as ondas de calor da menopausa; melhora a visão noturna; ela está em sintonia com o meridiano triplo-aquecedor* e com os sistemas reprodutor e digestivo.

**POSIÇÃO** Use-a no corpo por longos períodos.

# ÁGATA: ÁGATA PELE DE COBRA

*Formação natural*

| COR | Branco e cinza-amarronzado |
|---|---|
| APARÊNCIA | Cristal com aparência de pele de cobra |
| RARIDADE | Raro |
| ORIGEM | Estados Unidos, Índia, Marrocos, República Tcheca, Brasil, África |

**ATRIBUTOS** Em sintonia com o sul na roda medicinal (*ver* páginas 368-375), a Ágata Pele de Cobra é considerada a pedra da invisibilidade e um transformador natural de formas. Pelo fato de ajudar a pessoa a se misturar no ambiente e a viajar sem ser vista no mundo físico e espiritual inferior* e superior, ela é um instrumento útil no trabalho de resgate da alma*.

Do ponto de vista espiritual, esta ágata fortalece os chakras da base e do sacro, enraizando a alma no corpo e na Terra e facilitando a total aceitação da encarnação.

Do ponto de vista psicológico, a Ágata Pele de Cobra, por ser uma pedra excepcionalmente alegre, ajuda a combater as preocupações e depressões da vida diária e conecta você com a alegria de viver. Ela o lembra de que, assim como a cobra troca de pele, você também pode deixar o passado para trás e renascer. Quando posicionada sobre os chakras inferiores, esta pedra ativa a subida da energia kundalini* e estimula a regeneração. Ela lhe confere a astúcia de uma serpente ao lidar com pessoas maldosas ou situações difíceis.

Do ponto de vista físico, esta pedra segue o princípio da homeopatia segundo o qual "igual cura igual" e é usada há eras para amenizar rugas e curar doenças de pele.

**CURA** Tradicionalmente é usada para combater a psoríase, problemas de audição e de estômago.

**POSIÇÃO** Segure-a, posicione-a ou use-a no gradeamento (*ver* páginas 28-31) como for mais apropriado. Banhe a pele com a essência de pedras (*ver* página 361). Segure-a na mão para conectar-se com a medicina da cobra ou posicione-a no lado sul da roda medicinal.

## ÁGATA: **ÁGATA ÁRVORE**

*Rolada*

*Bruta*

| COR | Branco e verde |
|---|---|
| APARÊNCIA | Pedra opaca com pintas e veios |
| RARIDADE | Fácil de obter |
| ORIGEM | Estados Unidos, Índia, Marrocos, República Tcheca, Brasil, África |

**ATRIBUTOS** Um agente de cura muito útil para a Terra e para os ambientes, a Ágata Árvore dá sustentação a plantas e árvores de todos os tipos. Gradeada* em volta de uma plantação, ela estimula a germinação e a fertilidade do solo. Intensificando o contato com a energia nutriz da natureza e dos espíritos da natureza, a Ágata Árvore aumenta o seu poder de comunicação com as coisas vivas, facilitando assim o contato com o reino vegetal. Mantenha uma no bolso, em seu estado bruto, para melhorar a sua conexão com a natureza e para se manter em segurança em meio à vida selvagem.

Do ponto de vista psicológico, a Ágata Árvore instila um sentimento de segurança até mesmo nas situações mais desafiadoras. Estimulando a força e a perseverança, ela ajuda você a vencer situações difíceis com equanimidade e o ajuda a identificar as dádivas ou lições cármicas* que estão por trás delas. Esta pedra estimula um senso de eu positivo e confere uma autoestima inquebrantável.

Do ponto de vista emocional, a Ágata Árvore confere proteção contra a negatividade, tanto em si mesmo quanto nos outros. Fisicamente, esta ágata estimula o sistema imunológico, restaurando a vitalidade e conferindo força.

**CURA** Este cristal é benéfico para o sistema imunológico e ajuda a combater infecções.

**POSIÇÃO** Segure-a, posicione-a ou use-a no gradeamento (*ver* páginas 28-31) como for mais apropriado. Se o seu sistema imunológico está enfraquecido e suscetível a infecções, fixe a Ágata Árvore com fita adesiva sobre o timo e deixe-a nesse local durante a noite.

## AGRELITA

*Bruta*

| COR | Branco |
|---|---|
| APARÊNCIA | Pedra opaca perolada e estriada |
| RARIDADE | Rara |
| ORIGEM | Canadá |

**ATRIBUTOS** Útil na cura psicológica e no combate a bloqueios da criatividade, a Agrelita evidencia as suas tentativas de controlar os outros e estimula a independência e o respeito por si mesmo em partes iguais.

Do ponto de vista psicológico, ao trazer à tona questões reprimidas nas profundezas da psique, que impedem o crescimento espiritual, esta pedra derrota o sabotador interior e faz com que você tenha acesso a todo o seu potencial. Ela combate bloqueios dentro dos corpos físicos ou sutis*, mas pode requerer outros cristais de cura para mostrar resultados significativos.

**CURA** Intensifica a cura e a receptividade à radiônica*; estimula o sistema imunológico e combate contusões, inchaços, infecções, o excesso de alcalinidade e os efeitos indesejáveis da quimioterapia.

**POSIÇÃO** Segure-a, posicione-a ou use-a no gradeamento (*ver* páginas 28-31) como for mais apropriado.

LISTA DE CRISTAIS

# ALEXANDRITA

*Formado*

*Cristal na matriz*

| COR | Verde e vermelho |
|---|---|
| APARÊNCIA | Arenoso e opaco, transparente quando lapidado, vermelho brilhante de acordo com a fonte de luz |
| RARIDADE | Raro |
| ORIGEM | Rússia, Estados Unidos, Brasil, China, Irlanda, Suíça, Austrália, República Tcheca, França, Noruega |

**ATRIBUTOS** Símbolo do poder real e pedra guardiã eficiente, a Alexandrita estimula a longevidade, por ser um ótimo cristal purificador e renovador, e suscita uma transformação interior cheia de alegria. Do ponto de vista cármico*, esta pedra se liga ao conhecimento esotérico um dia armazenado na biblioteca de Alexandria. Segundo dizem, usada sobre o coração, a Alexandrita traz sorte no amor e confere graça e elegância. Por ser bicolor, esta pedra faz com que você veja os dois lados de uma questão e liga o coração e a mente de modo que eles possam ter uma perspectiva imparcial e esclarecida que abrange e integra os pontos de vista racional e intuitivo.

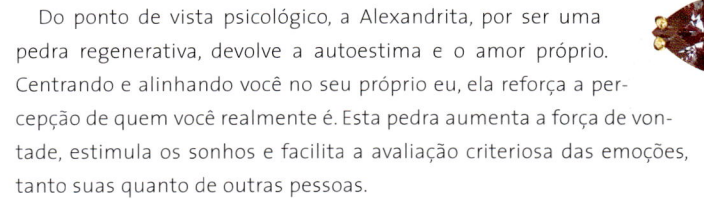

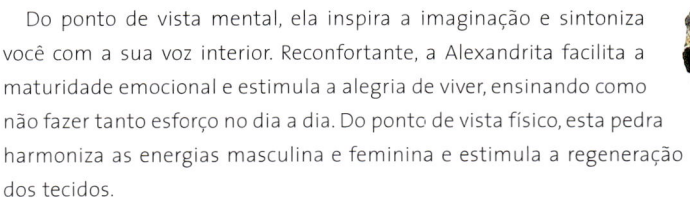

Do ponto de vista psicológico, a Alexandrita, por ser uma pedra regenerativa, devolve a autoestima e o amor próprio. Centrando e alinhando você no seu próprio eu, ela reforça a percepção de quem você realmente é. Esta pedra aumenta a força de vontade, estimula os sonhos e facilita a avaliação criteriosa das emoções, tanto suas quanto de outras pessoas.

*Facetada*

Do ponto de vista mental, ela inspira a imaginação e sintoniza você com a sua voz interior. Reconfortante, a Alexandrita facilita a maturidade emocional e estimula a alegria de viver, ensinando como não fazer tanto esforço no dia a dia. Do ponto de vista físico, esta pedra harmoniza as energias masculina e feminina e estimula a regeneração dos tecidos.

*Bruta*

**CURA** Equilibra os sistemas nervoso e endócrino; ameniza inflamações, a tensão nos músculos do pescoço e os efeitos colaterais da leucemia. Fortalece as glândulas pineal e pituitária, o baço, o pâncreas, o fígado, os órgãos reprodutores masculinos e o tecido neurológico.

**POSIÇÃO** Segure-a, posicione-a ou use-a no gradeamento (*ver* páginas 28-31) como for mais apropriado.

# AMBLIGONITA

*Bruta*

| COR | Amarelo |
|---|---|
| APARÊNCIA | Lustroso, opaco, cor clara |
| RARIDADE | Fácil de obter |
| ORIGEM | Estados Unidos, Brasil, França, Alemanha, Suécia, Mianmar, Canadá |

**ATRIBUTOS** A Ambligonita é uma pedra extremamente criativa para as artes, promovendo e enaltecendo a música, a poesia e a criatividade de todos os tipos. Se você meditar empunhando esta pedra ou mantendo-a nas proximidades, ela pode expandir os seus talentos.

Pedra de equilíbrio psicológico e emocional, a Ambligonita o ajuda a se revitalizar e a conciliar dualidades, integrando as polaridades do ser. Ativando os chakras do plexo solar e da coroa superior, esta pedra integra as emoções e o campo mental, e alinha todos os sistemas dos chakras de maneira que a energia possa fluir mais livremente entre os corpos sutis*. A Ambligonita estimula a empatia, o altruísmo e a consideração pelos outros, sem deixar você cair na armadilha do vitimismo e da síndrome de mártir.

Do ponto de vista espiritual, esta pedra aumenta o seu amor próprio e por isso desperta dentro de você o *conhecimento* de que você é uma alma divina e imortal, que passa a viver em outros planos de existência quando a vida terrena chega ao fim.

Emocionalmente, esta é uma pedra muito útil para desfazer sem traumas vínculos emocionais presentes no seu plexo solar, especialmente quando eles se relacionam a pais ou parceiros do passado que ainda querem ter controle sobre você. A Ambligonita também facilita o término de relacionamentos sem que restem mágoas.

Com relação à saúde física, a Ambligonita ativa os sistemas elétricos do corpo e, fixada sobre a região do timo, protege pessoas mais sensíveis das emanações do computador.

Do ponto de vista ambiental, esta pedra é uma excelente grade* para áreas em que há discórdia ou desordem social, trazendo paz e tranquilidade, especialmente quando há jovens envolvidos.

**CURA** Combate o estresse e o transtorno por déficit de atenção/hiperatividade; há relatos de que ajuda na cura de distúrbios genéticos, dores de cabeça e distúrbios nos ossos; e também na cura da síndrome do intestino irritável e de problemas digestivos e estomacais.

**POSIÇÃO** Segure-a, posicione-a ou use-a no gradeamento (*ver* páginas 28-31) como for mais apropriado.

# AMOLITA

*Entalhada e polida*

| COR | Multicolor |
|---|---|
| APARÊNCIA | Concha de amonita opalizada, com brilho intenso e colorido |
| RARIDADE | Rara |
| ORIGEM | Canadá, Marrocos |

**ATRIBUTOS** Por ativar poderes metafísicos e a exploração interdimensional, a Amolita é particularmente eficaz quando colocada sobre o chakra do soma e do terceiro olho. Por representar a conclusão de um círculo e o conhecimento de um lugar pela primeira vez, ela tem o caminho da alma codificado dentro de si e é um apoio útil no processo de renascimento. Do ponto de vista espiritual, esta pedra o leva ao seu próprio centro e faz com que você se sinta inteiro. Ativando o seu poder pessoal e a vontade espiritual, a Amolita converte energia negativa numa suave espiral de fluxo positivo. Uma pedra com grande capacidade de purificação cármica*, quando colocada sobre o terceiro olho ela livra a pessoa de obsessões mentais e de imperativos* anímicos de vidas passadas.

Do ponto de vista psicológico, a Amolita estimula os instintos de sobrevivência e o conhecimento de que você só chegará onde quer se tiver perseverança. Do ponto de vista físico, a Amolita é excelente para qualquer coisa que precise de estrutura e lucidez, aliviando traumas de nascimento que interferem no fluxo craniossacral, e é útil em qualquer trabalho envolvendo essa área. Do ponto de vista ambiental, esta é uma pedra eficiente na cura do planeta.

Os mestres do Feng Shui chamam a Amolita de "Pedra da Prosperidade das Sete Cores". Eles acreditam que essa pedra estimule o fluxo de qi*, a força vital, através do corpo. De acordo com eles, a Amolita é uma poderosa pedra da sorte que todos deveriam ter em casa para trazer riqueza, saúde, vitalidade e felicidade. Nos locais de negócios, ela promove acordos benéficos e lucrativos. Segundo se acredita, quando usada no corpo, esta pedra confere carisma e beleza sensual.

**CURA** Útil para o bem-estar em geral e para a longevidade, ela ajuda o metabolismo celular e em casos de depressão, trabalho de parto, osteomielite, otite e zumbido no ouvido; desperta a energia kundalini* e a memória celular; estabiliza a pulsação e combate distúrbios degenerativos. Beneficia o crânio e o ouvido interno; os pulmões e os membros.

**POSIÇÃO** Segure-a, posicione-a ou use-a no gradeamento (*ver* páginas 28-31) como for mais apropriado.

**CORES SEGUNDO O FENG SHUI** O vermelho representa energia e crescimento; a cor de laranja representa criatividade e libido intensificada; o verde representa sabedoria, intelecto e empreendedorismo; o amarelo é associado à riqueza; o azul representa paz e saúde.

# ANABERGITA

*Rolada*

| COR | Verde-maçã |
|---|---|
| APARÊNCIA | Pedra opaca |
| RARIDADE | Fácil de obter |
| ORIGEM | Canadá, Estados Unidos, Alemanha, Sardenha, Itália, Espanha, Grécia |

**ATRIBUTOS** Do ponto de vista espiritual, a Anabergita ensina que tudo está perfeito do jeito que está, o que mostra a harmonia do seu Eu Superior e o abre para infinitas possibilidades. Posicionada sobre o terceiro olho, esta pedra mítica intensifica a visualização e a intuição, além de facilitar o contato com seres de maior sabedoria no universo.

Do ponto de vista psicológico, quando colocada sobre o chakra do soma, aumenta a consciência de quem você verdadeiramente é e reflete esse conhecimento no mundo exterior. A Anabergita é uma pedra fugidia, que só aparece quando chega o momento certo; ela traz consigo o conhecimento de que você precisa, por isso sinaliza o tempo certo para uma mudança psicológica.

A Anabergita se sintoniza com o revestimento biomagnético* e com os chakras, purificando o chakra da Terra e fortalecendo as energias biomagnéticas. Nos meridianos* físicos, ela aumenta o fluxo de energia e os harmoniza com a grade de meridianos da Terra, facilitando a cura celular multidimensional.

Do ponto de vista físico, a Anabergita abre o potencial de cura e prepara o corpo para receber radioterapia e combater infecções. Ela também aumenta a receptividade durante a prática da radiônica* ou de qualquer outra forma de medicina energética. Ela pode estimular a ambidestria e ajudar no aprendizado de línguas ou de taquigrafia. Também facilita a leitura e interpretação de símbolos ou sonhos.

**CURA** Ativa a memória celular* e combate a desidratação, os tumores, os distúrbios celulares e as infecções.

**POSIÇÃO** Segure-a, posicione-a ou use-a no gradeamento (*ver* páginas 28-31) como for mais apropriado.

## ASTROFILITA

*Rolada*

| COR | Amarelo-acinzentado |
|---|---|
| APARÊNCIA | Lâminas metálicas ou peroladas |
| RARIDADE | Rara |
| ORIGEM | Estados Unidos |

**ATRIBUTOS** A Astrofilita dá ênfase ao seu potencial ilimitado, intensifica a sua percepção e o torna sensível a necessidades não expressas. Ao ativar a sua capacidade de ver o caminho da sua alma por meio dos sonhos, ela promove experiências fora do corpo, servindo como guia e protetor em outros reinos.

Ao fazer com que você tenha uma visão objetiva de si mesmo, ela elimina sem culpa tudo o que esteja ultrapassado, lembrando-o de que, quando uma porta se fecha, outra se abre. Pelo fato de promover a intimidade e aumentar a sensibilidade ao toque, ela ajuda em massagens ou na acupressão.

**CURA** Combate a epilepsia, a tensão pré-menstrual, os distúrbios relacionados à menopausa e os depósitos de gordura; beneficia a fertilidade, os sistemas hormonal e nervoso, o intestino grosso e o alinhamento da coluna.

**POSIÇÃO** Segure-a, posicione-a ou use-a no gradeamento (*ver* páginas 28-31) como for mais apropriado.

## ATLANTASITA

*Rolada*

| COR | Verde e lilás |
|---|---|
| APARÊNCIA | Combinação opaca de duas cores bem-definidas |
| RARIDADE | Cada vez mais fácil de obter |
| ORIGEM | Austrália, África do Sul e Canadá |

**ATRIBUTOS** Combinação da Serpentina verde e da Estichtita roxa, a Atlantasita facilita o acesso a vidas passadas em Atlântida, restabelecendo o contato com a sua sabedoria antiga e estimulando você a concluir projetos executados naquele tempo.

Estimulando a evolução espiritual, esta pedra ajuda aqueles que subestimaram os seus poderes espirituais nas antigas civilizações e auxilia a reconhecer o uso correto do poder e a verdadeira natureza da força espiritual. A Atlantasita purifica e alinha todos os chakras.

Do ponto de vista psicológico, ela diminui os níveis de estresse e estimula a reflexão antes da expressão. Útil para estimular crianças a modificar comportamentos inadequados; esta pedra também ajuda você a esquecer as consequências de escolhas ruins do passado ou antigas feridas, sanando padrões desgastados e promovendo uma abordagem mais positiva. Ela também é um agente eficaz de harmonização em caso de disputas.

Do ponto de vista ambiental, a Atlantasita é um ótimo agente de cura para a Terra, pois traz paz ao ambiente e, quando enterrada, purifica o local e reestrutura a energia de lugares onde ocorreram mortes e destruição.

**CURA** Benéfico para a memória celular* e em casos de estresse, distúrbios no sangue, hipoglicemia e diabetes.

**POSIÇÃO** Segure-a, posicione-a ou use-a no gradeamento (ver páginas 28-31) como for mais apropriado.

(Ver também Estichtita, nas páginas 331-332)

### FORMA ADICIONAL

A **Picrolita** era um mineral extremamente valorizado em épocas pré-históricas. Uma forma de Serpentina verde, esta pedra tem qualidades protetoras que purificam e equilibram os sistemas dos chakras e estimula a resistência. Ótimo curador da Terra, este cristal pode ser gradeado* para atrair chuva em regiões de seca. Do ponto de vista emocional, a Picrolita apoia relacionamentos sólidos, estimulando o reconhecimento de qualidades positivas no parceiro. Do ponto de vista físico, ela ajuda o coração, as glândulas suprarrenais e o sistema endócrino, estimulando a assimilação de proteínas. A Picrolita brilhante tem uma vibração mais suave.

*Picrolita (bruta)*

LISTA DE CRISTAIS

# AVALONITA

TAMBÉM CONHECIDA COMO CALCEDÔNIA AZUL DRUSIFORME

*Avalonita num geodo laminado*

| COR | Azul |
|---|---|
| APARÊNCIA | Cristais minúsculos, quase aveludados, geralmente no interior da drusa |
| RARIDADE | Raro |
| ORIGEM | Estados Unidos, Áustria, República Tcheca, Eslováquia, Islândia, Inglaterra, México, Nova Zelândia, Turquia, Rússia, Brasil, Marrocos |

**ATRIBUTOS** A Avalonita intensifica a visualização e as experiências fora do corpo*, abrindo a percepção psíquica e a telepatia entre os parceiros de alma. Esta pedra leva você a reinos míticos, em que contos de fadas e lendas oferecem uma sabedoria profunda, servindo como intérprete e facilitadora para a reformulação criativa dos mitos da sua vida. Propiciando a comunicação com fadas, elfos e devas*, a Avalonita se conecta com a magia antiga e ajuda você a ter acesso ao conhecimento armazenado no inconsciente coletivo. Para entrar em contato com a sua mulher sábia interior ou com as suas encarnações de sacerdotisa, fite as profundezas da Avalonita e deixe que ela o transporte suavemente para o seu mundo interior.

Do ponto de vista psicológico, esta pedra harmoniza o conhecimento emocional, mental e espiritual no centro do seu ser. Intensificando a praticidade mental e estimulando a sabedoria interior, especialmente diante de novas situações, esta pedra é perfeita para aqueles que temem o fracasso ou são incapazes de amar, pois ela abre o coração e deixa que você descubra a perfeição do seu verdadeiro eu interior e reconheça que nunca está sozinho.

Ela é um eficiente agente de cura em casos de desilusão, trazendo à tona uma confiança profunda no universo.

Como protetor ambiental, a Avalonita absorve energia negativa e a transmuta, para evitar que ela se propague, mas esta pedra precisa de purificação e recarregamento regulares (*ver* página 358).

**CURA** Benéfica para a sensibilidade com relação ao clima e a mudanças climáticas.

**POSIÇÃO** Segure-a, posicione-a ou use-a no gradeamento (*ver* páginas 28-31) como for mais apropriado.

## BARITA

*Branca (bruta)*

*Esverdeada (formação natural laminada)*

| COR | Branco, laranja, esverdeado |
|---|---|
| APARÊNCIA | Cristal transparente vítreo, em massa laminada ou fibrosa |
| RARIDADE | Fácil de obter |
| ORIGEM | Estados Unidos, Grã-Bretanha, Alemanha |

**ATRIBUTOS** Esta pedra facilita a comunicação da visão intuitiva. Por tradição, pedra facilitadora de experiências fora do corpo, a Barita estimula tanto os sonhos quanto a recordação destes. Se um ritual exige anonimato ou segredo, a Barita garante isso e guia você no caminho de volta com segurança.

Do ponto de vista espiritual, esta é uma pedra útil para purificar e reequilibrar todo o sistema de chakras do corpo. Do ponto de vista psicológico, a Barita aumenta a autonomia. Se você se conformou aos ideais de outras pessoas, e não aos seus próprios, ou vive à disposição dos outros, esta pedra decreta a sua liberdade. Por outro lado, ela também garante a lealdade a uma pessoa ou ideal. Esta pedra combate a timidez e ajuda na comunicação interpessoal e no foco mental. Ela ensina você a impor fronteiras. Pedra fortemente motivacional, a Barita beneficia as pessoas cujas energias estão esgotadas ou fragmentadas.

Do ponto de vista mental, a Barita ajuda a memória e estimula o funcionamento eficiente do cérebro, intensificando a sua capacidade de organizar e expressar pensamentos.

Do ponto de vista emocional, a Barita é benéfica para amizades platônicas e estimula a intimidade e a percepção em relacionamentos de todos os tipos. Poderoso transformador, este cristal pode provocar catarses que eliminam antigos padrões emocionais, obsessões e medos (um processo em que se recomenda o acompanhamento de um terapeuta), mas não dispensa outros cristais que possam restabelecer o equilíbrio. As catarses emocionais podem liberar emoções há muito tempo reprimidas e reestruturar o corpo emocional, de modo que ele recupere o equilíbrio.

**CURA** Beneficia a vitalidade, a memória, a desintoxicação, o cérebro e a visão; combate a hipersensibilidade ao frio e a mudanças de temperatura, a fadiga crônica, os vícios e as inflamações de garganta. Equilibra a química cerebral e acalma o estômago e o sistema nervoso.

**POSIÇÃO** Segure-a, posicione-a ou use-a no gradeamento (*ver* páginas 28-31) como for mais apropriado.

# BERILONITA

*Bruta*

| COR | Do branco ao amarelo pálido |
|---|---|
| APARÊNCIA | Delicado cristal translúcido |
| RARIDADE | Rara |
| ORIGEM | Brasil, Estados Unidos, Afeganistão |

**ATRIBUTOS** Pelo fato de ativar dons metafísicos\* e conter luz cristalizada de altíssima vibração\*, a Berilonita estabelece contato com o esquema\* sutil original, para propiciar bem-estar quintessencial. Ela elimina a indisposição\* em todos os níveis e centra você no seu eu, mostrando que, independentemente da experiência pela qual está você passando, ela é a base perfeita para a sua evolução e indica as qualidades que a sua alma está desenvolvendo em cada situação, não importa o quanto seja apavorante.

**CURA** Esta pedra trabalha melhor além do nível físico do ser, evocando o esquema perfeito e realinhando as estruturas celulares até atingir as condições em que estavam antes da indisposição.

**POSIÇÃO** Segure-a ou posicione-a com cuidado.

## BIXBITA

*Facetada*  *Bruta*

| | |
|---:|:---|
| **COR** | Vermelho brilhante |
| **APARÊNCIA** | Cristal translúcido ou transparente |
| **RARIDADE** | Extremamente rara |
| **ORIGEM** | Estados Unidos (pode ser produzida artificialmente, embora perca algumas propriedades) |

**ATRIBUTOS** Pedra criativa e poderosa, que estimula a coragem, a paixão e a força de vontade, sem egoísmo, a Bixbita promove o respeito pelos outros. Esta pedra ativa os chakras básicos e os liga ao coração, ancorando você no amor compassivo e liberando o conflito cármico* e as antigas feridas. A sua cor ígnea deriva do manganês, necessário para a reprodução celular e dos ácidos graxos para a formação de novas células sanguíneas.

**CURA** Promove a autocura e a reposição celular; dá sustentação durante a convalescença, aumentando a resistência física e a vitalidade; fortalece os órgãos reprodutivos, o fígado e o sangue, os processos metabólicos e as enzimas, os dentes e os ossos.

**POSIÇÃO** Segure-a, posicione-a ou use-a no gradeamento (*ver* páginas 28-31) como for mais apropriado. Coloque-a sobre os chakras da base e do sacro para aumentar a fertilidade e a criatividade.

## SANGUE DE ÍSIS

*Facetada*

| | |
|---:|:---|
| **COR** | Vermelho |
| **APARÊNCIA** | Cristal transparente com aparência enfumaçada |
| **RARIDADE** | Raro e de preço elevado |
| **ORIGEM** | Mar Vermelho e Egito |

**ATRIBUTOS** A Sangue de Ísis é uma Cornalina usada em joalheria, muito popular como amuleto de proteção e oferenda aos deuses, não só no Egito, mas também na Europa, em Mianmar e no Japão. É quase certo que era uma das pedras usadas no peitoral do Sumo Sacerdote (*ver* páginas 17-18) e sintoniza com a energia de Ísis, o princípio feminino divino.

A deusa Ísis era tanto uma poderosa sacerdotisa com poderes sobre a vida e a morte, quanto o arquétipo devotado de esposa e mãe. Todo ano, em sua homenagem, um grande mistério era representado nos templos: o mistério do nascimento, da morte e da regeneração. Se você meditar ou dormir com essa pedra embaixo do travesseiro, sentirá uma profunda conexão com o feminino universal e com a deusa interior. Ela também ajudará a remover os véus de Ísis para que você alcance clareza espiritual e a visão verdadeira.

O joalheiro do rei medieval da Espanha Afonso, o Sábio, traduzindo um texto árabe bastante remoto que preserva conhecimentos muito antigos, chama a Sangue de Ísis de "pedra do sono" e também lhe atribui a propriedade de emitir luz. Dizem que ela induz a uma letargia profunda e por isso era usada para aliviar a dor, especialmente durante uma cirurgia.

Do ponto de vista espiritual, esta pedra ajuda a recordar fragmentos perdidos e esquecidos do próprio eu, especialmente do sexo oposto ao que você tem nesta vida. Ela facilita o matrimônio interior, unindo as suas porções feminina e masculina, e é útil para homens que perderam o contato com a parte feminina criativa da sua psique.

Do ponto de vista psicológico, a Sangue de Ísis é uma pedra excelente para estimular o perdão. Os antigos egípcios usavam a Cornalina para acalmar a raiva, o ciúme, a inveja e outros sentimentos negativos. A deusa Ísis perdoou a irmã por roubar-lhe o marido e o cunhado por matá-lo. Ela sabia a profundidade da sua dor e a pedra também a ajudou a superar o luto, amenizando a dor da perda e facilitando a aceitação dos ciclos da vida.

Do ponto de vista físico, esta pedra é benéfica na menopausa para a mulher que lamenta a perda da fertilidade, e para a "síndrome do ninho vazio", sintonizando-a com um novo propósito – o de tornar-se uma mulher verdadeiramente sábia.

**CURA** Por tradição, a Sangue de Ísis é usada para purificar o sangue e os órgãos da fertilidade; dizem que ajuda na tensão pré-menstrual, na infertilidade e nos sintomas da menopausa.

**POSIÇÃO** Use-a no corpo ou posicione-a como for mais apropriado.

# ARAGONITA AZUL

*Ralada*

| COR | Azul |
|---|---|
| APARÊNCIA | Pedra opaca (às vezes colorida) |
| RARIDADE | Fácil de obter |
| ORIGEM | Estados Unidos, Namíbia, Grã-Bretanha, Espanha, Marrocos |

**ATRIBUTOS** O azul delicado da Aragonita Azul deriva do cobre, um poderoso condutor de energia que intensifica e ancora a comunicação espiritual. O cobre foi consagrado há muito tempo à deusa do amor, Vênus, e esta pedra suave purifica e alinha todos os corpos sutis* com o físico e equilibra as energias yin-yang, levando a um completo bem-estar.

Unindo os chakras do terceiro olho, da garganta e do coração, a Aragonita Azul ajuda na expressão da visão espiritual. Do ponto de vista psicológico, esta pedra instila um sentimento de resoluto otimismo e ajuda na descoberta da fonte dos problemas, transformando-os em oportunidades para a evo-

LISTA DE CRISTAIS

lução. A Aragonita Azul é útil nos trabalhos com a criança interior* e para a manifestação do projeto da sua alma para a vida presente.

Do ponto de vista emocional, esta pedra eleva e acalma o espírito e facilita a expressão das emoções mais profundas. Para atrair mais amor para a sua vida, e especialmente se você anseia pela sua chama gêmea espiritual, programe a Aragonita Azul para evocar esse desejo na sua vida agora (*ver* página 358).

Do ponto de vista físico, a Aragonita Azul ajuda em qualquer forma de trabalho com a respiração ou com a voz, fortalecendo os pulmões e a garganta. Ela também o auxilia a se sentir confortável dentro do seu corpo físico.

Do ponto de vista ambiental, ela é uma poderosa agente de cura da Terra e da alma. Gradeada* em torno da casa, a Aragonita Azul mantém o ambiente estável e harmonioso e transmuta a poluição e a negatividade de qualquer tipo.

**CURA** Benéfica para combater o estresse, para estimular a memória celular*, para ajudar na cura de moléstias como a doença de Raynaud e para amenizar espasmos. Ela fortalece o trato respiratório.

**POSIÇÃO** Segure-a, posicione-a ou use-a no gradeamento (*ver* páginas 28-31) como for mais apropriado.

# PEDRA DA LUA AZUL

*Formado e polido*

| | |
|---|---|
| **COR** | Azul sobre branco (com a cor intensificada) |
| **APARÊNCIA** | Sinais cintilantes num cristal transparente |
| **RARIDADE** | Fácil de obter, mas caro |
| **ORIGEM** | Rússia |

**ATRIBUTOS** Refinada, de altíssima vibração* e com infusões de cor, a Pedra da Lua Azul é a pedra de ativação por excelência, pois tem um efeito poderoso sobre o potencial adormecido e cria um portal para níveis incrivelmente altos de consciência e multidimensões. Esta pedra cria no cérebro físico uma rota de energia geométrica sutil em forma de merkabá*, ligando os chakras das vidas passadas com o hipotálamo, o hipocampo, a glândula pineal e a glândula pituitária e os chakras do terceiro olho e do soma. Isso abre um espaço dimensional* superior dentro do cérebro, ancorado ao timo e ao chakra do coração superior, de modo que ele se manifeste no mundo físico. A Pedra da Lua Azul se sintoniza com o metabolismo para assimilar os minerais e nutrientes que o corpo de luz ativado requer para funcionar no plano terrestre.

Do ponto de vista espiritual, a Pedra da Lua Azul ajuda você a ter os pés nos dois mundos – o físico e o espiritual –, estando aqui e lá ao mesmo tempo, sem dualidade ou conflito, e com uma percepção totalmente clara. Ela também ativa uma âncora cósmica*. No chakra do soma, ela propicia a manifestação de ideias, criando primeiramente uma estrutura energética.

**CURA** Colocada sobre o pescoço, onde a coluna vertebral encontra o crânio, a Pedra da Lua Azul provoca o mesmo efeito que o tratamento craniossacral, aliviando a tensão muscular e harmonizando energias sutis, vasos sanguíneos e nervos que passam por essa região.

**POSIÇÃO** Use-a no corpo ou posicione-a como for mais apropriado.

### FORMA ADICIONAL

A **Pedra da Lua do Arco-íris** carrega as vibrações da luz cósmica e oferece cura espiritual para toda a humanidade. Levando você a viagens astrais* entre as muitas dimensões, ela o lembra de que você é parte de um ciclo que nunca se acaba e o liga ao seu Eu Superior e ao mesmo tempo ao seu atual plano de vida*. Ajudando você a ver o invisível, a ler intuitivamente os símbolos e sincronicidades, e abrindo-o para os seus dons espirituais, esta pedra pode deixar as pessoas mais sensíveis sobrecarregadas do ponto de vista psíquico e emocional, embora propicie vislumbres intuitivos nas circunstâncias apropriadas. Esta pedra tem uma poderosa sintonia com os ciclos e as fases da Lua e pode ser necessário removê-la durante a Lua cheia. A Pedra da Lua do Arco-íris é benéfica para os órgãos internos, para os olhos, as artérias e as veias.

*Pedra da Lua do Arco-íris (polida)*

## BORNITA

*Rolada*

| | |
|---|---|
| **COR** | Dourado com cintilações coloridas |
| **APARÊNCIA** | Opaca, metálica, manchas iridescentes |
| **RARIDADE** | Fácil de obter |
| **ORIGEM** | Estados Unidos, Canadá, Marrocos, Alemanha, Polônia, Inglaterra, Chile, Austrália, Cazaquistão, República Tcheca, França, Noruega |

**ATRIBUTOS** A Bornita ensina você a confiar no processo intuitivo, abrindo as capacidades psíquicas e intensificando o conhecimento interior. Do ponto de vista espiritual, a Bornita, auxiliando na visualização e na criação da sua própria realidade, estimula o nosso desejo de cuidar de todos os seres do planeta e de defender a justiça social e a igualdade para todos.

Do ponto de vista psicológico, a Bornita é um protetor eficaz contra pensamentos e crenças negativas, pois os transmuta, ensinando-nos a contornar obstáculos com facilidade e estimulando-nos a encontrar a felicidade no momento presente.

Esta pedra ajuda a lidar com situações traumáticas e a identificar as lições por trás delas. Integrando mente, corpo, emoções e alma, a Bornita filtra o que não é mais relevante e ajuda você a superar isso.

Do ponto de vista mental, a Bornita identifica a fonte dos pensamentos nocivos, de modo que eles sejam eliminados. Instrumento eficaz durante qualquer tipo de terapia do renascimento, esta pedra pode ser programada (*ver* página 358) para enviar e receber cura a distância. Nesse caso, ela pode ser carregada ou usada sobre o timo.

**CURA** Favorece a regeneração, a memória celular*, as estruturas celulares, o equilíbrio metabólico, o equilíbrio ácido-alcalino e a assimilação do potássio, além de combater inchaços. Dissolve depósitos de cálcio e acalma espasmos.

**POSIÇÃO** Segure-a, posicione-a ou use-a no gradeamento (*ver* páginas 28-31) como for mais apropriado.

### COMBINAÇÃO DE PEDRAS
A **Bornita sobre Prata** fortalece o cordão de prata*, que liga os corpos sutis ao físico, garantindo uma volta segura ao corpo depois de uma viagem astral*. A Prata é um metal estabilizador que intensifica as qualidades da pedra à qual está ligada e concentra a sua energia apropriadamente. Ela também é um metal feminino, sintonizado com a Lua; por intensificar a percepção e a intuição, esta combinação age como uma superfície refletora para as visões místicas. Ela ajuda a acessar e a reenquadrar a fonte dos bloqueios do terceiro olho, especialmente quando eles foram criados de forma deliberada no passado.

Do ponto de vista emocional, a Bornita sobre Prata intensifica o carinho maternal e o amor platônico ou romântico. Do ponto de vista físico, esta combinação facilita a reprogramação da memória celular, apoia as estruturas celulares no corpo, beneficia a assimilação de potássio e os equilíbrios metabólicos. Ajuda a dissolver depósitos de cálcio e combate inchaços.

*Bornita sobre Prata (bruta)*

# BRASILIANITA

*Bruta*

| | |
|---:|:---|
| **COR** | Amarelo-esverdeado |
| **APARÊNCIA** | Transparente, com algumas nervuras |
| **RARIDADE** | Rara |
| **ORIGEM** | Brasil |

**ATRIBUTOS** A Brasilianita tem uma vibração* vigorosa e elevada, que fortalece a vontade espiritual e ajuda na manifestação. Supostamente conectada a Atlântida, esta pedra extremamente criativa do ponto de vista espiritual ativa os dons metafísicos e mostra como realizar feitos aparentemente sobrenaturais que estão contidos nas capacidades humanas ampliadas. Se você utilizou mal essas energias em Atlântida, esta pedra purifica o passado e fortalece a integridade da alma.

Do ponto de vista psicológico, se você tem dificuldade para estabelecer fronteiras para si mesmo e para os outros, a Brasilianita ajuda você a reconhecer onde termina o seu espaço e começa o dos outros, a aprender a dizer não e a evitar a intrusão psíquica no seu espaço. Ela também ajuda você a deixar de lado o vitimismo e a síndrome de mártir, especialmente se eles têm raízes em vidas passadas, e ensina você a ser um orgulhoso sobrevivente. Pedra de ação, a Brasilianita ajuda você a estabelecer limites e é particularmente útil quando é preciso impor regras a adolescentes que testam os limites dos pais. Esta pedra também é útil caso você sinta que as outras pessoas invadem as suas fronteiras de modo inapropriado, e mostra como você pode ampliar essas fronteiras caso as tenha restringido por causa do medo ou de um abuso sofrido no passado. Ela ajuda você a assumir responsabilidade por si mesmo em situações de risco, e a avançar com confiança, sabendo que está seguindo a retidão do caminho da sua alma.

Do ponto de vista emocional, ela o ajuda a tomar consciência das suas vulnerabilidades, especialmente se você negou isso durante muito tempo. Se emoções como o ressentimento impedem que você siga em frente, esta pedra transmuta essas emoções e o ajuda a perdoar a si mesmo. Conferindo força emocional, a Brasilianita ensina você a encontrar a sua força interior, em vez de se fechar dentro de uma carapaça que oculte a sua vulnerabilidade, mas abre um buraco negro no seu centro emocional.

Do ponto de vista físico, esta pedra estimula o fluxo de energia e a circulação dentro do corpo, purificando os meridianos* e eliminando o excesso de calor.

**CURA** Acredita-se que esta pedra elimine substâncias poluentes como metais pesados, fortalecendo os rins e outros órgãos excretórios.

**POSIÇÃO** Segure-a, posicione-a ou use-a no gradeamento (*ver* páginas 28-31) como for mais apropriado.

## BRONZITA

*Rolada*

| COR | Marrom e preto |
|---:|---|
| APARÊNCIA | Pedra sarapintada |
| RARIDADE | Fácil de obter |
| ORIGEM | Alemanha, Finlândia, Índia, Estados Unidos |

**ATRIBUTOS** A Bronzita facilita a atitude de simplesmente "ser", de entrar num estado dinâmico de não ação e não fazer. Do ponto de vista espiritual, é a pedra perfeita se você tem dificuldade para se acalmar, pois ela provoca uma sensação de total serenidade. Comercializada como amuleto mágico de proteção contra feitiços e maldições, a Bronzita repele pensamentos negativos e mau-olhado*. Contudo, ela manda de volta para a fonte, de modo consideravelmente ampliado, o mau-olhado, as maldições ou os feitiços, perpetuando o problema, que passa a "ir e vir", cada vez mais forte. Com isso, a pessoa responsável pelo mau-olhado pode adoecer seriamente, enquanto o alvo desses sentimentos permanece protegido, embora consciente do distúrbio energético. É mais eficaz usar a Bronzita em combinação com a Turmalina preta, pois esta absorve o mau-olhado, imediatamente interrompendo a interação e desviando a atenção da fonte.

LISTA DE CRISTAIS

Do ponto de vista psicológico, essa "pedra da cortesia" fortalece o discernimento pouco crítico, acentuando as escolhas mais importantes e promovendo a tomada de decisão. Este cristal protetor, eficiente no ancoramento*, é muito útil quando você se sente impotente em situações de discórdia ou que estão além do seu controle. Quando empunhada, a Bronzita aumenta a confiança em si, devolve a compostura e ajuda a manter a cabeça fresca. Com a ajuda dela, você pode obter uma perspectiva mais objetiva e compreender melhor os fatos. Ela também auxilia você a superar o estresse e a vencer a teimosia, mostrando como seguir o fluxo da vontade divina. Se você estiver preso a algum padrão negativo, a Bronzita o ajuda a se livrar dele.

Do ponto de vista físico, esta pedra fortalece e equilibra a energia yang masculina dentro do corpo ou na psique.

**CURA** Útil em casos de exaustão crônica, assimilação do ferro, cãibras e nervos, e para eliminar a dor e o excesso de alcalinidade.

**POSIÇÃO** Segure-a, posicione-a ou use-a no gradeamento (*ver* páginas 28-31) como for mais apropriado. Use-a numa estrela de Davi com a Turmalina preta, para repelir o mau-olhado.

## BUSTAMITA

*Formada e polida*

| COR | Vermelho-rosado |
|---|---|
| APARÊNCIA | Vítrea, opaca e com padrões |
| RARIDADE | Fácil de obter, mas cara |
| ORIGEM | África do Sul, Suécia, Rússia, Peru, Argentina, Áustria, Bulgária, Alemanha, Honduras, Itália, Japão, Nova Zelândia, Noruega, Grã-Bretanha, Brasil |

**ATRIBUTOS** A Bustamita tem uma energia poderosa que possibilita uma conexão profunda com o planeta e facilita a cura da Terra*, corrigindo e realinhando os meridianos do corpo etérico* da Terra. Do ponto de vista espiritual, é excelente para gradear* um espaço seguro onde se possa realizar um ritual, uma iniciação ou meditação. Estimulando o sonho consciente e a intuição, a Bustamita intensifica a canalização* e facilita o acesso aos reinos angélicos. Dizem que ela perde o lustro quando há perigo por perto.

Do ponto de vista mental, esta pedra ajuda você a manter o autocontrole e a ter mais coerência interior, ajudando-o a ficar afastado de experiências desagradáveis mesmo estando fisicamente presente, ou facilitando a sua ausência física em situações nocivas. Esta pedra transforma ideais e ideias em ações positivas.

LISTA DE CRISTAIS

Do ponto de vista emocional, a Bustamita elimina a dor do passado, harmonizando o sistema de energia emocional e a cura da memória celular*. Do ponto de vista físico, esta pedra realinha os meridianos de energia do corpo físico e dos corpos sutis*. Quando a Bustamita é usada para a cura, você segue o seu caminho de vida com grande vitalidade.

**CURA** Benéfica para a memória celular, doenças relacionadas ao estresse, deficiências de cálcio, circulação, dores de cabeça e retenção de líquidos, a Bustamita faz bem para as pernas, os pés, o coração, a pele, as unhas, o cabelo, os nervos motores, o tônus muscular, o baço, os pulmões, a próstata, os órgãos sexuais, os sistemas endócrino e digestivo e o pâncreas.

**POSIÇÃO** Segure-a, posicione-a ou use-a no gradeamento (*ver* páginas 28-31) como for mais apropriado.

### COMBINAÇÃO DE PEDRAS
A **Bustamita com Sugilita** une o céu e a terra. Ela aumenta a consciência espiritual e psíquica ao mesmo tempo em que intensifica a sensação de se estar ancorado na Terra. Também abre a intuição, aumentando a capacidade de ouvir a voz do seu ser. Usando essa pedra, as pessoas sensíveis sentem mais facilidade para se adaptar ao ambiente terrestre ao mesmo tempo em que mantêm o contato espiritual que nutre o âmago do seu ser. Do ponto de vista psicológico, esta é uma pedra útil para qualquer pessoa que se sinta deslocada neste mundo. Programe-a (*ver* página 358) para atrair outras pessoas que pensem como você e que possam canalizar mais amor para a Terra. Do ponto de vista físico, a Bustamita com Sugilita é excelente para aliviar enxaquecas e dores de cabeça.

*Bustamita com Sugilita (rolada)*

# CACOXENITA

*Formada*

| COR | Laranja amarelado |
|---|---|
| APARÊNCIA | Inclusões com radiações, semelhantes a penas |
| RARIDADE | Rara |
| ORIGEM | Inglaterra, Suécia, França, Alemanha, Holanda, Estados Unidos |

**ATRIBUTOS** Conhecida como pedra da ascensão*, a Cacoxenita intensifica a percepção espiritual. Do ponto de vista espiritual, esta pedra é usada na meditação ou na regressão a vidas passadas. Ela leva você até as memórias guardadas no âmago da sua alma que requerem cura ou integração para que você possa evoluir espiritualmente na vida atual. Com inclusões* de Ametista, a Cacoxenita ativa os chakras do terceiro olho e da coroa, aumentando a receptividade a novas ideias. Este cristal intensifica o efeito dos rituais de Lua cheia e Lua nova.

Do ponto de vista psicológico, ela é útil para enfrentarmos medos e livrarmo-nos do estresse. Harmonizando a vontade pessoal com o Eu Superior* e acentuando o positivo em tudo o que você faz, a Cacoxenita ajuda a amenizar inibições e restrições. Se problemas aparentemente insuperáveis o afligirem, a Cacoxenita cria um espaço pacífico onde você pode se recolher e o encoraja a ver os acontecimentos sob uma luz mais positiva.

Do ponto de vista ambiental, a Cacoxenita ajuda no realinhamento planetário, estimulando a evolução da frequência vibratória do planeta e a sua cura, quando gradeada*.

**CURA** Esta pedra é uma agente de cura holística que promove a percepção das causas psicossomáticas das indisposições* e da natureza holística da cura. Ela ajuda a memória celular* e o coração, os pulmões, as glândulas suprarrenais e a tireoide; também é uma boa aliada nos casos de gripe, problemas respiratórios e resfriados. A Cacoxenita também equilibra os hormônios e ameniza os distúrbios celulares.

**POSIÇÃO** Segure-a, posicione-a ou use-a no gradeamento (*ver* páginas 28-31) como for mais apropriado.

(*Ver também* a Super Sete, nas páginas 333-334)

## CALCITA PEDRA DAS FADAS

*Formação natural*

| COR | Bege-acinzentado |
|---|---|
| APARÊNCIA | Discos polidos, arredondados e achatados |
| RARIDADE | Rara |
| ORIGEM | Canadá |

**ATRIBUTOS** Com a aparência de pequenos alienígenas, insetos ou antigas deusas da Terra, as figuras da Calcita Pedra das Fadas são um mineral pseudomorfo produzido quando a Calcita se assenta sobre a argila glacial. Se esta pedra adotar você, ela age como um "pequeno auxiliar", tomando conta dos detalhes e providenciando um espaço seguro e positivo onde você pode trabalhar tanto espiritualmente quanto na vida diária.

Do ponto de vista espiritual, a Calcita Pedra das Fadas tem uma forte ligação com as energias nutrizes da Mãe Terra e com o poder feminino, e nos lembra de que a elevação das nossas vibrações* ou a ascensão não significa perder o contato com as necessidades da vida terrena. Esta pedra ensina o cuidado e a preocupação com o planeta e tudo isso num nível pragmático, não apenas idealista. Ela induz à atitude de querer as coisas feitas da maneira mais prática possível. Ajuda na canalização*, mas não há nada de irreal nas informações que ela oferece – elas são básicas, ancoradas e objetivas. Útil para criar uma âncora xamânica* em viagens astrais* até os mundos inferiores* ou a porção terrestre de uma âncora cósmica*, esta pedra o atrai para o núcleo da Terra de modo que você possa superar e depois ancorar as mudanças na energia terrestre, mas requer uma pedra com vibrações elevadas, como a Calcita Raio Estelar, para alcançar o centro galáctico*.

Do ponto de vista psicológico, a Calcita Pedra das Fadas ajuda a eliminar as muralhas que você construiu em torno de si para se defender de antigas feridas que o aprisionam ao sofrimento do passado. Ao eliminar o reflexo de "lutar ou fugir" ou reações condicionadas, ela ensina você a reagir de modo positivo a cada nova situação.

Cada pedra tem um tipo de energia, que varia de acordo com o seu formato; medite com ela para saber como ela quer atuar com você e para conhecer as dádivas características que ela lhe oferece.

**CURA** Excelente para amenizar a dor provocada pela artrite e para desfazer calcificações.

**POSIÇÃO** Segure-a ou posicione-a no local mais apropriado.

# CALCITA COBALTO

*Cristais naturais na matriz*

| COR | Cor-de-rosa vívido |
|---|---|
| APARÊNCIA | Cristais pequenos, de transparentes a opacos |
| RARIDADE | Fácil de obter |
| ORIGEM | Alemanha, Estados Unidos, Grã-Bretanha, Bélgica, República Tcheca, Eslováquia, Peru, Islândia, Brasil, Romênia |

**ATRIBUTOS** A Calcita Cobalto simboliza o amor incondicional e o perdão, e está em sintonia com a chama* cor-de-rosa do amor puro e compassivo. Considerada a pedra da autodescoberta, ela conecta o coração à mente. Se você está incerto com relação à melhor direção a tomar do ponto de vista espiritual, a Calcita Cobalto ajuda você a encontrar os seus dons inatos e o propósito da sua vida.

Do ponto de vista psicológico, este belo cristal o ajuda a colocar ideias em ação sem forçar o ritmo. Ela harmoniza o intelecto e as emoções, fazendo com que os dois entrem em equilíbrio. Esta pedra compassiva é eficaz para a cura emocional e para eliminar bloqueios emocionais, o sentimento de solidão, o pesar e o coração partido. Ela acalma os sentimentos exacerbados, ajudando a pessoa a amar a si mesma e aos outros, além de promover um sentimento positivo com relação à vida. Estimulando a maturidade emocional, ela irradia uma profunda energia de carinho que ajuda você a ser protetor consigo mesmo. Ela é extremamente eficaz para pessoas que optaram por carregar a dor alheia ou a do planeta, e para aqueles que não têm mais esperanças. Ela também mostra se é adequado carregar a dor de outras pessoas e corta gentilmente as amarras que impedem o perdão de ambos os lados.

Para a cura à distância, programe a Calcita Cobalto (*ver* página 358) para enviar luz cor-de-rosa no intuito de ajudar alguém a ser tudo o que ele pode ser, depois coloque a pedra sobre uma fotografia dessa pessoa ou programe-a para curar qualquer indisposição* que ela possa ter.

**CURA** Esta pedra funciona melhor no nível emocional do ser, apagando cicatrizes e levando mais amor ao corpo físico.

**POSIÇÃO** Segure-a, posicione-a ou use-a no gradeamento (*ver* páginas 28-31) como for mais apropriado.

(*Ver também* a Eritrita, página 127)

## CALCITA: **CALCITA HEMATOIDE**

*Formação natural*

| COR | Amarelo-avermelhado |
|---|---|
| APARÊNCIA | Grandes quadrados ou planos de cristal opaco |
| RARIDADE | Razoavelmente fácil de obter |
| ORIGEM | Estados Unidos, Grã-Bretanha, Bélgica, República Tcheca, Eslováquia, Peru, Islândia, Romênia |

**ATRIBUTOS** Combinando o poder estabilizador da Hematita com as energias purificadoras da Calcita, a Calcita Hematoide é uma pedra excelente para ancoramentos* e para a assimilação de influxos de energia – para isso basta segurá-la ou posicioná-la sobre o chakra da base durante cinco ou dez minutos ou até a energia se estabilizar. Carregue esta poderosíssima pedra protetora quando estiver num forte campo de energia, particularmente se as energias estiverem em conflito, pois ela purifica e harmoniza rapidamente o ambiente.

Do ponto de vista psicológico, esta pedra é útil para pessoas que estão presas a um padrão predatório, que não conseguem se refrear quando querem alguma coisa e que ignoram as necessidades e os sentimentos das outras pessoas; ou para a pessoa que é vítima aparente de outra, mas que, na realidade, está punindo a si mesma por se sentir culpada e inadequada. A Calcita Hematoide ajuda você a tomar uma atitude de cooperação mútua.

Do ponto de vista mental, a Calcita Hematoide é uma pedra que favorece a memória; por isso, se você tem momentos de perda de memória devido à idade, ou perde coisas ou não consegue se lembrar de datas de aniversário e de nomes, mantenha esta pedra com você. Ela ameniza a confusão mental, restaura a lucidez e estrutura o pensamento.

Do ponto de vista físico, a Calcita Hematoide fornece vitalidade e favorece a autocura, estimulando o corpo a mobilizar as suas defesas naturais.

Do ponto de vista ambiental, esta pedra é útil para gradear* o local de trabalho, particularmente se esse é um lugar onde há disputa de egos ou manipulação. A Hematita estabiliza o campo emocional e a Calcita irradia uma energia suave no ambiente, restaurando a paz e a harmonia.

**CURA** Benéfica para a memória, para purificar o sangue, para a oxigenação e para o estresse.

**POSIÇÃO** Segure-a, posicione-a ou use-a no gradeamento (*ver* páginas 28-31) como for mais apropriado.

*Calcita Fantasma Cor de Mel (aglomerado natural)*

(*Ver também* Hematita com Rutilo nas páginas 152-153)

**PEDRA ADICIONAL** A Calcita Fantasma Cor de Mel (Calcita Mariposa) proporciona ao revestimento biomagnético* um manto protetor de luz purificadora e confere mais resistência física ao corpo. Ela é um agente de cura eficaz para qualquer forma de abuso. Pedra de ancoramento que rompe padrões obsoletos e ensina o uso certo do poder, ela ajuda a manifestar abundância na Terra por meio do esforço próprio.

LISTA DE CRISTAIS

## CALCITA: **CALCITA PINGENTE DE GELO**

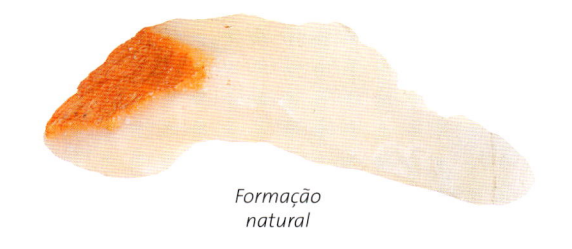

*Formação natural*

| COR | Amarelo esbranquiçado e laranja |
|---|---|
| APARÊNCIA | Cristal longo, semelhante a um dedo, opaco e bicolor |
| RARIDADE | Requer que se procure |
| ORIGEM | Estados Unidos, Grã-Bretanha, Bélgica, República Tcheca, Eslováquia, Peru, Islândia, Romênia |

**ATRIBUTOS** A Calcita Pingente de Gelo (*Icicle Calcite*) é um cristal de orientação pragmática e espiritual que irradia criatividade em todos os níveis. Do ponto de vista espiritual, ela é um poderoso amplificador de energia, com grandes propriedades purificadoras que removem rapidamente energias estagnadas onde quer que elas estejam. A porção branca da Calcita Pingente de Gelo funciona como uma varinha para absorver indisposições* multidimensionais, desarmonia, negatividade ou bloqueios do corpo físico ou etérico* e, depois de purificado o cristal, o lugar pode então ser reenergizado com a porção laranja, que lhe devolve o equilíbrio em todos os níveis.

Do ponto de vista psicológico, a Calcita conecta a mente e as emoções e aumenta a capacidade de ver as coisas de uma maneira nova. A Calcita Pingente de Gelo ajuda você a compreender e eliminar as causas primárias da doença psicossomática ou de desequilíbrios no DNA ancestral*. Ela leva você de volta a situações do passado, reenquadrando-as* e transmite energias de cura para toda a linhagem ancestral, de modo que o problema não se manifeste no presente.

Do ponto de vista emocional, a Calcita Pingente de Gelo ameniza o medo e o estresse emocional, substituindo-os por serenidade. Ela o impele a avançar na direção do futuro para cumprir o seu propósito com coragem, convicção e a certeza de que está seguindo o caminho da sua alma. Sempre que você sentir necessidade de apoio, segure uma Calcita Pingente de Gelo na mão e peça ajuda.

**CURA** Esta pedra age no nível etérico e físico, removendo bloqueios e reenergizando as células.

**POSIÇÃO** Use-a como uma varinha.

## CALCITA: **CALCITA RAIO ESTELAR**

*Formação natural*

| COR | Âmbar, amarelo ou amarelo esbranquiçado |
|---|---|
| APARÊNCIA | Cristal claro, laminado e com terminação dupla |
| RARIDADE | Disponível em fornecedores de minerais e lojas de cristais |
| ORIGEM | Tennessee (Estados Unidos) |

**ATRIBUTOS** Batizado com este nome graças às propriedades extra e interdimensionais e à capacidade de estabelecer contato com espaçonaves e extraterrestres, a Calcita Raio Estelar, de terminação dupla, canaliza um raio duplo de energia estelar que atinge uma vibração* altíssima e, colocado sobre os chakras do soma ou do portal estelar, facilita a viagem astral através das vastas distâncias do espaço-tempo. É excelente no centro da roda medicinal.

Do ponto de vista espiritual, esta pedra, quando colocada sobre o chakra do terceiro olho ou da coroa, abre o chakra da coroa superior e o chakra da estrela da alma e facilita a sintonia com a energia divina, com a orientação superior e com níveis elevados de consciência. Levando você diretamente para o coração do Tudo O Que É*, ela ilumina o caminho de volta e o ajuda a se lembrar do que acontece nas dimensões* exteriores e interiores, acelerando o crescimento espiritual. A Calcita Raio Estelar leva você ao centro da galáxia* para ancorar a extremidade superior de uma âncora cósmica*, mas requer uma pedra de vibração mais baixa, como a Calcita Pedra das Fadas, para ancorá-la no núcleo da Terra.

Do ponto de vista psicológico, ela ajuda você a romper velhos padrões, inclusive crenças ou caminhos espirituais que não servem mais ao seu propósito, e a avançar no caminho da sua alma. Também leva você à "reunião de planejamento" do período entrevidas*, para averiguar o propósito da sua alma e da sua vida atual, e lhe possibilita entrar em contato com a sabedoria e as habilidades que você tinha em vidas passadas. Também sintoniza-o com o seu grupo anímico* e com o propósito mais elevado desse grupo.

Do ponto de vista emocional, a Calcita Raio Estelar ajuda você a imergir no amor, no desejo e na ternura mútuos. Amplificador e purificador de energias, este cristal limpa qualquer coisa negativa que você tenha atraído em suas viagens astrais* ou trabalhos de cura.

**CURA** Esta pedra atua além do nível físico do ser, curando a alma, alinhando e integrando energias nos corpos sutis* e corrigindo o esquema etérico*.

**POSIÇÃO** Segure-a ou posicione-a como for mais apropriado. Use-a no gradeamento (*ver* páginas 28-31) para estimular contatos extraterrestres ou criar um espaço sagrado.

**PEDRA ADICIONAL** A **Calcita Dente de Cão** dispersa bloqueios, conecta você com o Infinito do Tudo O Que É e o leva a viajar a vidas passadas, presentes e futuras na Terra ou em outras estrelas, para mapear o propósito da sua alma. Ela pode ser usada para estabilizar padrões cerebrais em casos de epilepsia, amenizar vertigens e restaurar lesões no corpo etérico, causadas por abuso de drogas ou efeitos colaterais de remédios prescritos.

*Calcita Dente de Cão (formação natural)*

## PEDRA CALIGRÁFICA

*Laminada e polida*

| COR | Lilás, branco e amarelo |
|---|---|
| APARÊNCIA | Pedra com bandas que lembram letras e hieróglifos |
| RARIDADE | Forma rara de Fluorita |
| ORIGEM | China |

**ATRIBUTOS** Uma forma de Fluorita que ajuda na leitura de símbolos sagrados, revelando muitas camadas de significados, tanto interiores quanto superiores, e entra em sintonia com a sabedoria do passado e do futuro. Esta pedra conecta os chakras do terceiro olho, do soma, da garganta e das vidas passadas, facilitando a expressão de conceitos extradimensionais na língua inteligível da realidade funcional.

Do ponto de vista psicológico, a Pedra Caligráfica ajuda a romper padrões do passado, abrindo a sua mente para realidades espirituais superiores. Do ponto de vista ambiental, esta pedra serve como proteção contra a radiação eletromagnética, graças à sua capacidade de repelir energias negativas.

**CURA** Como a Pedra Caligráfica é delicada, é melhor usar a Fluorita para a cura.

**POSIÇÃO** Use-a para gradeamento (*ver* páginas 28-31) ou posicione-a com cuidado.

LISTA DE CRISTAIS

# CASSITERITA

*Turquesa (cristais na matriz)*

*Cinza (bruta)*

| COR | Azul-turquesa vivo, amarelo, cinza |
|---|---|
| APARÊNCIA | Cristais prismáticos ou piramidais pequenos |
| RARIDADE | Fácil de obter |
| ORIGEM | Brasil, Cornualha (Grã-Bretanha), Estados Unidos, China |

**ATRIBUTOS** Uma forma de estanho, a Cassiterita era tradicionalmente associada à astrologia e à astronomia. Ela ajuda na compreensão dos principais ciclos da vida. Conferindo proteção em todos os níveis, do ponto de vista espiritual ela o faz lembrar-se da sua perfeição e divindade inerentes. Com a ajuda da Cassiterita, você pode manifestar os seus sonhos e esperanças para o futuro.

Do ponto de vista psicológico, esta pedra ajuda você a perceber objetivamente como e por que as coisas aconteceram da maneira como aconteceram, abrindo um caminho para a compaixão e o perdão com relação a todos os envolvidos e liberando memórias celulares\* que possibilitam a cura profunda da alma. Pedra que representa o amor firme, a Cassiterita o estimula a fazer exatamente o necessário e nada mais, por si mesmo e pelos outros, desestimulando a tendência de fazer sacrifícios, ou de se martirizar, e eliminando o complexo de salvador.

Do ponto de vista mental, a Cassiterita confere precisão matemática, inteligência aguçada e a intuição necessária para descobrir a fonte de um problema e reenquadrá-lo*.

Poderoso agente de cura emocional, este cristal é útil para pessoas que sofreram severa desaprovação na infância ou passaram por outras situações de rejeição, abandono, preconceito ou alienação. Receptáculo excelente para energias negativas, a Cassiterita dissipa suavemente a dor resultante e é particularmente útil quando ela é a causa subjacente de distúrbios alimentares ou comportamento compulsivo. Esta pedra também apoia transições de todos os tipos.

**CURA** Combate distúrbios alimentares, obesidade, desnutrição e fortalece a memória celular e os sistemas nervoso e endócrino.

**POSIÇÃO** Segure-a, posicione-a ou use-a no gradeamento (*ver* páginas 28-31) como for mais apropriado.

*Cinza (cristais na matriz)*

# CAVANSITA

*Rolada*

*Cristais naturais sobre a matriz*

| COR | Azul-turquesa vivo |
|---|---|
| APARÊNCIA | Esferas radiais, rosetas, ou leques na matriz, de translúcidos a transparentes, vítreos, cristalinos ou perolados |
| RARIDADE | Fácil de obter |
| ORIGEM | Índia, Estados Unidos, Brasil, Nova Zelândia |

**ATRIBUTOS** Pedra de purificação e regeneração, a Cavansita facilita a viagem astral* consciente e a exploração de vidas passadas. Do ponto de vista cármico*, com a ajuda desta pedra é possível reenquadrar* traumas na fonte para que eles não se manifestem no presente (use-a sob a orientação de um terapeuta com experiência em vidas passadas). Posicionada sobre o terceiro olho, a Cavansita estimula a canalização* e a percepção metafísica, e a combina com o aprendizado pragmático da vida diária e do pensamento lógico.

Do ponto de vista psicológico, esta pedra de afirmação da vida traz otimismo e inspiração para o seu mundo. Pedra autorreflexiva, que ajuda você a mergulhar dentro de si, ela reformula comportamentos destrutivos ou padrões de pensamento enraizados, deixando-o mais confortável no mundo físico e estimulando o autorrespeito. Do ponto de vista mental, a Cavansita ajuda você a pensar antes de agir e, combinando lógica e intuição, mostra o caminho para superar os problemas e comunicar tudo o que você viu.

Do ponto de vista físico, esta pedra facilita a liberação de endorfinas e a condutividade de impulsos elétricos pelo corpo, aumentando o fator bem-estar e propiciando a cura celular. Pedra protetora, a Cavansita serve de escudo para o agente de cura ou para o terapeuta de vidas passadas, durante a sessão. Do ponto de vista ambiental, a Cavansita sensibiliza você para a necessidade de cuidar do meio ambiente e apreciar a beleza à sua volta. Ela é excelente em gradeamentos*, para proteger a sua casa ou seu automóvel.

**CURA** Ajuda a memória celular* e cura garganta inflamada, problemas nos olhos, nos dentes, nos rins, na bexiga, no sangue e zumbido nos ouvidos. Dizem que ela também beneficia o sistema endócrino e combate doenças recorrentes, deficiência de cálcio, perda óssea, falta de flexibilidade das articulações, enxaqueca e DNA fragmentado. Também estabiliza a pulsação.

**POSIÇÃO** Segure-a, posicione-a ou use-a no gradeamento (*ver* páginas 28-31) como for mais apropriado.

## CELESTOBARITA

*Bruta*

| COR | Bandas laranja, acinzentadas e brancas |
|---|---|
| APARÊNCIA | Pedra opaca, com bandas |
| RARIDADE | Fácil de obter |
| ORIGEM | Inglaterra, Polônia, Dinamarca, Austrália, Estados Unidos |

**ATRIBUTOS** A Celestobarita desfaz bloqueios e leva você a se superar. Do ponto de vista espiritual, ela abrange passado, presente e futuro e explora camadas multidimensionais do ser. Com uma poderosa energia protetora, esta é uma excelente pedra para viagens astrais*, pois mantém você suspenso entre a

Terra e os chakras estelares da alma, além de levá-lo em segurança para mundos xamânicos onde habitam entidades\* e aspectos da sua alma. A Celestobarita é perfeita para se criar uma âncora xamânica\*, tanto nas viagens aos mundos inferiores quanto superiores, e para ativar uma âncora cósmica\*. Ela estabiliza a sua energia no núcleo do planeta e no centro da galáxia, mas para isso precisa ter bandas tanto na parte superior quanto na inferior.

A Celestobarita é um oráculo xamânico que lhe mostra ambos os lados de uma questão, elucidando o que não está claro, mas deixando você decidir em que acreditar ou o que colocar em prática.

Pertencente ao sul na roda medicinal (*ver* páginas 368-375), esta pedra tem afinidade com o coiote, uma energia trocista que apresenta o lado mais sombrio de maneira divertida e o lembra de que nada permanece igual. Ela ensina você a rir de si mesmo e lhe mostra os absurdos da condição humana. Se você sente que uma resposta ou ideia está na ponta da língua, segure a celestobarita, que ela trará a resposta à superfície e você verá que ela estava ali o tempo todo.

**CURA** Propicia a cura multidimensional, além do nível físico, mas também pode ajudar você a se sentir mais integrado no corpo físico.

**POSIÇÃO** Segure-a, posicione-a ou use-a no gradeamento (*ver* páginas 28-31) como for mais apropriado.

## CALCOPIRITA

*Rolada*

| COR | Com brilho metálico amarelo quando polida |
|---|---|
| APARÊNCIA | Cristal opaco, com manchas multicoloridas |
| RARIDADE | Fácil de obter |
| ORIGEM | França, Chile, Namíbia, Zâmbia, Peru, Alemanha, Espanha, Estados Unidos |

**ATRIBUTOS** Poderoso condutor de energia, este cristal põe você em contato com a "chama da verdade", que modela a sua alma e o ajuda na compreensão de conhecimentos espirituais. Do ponto de vista espiritual, esta pedra o auxilia a atingir o estado de "não mente", necessário para a meditação profunda e para a contemplação da perfeição do universo. Ligada a civilizações do passado, a Calcopirita o ajuda a desvendar a causa das dificuldades ou doenças que você enfrenta na vida presente.

Do ponto de vista psicológico, a Calcopirita mostra que a prosperidade é um estado mental e ajuda você a atrair a abundância na sua vida. Do ponto de vista mental, ela aguça a sua percepção e o raciocínio lógico, ao mesmo tempo em que ajuda você a ouvir a sua voz interior.

Do ponto de vista físico, esta pedra estabiliza a energia celular, à medida que frequências mais elevadas são integradas, e também aumenta os efeitos da acupuntura ou da acupressão, ao mesmo tempo em que dissipa os bloqueios energéticos e intensifica o movimento da energia qi* no seu corpo. Gradeada* em torno do sofá, da cama ou de uma cadeira, ela aumenta a assimilação das energias. Ela também favorece a prática de Tai Chi. Do ponto de vista ambiental, esta pedra costuma ajudar a encontrar objetos perdidos; a pedra em si desaparece e reaparece, à medida que se materializa em diferentes realidades.

**CURA** Benéfica para a memória celular*, crescimento de cabelo e RNA/DNA; combate bloqueios energéticos, veias entupidas, distúrbios cerebrais, problemas nos órgãos excretórios, tumores, doenças infecciosas, artrite, bronquite, inflamações, febres.

**POSIÇÃO** Segure-a, posicione-a ou use-a no gradeamento (*ver* páginas 28-31) como for mais apropriado.

# CRISOTILA

TAMBÉM CHAMADA CRISOTITA

*Rolada*

| COR | Amarelo e verde |
|---|---|
| APARÊNCIA | Pedra com bandas concêntricas mais claras e mais escuras |
| RARIDADE | Relativamente fácil de encontrar |
| ORIGEM | Estados Unidos, Canadá, Índia, Rússia, Austrália, Arábia Saudita |

**ATRIBUTOS** Se você observar a Crisotila contra a luz, é possível que veja inscrições antigas dentro dela, ligadas ao conhecimento das eras. Também é possível que esta seja uma das pedras do Peitoral do Sumo Sacerdote (*ver* páginas 17-18). Pedra xamânica, a Crisotila é útil quando se está trabalhando com a roda medicinal de cristais (*ver* páginas 368-375), pois bem dentro dela o seu poder animal aguarda para se revelar, de modo que você possa incorporá-lo, fazer viagens astrais* com ele e aprender com a sua sabedoria.

Do ponto de vista espiritual, esta poderosa pedra ajuda a eliminar os refugos do passado para revelar e integrar o seu eu mais íntimo. Do ponto de vista psicológico, a Crisotila, uma pedra de integridade e honestidade consigo mesma, mostra como você busca controlar os outros e o ajuda a vencer essa tendência ao mesmo tempo em que assume o controle do seu destino. Esta pedra pode ser usada para trazer o que você deseja, mas, antes de usá-la, você precisa estar plenamente consciente das implicações do que deseja.

Do ponto de vista físico, quando posicionada sobre o timo, a Crisotila age sobre o esquema etérico*, reparando a memória celular* e corrigindo desequilíbrios e bloqueios que poderiam se manifestar como doença física caso não fossem tratados.

**CURA** Ótima para tratar fadiga crônica, inflamação, esclerose múltipla, tosses irritantes e enfisemas. Ela beneficia a paratireoide, o tronco encefálico, a garganta, o meridiano central, as veias e as artérias.

**POSIÇÃO** Segure-a, posicione-a ou use-a no gradeamento (*ver* páginas 28-31) como for mais apropriado.

# CLEVELANDITA

*Formação natural*

| COR | Branco |
|---|---|
| APARÊNCIA | Lâminas opalescentes, transparentes ou translúcidas |
| RARIDADE | Rara |
| ORIGEM | Paquistão |

**ATRIBUTOS** Esta é uma pedra útil para carregar durante mudanças profundas na vida, pois ela ajuda você a avançar rumo ao futuro com equanimidade. Estimulando um planejamento inteligente e cheio de sabedoria, a Clevelandita propicia uma passagem segura para a sua viagem astral*.

Do ponto de vista espiritual, uma pedra de iniciação e transformação, a Clevelandita vincula as três fases da deusa e da condição de mulher – a donzela, a mãe e a anciã –, facilitando a transição através de cada uma das fases e possibilitando o renascimento. Trata-se da pedra perfeita para cerimônias de ancianidade, quando se dá as boas-vindas para a irmandade das sábias anciãs.

Do ponto de vista psicológico, a Clevelandita ajuda a transformar as circunstâncias difíceis em situações positivas e benéficas à vida. Ela ajuda você a focar a atenção exatamente no tipo de mudança de que você precisa e mostra as dádivas e os instrumentos de que você dispõe para alcançá-la.

Útil para a cura emocional, quando colocada sobre o plexo solar esta pedra libera medos profundamente arraigados de abandono, rejeição e traição, ou as consequências dessas experiências, facilitando o carinho por si mesmo.

**CURA** Dá apoio durante a puberdade e a menopausa. Beneficia as membranas celulares e as articulações, e trata os distúrbios cardiovasculares, as sequelas dos derrames, a colite e as alergias.

**POSIÇÃO** Segure-a, posicione-a ou use-a no gradeamento (*ver* páginas 28-31) como for mais apropriado.

LISTA DE CRISTAIS

# CONICALCITA

*Cristais naturais na matriz*

| COR | Verde brilhante quando bruta, metálica quando polida |
|---|---|
| APARÊNCIA | Massa vítrea ou cristal translúcido |
| RARIDADE | Fácil de obter |
| ORIGEM | Estados Unidos, México, Chile, Polônia, Zaire |

**ATRIBUTOS** Poderoso condutor de energia, este cristal propicia um escudo contra distúrbios energéticos. Estimulando a intuição, ele centra a mente para a meditação, elimina preocupações com a vida diária e abre caminho para possibilidades ilimitadas se manifestarem.

Do ponto de vista psicológico, a Conicalcita promove uma força interior suficientemente flexível para suportar mudanças. Por ajudar na comunicação, esta pedra congrega a mente e o coração para criar poder pessoal e facilitar a capacidade de falar com as plantas.

**CURA** Benéfica para desintoxicação, muco, problemas nos rins e na bexiga biliar, psoríase e herpes.

**POSIÇÃO** Segure-a, posicione-a ou use-a no gradeamento (*ver* páginas 28-31) como for mais apropriado.

## COVELITA

*Rolada*

| COR | Azul-escuro |
|---|---|
| APARÊNCIA | Pedra lustrosa, opaca, metálica, às vezes manchada |
| RARIDADE | Fácil de obter |
| ORIGEM | Itália, Estados Unidos, Alemanha, Sardenha, País de Gales, Alasca |

**ATRIBUTOS** Em sintonia com o Eu Superior*, a Covelita transforma sonhos em realidades concretas e estimula as suas capacidades metafísicas*. Do ponto de vista espiritual, esta pedra reflexiva abre as portas do passado e da sabedoria que você conquistou em outras vidas. Ela é uma boa contribuição no processo de renascimento ou em qualquer viagem astral* ao mundo inferior*.

Do ponto de vista psicológico, a Covelita é uma pedra útil se você está se sentindo vulnerável e facilmente influenciado pelos outros. Fortalecendo a sua intenção e ajudando-o a integrar as qualidades da sua sombra* e a encarar o seu carma, esta pedra ajuda você a superar descontentamentos, instilando um sentimento de satisfação com relação à sua vida. Aumentando a criatividade, ela também possibilita que você faça as pazes com a sua sexualidade, intensificando a libido se necessário. A Covelita harmoniza o corpo, a mente e a alma, facilitando o processo de amar a si próprio incondicionalmente, enquanto diminui a vaidade exacerbada e a arrogância.

Do ponto de vista mental, esta pedra elimina tudo o que está impedindo você de seguir em frente, particularmente crenças arraigadas de outras vidas. Ela facilita o pensamento analítico racional e o processo de tomada de decisão, além de facilitar a comunicação. Do ponto de vista emocional, a Covelita ajuda você a superar o desânimo e a ansiedade, substituindo as emoções negativas com amorosa serenidade.

Do ponto de vista físico, a Covelita protege o corpo contra a radiação e facilita o fluxo energético através das células, desintoxicando e removendo a energia estagnada. Se a doença física tem uma causa cármica, a Covelita ajuda você a explorar e reenquadrar* os fatores que contribuíram para isso. No entanto, é melhor ter a assistência de um terapeuta qualificado nesses casos.

**CURA** Benéfica para desintoxicação, doenças provocadas por radiação, partos, digestão, ouvidos, olhos, nariz, boca, as cavidades nasais e garganta; benéfica no tratamento de tumores e infecções causadas por fungos.

**POSIÇÃO** Segure-a, posicione-a ou use-a no gradeamento (*ver* páginas 28-31) como for mais apropriado.

# CREEDITA

*Branca (cristal na matriz)*

| COR | Branco, laranja |
|---|---|
| APARÊNCIA | Cristais em forma de agulhas, transparentes a opacos, encravados na matriz |
| RARIDADE | Fácil de obter |
| ORIGEM | Estados Unidos, México |

**ATRIBUTOS** A Creedita facilita as experiências fora do corpo*, guiando a alma até o seu destino e promovendo a lembrança total do acontecimento. Do ponto de vista espiritual, ela está em sintonia com vibrações elevadas* e esclarece mensagens canalizadas* e impressões recebidas de planos superiores, trazendo-as para a incorporação física. Essa pedra ajuda na leitura da sabedoria universal incorporada aos antigos textos e intensifica a comunicação e o entendimento da sabedoria em qualquer nível, inclusive dos Registros Akáshicos*.

Do ponto de vista emocional, a Creedita ajuda na compreensão das razões e dádivas por trás das experiências, inclusive as de vidas passadas. Pedra que

LISTA DE CRISTAIS

estimula a observação imparcial, a Creedita liberta você da necessidade arraigada de ser a rainha ou o rei do drama – ou um mártir –, possibilitando que você fique no centro pacífico das suas emoções, em vez de se deixar sobrecarregar por elas.

Esta pedra é eficaz para limpeza, realinhamento e recarga de todos os sistemas dos chakras em corpos energéticos.

**CURA** Benéfica para fraturas, músculos e ligamentos rompidos, para estabilizar a pulsação e assimilar as vitaminas A, B e E.

**POSIÇÃO** Segure-a, posicione-a ou use-a no gradeamento (*ver* páginas 28-31) como for mais apropriado.

### COR ESPECÍFICA

A **Creedita laranja** acelera a capacidade de trafegar entre os níveis multidimensionais da consciência, sintonizando o corpo físico com a vibração mutante e o desejo de evoluir espiritualmente. Esta formação na forma de aglomerado irradia energia para o ambiente à sua volta e absorve energias nocivas. Ela é especialmente útil para purificar e recarregar um cômodo ou um local de trabalho e pode ser gradeada* e deixada no lugar. Esta pedra purifica outros cristais, mas precisa ser purificada depois.

*Creedita laranja (formação natural)*

## CROCOÍTA

*Formação natural*

*Cristais na matriz*

| COR | Vermelho |
|---|---|
| APARÊNCIA | Cristais pequenos em forma de agulhas ou de uma longa varinha estriada |
| RARIDADE | Raro |
| ORIGEM | Tasmânia, Rússia, Califórnia |

**ATRIBUTOS** Pedra extremamente energizada, fértil e cheia de vida, a Crocoíta lhe dá ímpeto para dar um salto quantitativo em qualquer nível.

Do ponto de vista psicológico, esta pedra lhe dá sustentação com respeito a tudo pelo qual você sente uma paixão ardente, além de ajudar o fluxo da energia kundalini* durante o ato de amor. Ela também energiza o processo criativo e desencadeia uma profunda reviravolta espiritual, acendendo a chama no seu ventre e alinhando-a com a chama do seu espírito desperto.

**CURA** Irradia energia para o corpo, estimulando o sistema imunológico e os órgãos reprodutores. Segundo dizem, esta pedra identifica com precisão a melhor época para a concepção.

**POSIÇÃO** Segure-a sobre os chakras inferiores ou use-a no gradeamento em volta da cama (*ver* páginas 28-31).

# PEDRA DÁLMATA

*Rolada*

| COR | Branco com preto e manchas marrons |
|---|---|
| APARÊNCIA | Pedra com manchas |
| RARIDADE | Fácil de obter |
| ORIGEM | México |

**ATRIBUTOS** Pelo fato de abrir os chakras da base, do sacro e da Terra, a Pedra Dálmata confere um senso de fisicalidade à alma e lembra você de que é um ser espiritual numa jornada humana. Ancorando e entrando no seu corpo, ela ajuda você a aceitar com alegria o fato de estar encarnado. Com uma influência protetora, a Pedra Dálmata supostamente faz soar um aviso quando existe perigo por perto, ajudando você a manter o autocontrole em qualquer circunstância.

Do ponto de vista psicológico, esta pedra entra em sintonia com a inocente criança interior e fortalece o espírito, estimulando o seu senso de humor, além de protegê-lo de qualquer tipo de depressão ou perda de energia. Como contém Turmalina, ela transmuta rapidamente a energia negativa e os padrões ultrapassados. Se você tende a racionalizar ou pensar demais, a Pedra Dálmata ajuda você a sair da cabeça e prestar mais atenção no corpo.

Do ponto de vista mental, esta pedra "brincalhona" ajuda você a evitar o excesso de análise e a progredir na vida, mas ao mesmo tempo sugere que a reflexão sobre ações possíveis e o planejamento cuidadoso pode ser a atitude mais apropriada em certas circunstâncias.

Do ponto de vista emocional, esta pedra encoraja a fidelidade e harmoniza as emoções. Ela ajuda a superar o desejo de vingança, que prejudica mais quem o alimenta. Do ponto de vista físico, a Pedra Dálmata é benéfica para animais e atletas. As crianças se beneficiam em todos os níveis com esta pedra vivaz, que é particularmente útil à noite, para ajudá-las a ter um sono tranquilo, sem pesadelos.

**CURA** Benéfica para cartilagens, para os nervos, para os reflexos e torceduras; equilibra as energias yin-yang e oscilações de humor; protege contra pesadelos.

**POSIÇÃO** Segure-a, posicione-a ou use-a no gradeamento (*ver* páginas 28-31) como for mais apropriado.

## DANBURITA: **DANBURITA DOURADA**

*Rolada*

| COR | Amarelo ou dourado |
|---|---|
| APARÊNCIA | Cristal estriado, translúcido ou transparente |
| RARIDADE | Tornando-se mais acessível |
| ORIGEM | Madagascar, Mianmar, Afeganistão |

**ATRIBUTOS** Sintonizada com a chama* dourada da mente iluminada, a Danburita Dourada atua na mais alta frequência e na mais elevada energia do coração, ligando a mente universal e os reinos angélicos.

Do ponto de vista espiritual, ela instila serenidade e sabedoria eterna; na meditação esta pedra atinge um estado de consciência puro e dá acesso a uma orientação profunda, levando você a ouvir a música das esferas. Na cabeceira da cama, ela acompanha a pessoa moribunda na sua jornada para além da morte, possibilitando uma transição espiritual consciente.

Do ponto de vista cármico, a Danburita Dourada facilita a mudança profunda e age como um purificador da alma, eliminando miasmas*, emoções e imperativos* anímicos mentais que foram trazidos até o presente. Esta pedra dissipa amarras mentais localizadas nos corpos sutis*. Dá acesso ao plano* da alma da vida presente e faz com que a alma siga numa nova direção. Do ponto de vista mental, esta pedra intensifica as funções cerebrais e o processamento de informações.

**CURA** Poderosa pedra de cura que trabalha melhor no nível psicossomático. Ajuda em casos de alergia e doenças crônicas; tem um forte efeito desintoxicante e trata do fígado e da vesícula biliar; ajuda a função muscular e motora.

**POSIÇÃO** Posicione-a como for mais apropriado — sobre o coração ou sob o travesseiro para sonhos lúcidos.

### FORMAS ADICIONAIS

A **Danburita Aqua Aura** é intensificada com ouro para proporcionar um vínculo de altíssima vibração* com o Tudo O Que É. Conectando os corações espiritual e físico e ativando a compaixão e o perdão com relação ao passado, esta pedra abre os braços e dá as boas-vindas para os fragmentos* da sua alma.

A **Danburita Drusiforme** é coberta de finas pontas de quartzo que amplificam a energia do coração até atingir uma vibração mais sutil e atrai arcanjos e poderes superiores, promovendo um influxo de energia búdica e amor universal. Esta pedra promove a harmonia, tornando mais fácil aceitar, ajudar e mostrar gratidão e apreço. Intensificando a compaixão, a Danburita Drusiforme instila a capacidade de rir da vida até nas circunstâncias mais difíceis. Essa combinação é uma dádiva maravilhosa para doentes terminais ou para almas profundamente perturbadas.

*Danburita Aqua Aura (ponta natural tratada)*

Do ponto de vista psicológico, a Danburita Drusiforme proporciona alívio, promove a mudança de atitudes recalcitrantes e instila paciência e paz de espírito – é perfeita para pessoas a quem falta paciência e que dão valor ao "momento certo" de se fazer as coisas. A Danburita Drusiforme tem um forte efeito purificador sobre emoções tóxicas. Combine-a com o Quartzo Enfumaçado para obter o efeito máximo.

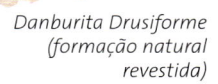

*Danburita Drusiforme (formação natural revestida)*

# DATOLITA

*Amarelo (formação natural)*

| COR | Amarelo ou verde |
|---|---|
| APARÊNCIA | Cristal ou massa vítrea, de transparente a opaca |
| RARIDADE | Rara |
| ORIGEM | México, Estados Unidos, África do Sul, Tanzânia, Escócia, Rússia, Alemanha, Noruega, Canadá |

**ATRIBUTOS** A Datolita tem uma forte conexão com os Registros Akáshicos* e, colocada sobre os chakras do terceiro olho ou das vidas passadas, promove um descarregamento de informações cármicas* e históricas que podem demorar para ser processadas e integradas, mas por fim mostram o plano anímico* para todas as suas vidas. Pedra útil para cura do carma e da linhagem ancestral, a Datolita facilita a recuperação da informação codificada no DNA sutil, ligando a padrões ancestrais e acontecimentos, de modo que você compreenda a razão por que você nasceu no seio da sua família, e facilitando a cura do passado se apropriado.

Do ponto de vista espiritual, a Datolita também ativa a alma pessoal e a de vidas passadas, e abre o chakra da estrela da alma. Do ponto de vista psicológico, esta pedra ajuda você a reconhecer a natureza transitória de todas as coisas, assegurando que você saiba que "isto também passará". Esta pedra é, portanto, útil durante revoltas violentas ou mudanças tumultuadas, pois ela dá um enorme conforto e propicia paz interior, dissipando o medo e liberando a dor.

Do ponto de vista mental, a Datolita é uma pedra que resolve problemas e intensifica as faculdades intelectuais. Ela aperfeiçoa a clareza mental e aprofunda a concentração, aumentando a sua capacidade de lembrar detalhes sutis quando apropriado e ensinando você a descartar o resto. Esta pedra facilita o amadurecimento do raciocínio e o fluxo de ideias. Do ponto de vista emocional, esta pedra o aproxima mais das pessoas que você ama e remove os obstáculos que surgiram devido a sua incapacidade de cultivar a intimidade.

**CURA** Aumenta a concentração e a memória celular*; é benéfica para o tratamento do diabetes, da hipoglicemia e dos problemas do sistema nervoso, adaptando-o a novas vibrações.

**POSIÇÃO** Segure-a, posicione-a ou use-a no gradeamento (*ver* páginas 28-31) como for mais apropriado.

# CALCEDÔNIA DENDRÍTICA

*Rolada*

| COR | Preto e branco |
|---|---|
| APARÊNCIA | Pedra opaca com marcas semelhantes a musgo ou folhagem |
| RARIDADE | Fácil de obter como pedra rolada |
| ORIGEM | Mundo todo |

**ATRIBUTOS** A Calcedônia Dendrítica o encoraja a viver o momento presente e oferece apoio quando você precisa encarar questões desagradáveis.
Do ponto de vista psicológico, esta pedra jovial facilita a aproximação amigável de outras pessoas e promove a interação tolerante sem julgamento, além de ajudar a processar memórias.

**CURA** Benéfica para tratamento de doenças crônicas, problemas associados ao hábito de fumar, inflamação dos órgãos sexuais femininos e aftas; fortalece o sistema imunológico e a assimilação de cobre.

**POSIÇÃO** Segure-a, posicione-a ou use-a no gradeamento (*ver* páginas 28-31) como for mais apropriado.

# DIÓPSIDO

*Verde (formação natural)*

| COR | Verde, preto, branco |
|---|---|
| APARÊNCIA | Cristais longos geralmente num aglomerado ou matriz |
| RARIDADE | Fácil de obter |
| ORIGEM | Estados Unidos, Suécia, Canadá, Alemanha, Índia, Rússia, China |

**ATRIBUTOS** Pedra de serviço, o Diópsido verde aumenta a compaixão, abrindo o seu coração para o sofrimento de outras pessoas e estimulando-o a servir o planeta por meio de um senso profundo de conexão com a Terra. Do ponto de vista espiritual, esta pedra ensina a humildade e o ajuda a valorizar o que você realmente sente, a seguir a intuição e a confiar na sua capacidade de *sentir*.

Agente de cura muito útil no caso de doenças psicológicas, esta pedra ensina o valor da confiança e do perdão, e ajuda na reconciliação com alguém ou algo que o magoou no passado, levando-o gentilmente a tomar a iniciativa. Se você costuma sentir que lhe falta algo, mas não sabe muito bem o quê, o Diópsido ajuda você a não sentir tanta falta disso e a valorizar mais o que já tem.

Do ponto de vista mental, o Diópsido é útil para a atividade criativa ou para os estudos acadêmicos, já que estimula as faculdades intelectuais e a arte da análise. Tem sido utilizado há muito tempo para o apoio ao estudo da matemática.

Do ponto de vista emocional, o Diópsido é benéfico para aqueles que não conseguem extravasar a própria dor, pois ajuda na liberação dessa dor. Se você se sente sobrecarregado com os problemas da vida, esta pedra ensina você a viver a vida com apreço e alegria.

Do ponto de vista físico, o Diópsido verde acelera a recuperação depois de uma cirurgia, trauma ou doença grave.

O Diópsido preto está em sintonia com os chakras da raiz e da Terra e com as correntes telúricas* do planeta, levando-os a recuperar a harmonia e o equilíbrio.

**CURA** O Diópsido verde fortalece a memória celular*, ajuda em casos de debilidade física, restabelece o equilíbrio ácido-alcalino, ajuda os pulmões, a circulação, o equilíbrio hormonal e a pressão sanguínea; ele é benéfico para inflamação, dores e espasmos musculares, estresse, para os rins e o coração. O Diópsido preto é útil para a cura da Terra* ou para ajudar doentes terminais ou com males crônicos.

**POSIÇÃO** Segure-a, posicione-a ou use-a no gradeamento (*ver* páginas 28-31) como for mais apropriado.

# DUMORTIERITA

*Bruta*

*Rolada*

| COR | Azul ou azul-acinzentado |
|---|---|
| APARÊNCIA | Pedra densa, opaca, pulverulenta, sarapintada com brilhos iridescentes, inclusões azuis ou cristalina |
| RARIDADE | Fácil de obter |
| ORIGEM | Estados Unidos, Brasil, Namíbia, Sri Lanka, Madagascar, Canadá, França, Polônia |

**ATRIBUTOS** A Dumortierita torna você mais receptivo quando está em contato com guias espirituais ou angélicos. Do ponto de vista espiritual, ela lhe mostra o seu eu eterno arquetípico, reconectando-o à sua sabedoria inata. Colocada atrás da orelha, ela abre a clariaudiência*; colocada sobre o chakra das vidas passadas ou sobre o chakra do soma, ativa as memórias de vidas passadas. Levando você ao início da jornada da sua alma*, para examinar os contratos e acordos que fez ao longo das eras, ela o ajuda a renegociá-los caso não sejam mais viáveis. No chakra do soma, esta pedra desfaz vínculos que não lhe servem mais e facilita a quebra de votos. Identificando e liberando causas passadas de indisposições*, circunstâncias difíceis ou relacionamentos na vida presente, a Dumortierita ressalta os padrões que estão por trás dos vícios e compulsões, de modo a reprogramar a memória celular*. Ela rompe ciclos cármicos* de codependência, ajuda os responsáveis por viciados a constatar que não podem "largar o vício por eles" e por ninguém mais ou controlar comportamentos de viciados.

Do ponto de vista psicológico, a Dumortierita ajuda você a defender os seus pontos de vista com confiança em si mesmo e a se adaptar à realidade do dia a dia, oferecendo paciência e coragem, e ativando os seus instintos de autopreservação, ao instilar uma autoconfiança inquebrantável. Acalmando a agitação, promovendo o desapego e aumentando o amor próprio e a alegria de viver, esta pedra ajuda você a permanecer jovem no coração, com uma atitude construtiva com relação à vida. Útil para pessoas que enfrentam uma crise ou um trauma na vida diária, ela irradia calma e produz alívio. Se você é uma pessoa caótica e desorganizada, ela o ajuda a assumir o controle da sua vida e a superar o pavor, a timidez, o estresse, as fobias, a insônia, o pânico, o medo, a depressão ou a teimosia.

Do ponto de vista mental, a Dumortierita promove a lucidez e a autodisciplina e intensifica a sua capacidade de organização, de concentração e a habilidade linguística de comunicação com outras culturas; também facilita a organização eficiente de papéis e documentos.

Do ponto de vista emocional, esta pedra estabiliza os relacionamentos atribulados e atrai almas gêmeas – embora talvez seja necessário aprender lições difíceis durante esse processo. Esta pedra ajuda você a ver o valor de cada ser humano e as razões para a interação. Ela mostra por que você decidiu aprender por meio das dificuldades e desafios, e o ajuda a ser grato à outra pessoa que representou um papel no seu processo de aprendizado cármico.

**CURA** Funciona melhor no nível psicossomático, mas é benéfica para a memória celular, a hipersensibilidade, distúrbios debilitantes, queimaduras do sol, epilepsia, dores de cabeça, náusea, vômitos, cãibras, cólica, diarreia e palpitações.

**POSIÇÃO** Segure-a, posicione-a ou use-a no gradeamento (*ver* páginas 28-31) como for mais apropriado.

## PEDRA DE EILAT

*Rolada*  *Bruta*

| COR | Verde, azul, azul-turquesa |
|---|---|
| APARÊNCIA | Pedra opaca, sarapintada |
| RARIDADE | Fácil de obter |
| ORIGEM | Israel, Jordânia |

**ATRIBUTOS** Do ponto de vista espiritual, fixada ao chakra do coração superior, ao do coração e ao da garganta, a Pedra de Eilat instila uma sensação de deslumbramento com relação à beleza da Terra. Esta pedra equilibra as energias yin e yang e suscita a leveza de ser.

Do ponto de vista mental, pelo fato de combinar com a Malaquita, a Turquesa, a Crisocola, a Azurita e outros minerais, e ser conhecida como a Pedra do Sábio, a Pedra de Eilat oferece sabedoria e respostas criativas para a solução de problemas.

Do ponto de vista emocional, a Pedra de Eilat harmoniza e, estimula os sentimentos, assegurando que a sua vida emocional seja calma, mas não superficial, e incentiva a telepatia entre os parceiros de alma. Esta pedra é particularmente útil para a cura emocional nos casos de incesto, estupro, violência física, misoginia ou repressão sexual. Aliviando o medo e a depressão, ela aumenta a criatividade e a autoexpressão emocional, além de encorajá-lo a reconhecer seu poder pessoal.

Excelente agente de cura no plano físico, a Pedra de Eilat é um purificador eficiente para o timo. Aliviando a dor provocada pelas mágoas e pela perda, ela remove toxinas e bloqueios criados por eventos que afetaram negativamente a alma nesta vida ou em vidas passadas. Também ajuda você a falar sobre essas dores e libertar-se delas. Estimulando a aceitação e a reconciliação interior, ela integra os fragmentos da alma* e retifica os Registros Akáshicos*, reprogramando a alma e a memória celular* e reintegrando o eu.

**CURA** Benéfica para a memória celular, para a regeneração dos ossos e dos tecidos, para as cavidades nasais, para reordenar a taxa de crescimento celular, para tratamento contra febre, dor, tumores, para o fígado, para a tireoide e para cólicas menstruais.

**POSIÇÃO** Segure-a, posicione-a ou use-a no gradeamento (*ver* páginas 28-31) como for mais apropriado. Coloque-a sobre o timo.

**NOTA** A Malaquita que compõe esta pedra pode causar palpitação em alguns casos. Se isso acontecer, remova a Pedra de Eilat e acalme o coração com Quartzo Enfumaçado, Rodocrosita ou Tugtupita.

# EPÍDOTO

*Rolado*

| COR | Verde |
|---|---|
| APARÊNCIA | Massa vítrea ou cristais translúcidos, muitas vezes em quartzo |
| RARIDADE | Fácil de obter |
| ORIGEM | Estados Unidos, Bulgária, Áustria, França, Rússia, Noruega, África do Sul, Paquistão, Moçambique, México |

**ATRIBUTOS** O Epídoto aumenta a sintonia espiritual e combate a resistência arraigada ao despertar espiritual. Nem todo mundo responde bem a essa pedra, no entanto, pois ela pode ter o efeito contrário – aumentando a negatividade e trazendo à superfície sentimentos e padrões de pensamento que requeiram esforços consideráveis para serem transformados.

Do ponto de vista psicológico, o Epídoto aumenta a percepção. Oferecendo a você coragem para aproveitar a vida ao máximo e a capacidade de manifestar sonhos, ela fortalece o seu senso de identidade e poder pessoal. Esta é a pedra perfeita se você cai facilmente no vitimismo ou gosta de fazer o papel de mártir, pois enfraquece o criticismo com relação a si mesmo e ajuda você a olhar objetivamente para os seus pontos fortes e fracos e para os das outras pessoas. Ensinando como estabelecer objetivos realistas, ela afasta você das expectativas inatingíveis e das decepções inevitáveis que surgem quando você planeja com base nas emoções.

Dissipando estados emocionais negativos como o estresse, a autopiedade e a ansiedade, o Epídoto purifica o corpo emocional, liberando a dor e traumas emocionais do passado. Ele mantém você centrado, independente da situação. Seu efeito desintoxicante pode criar uma poderosa dissipação da energia negativa dos corpos sutis* e do corpo físico, vivenciada às vezes como uma catarse definitiva, ou ab-reação (que você processaria melhor com a ajuda de um cristaloterapeuta), que limpa o esquema emocional* e a memória celular*.

Do ponto de vista físico, esta pedra é útil na convalescença, pois acelera os processos de cura do corpo e o estimula a cuidar de si mesmo da melhor maneira possível. Ela pode muito bem refletir as causas emocionais por trás da obesidade e por isso facilita a perda de peso, mas você pode precisar da assistência de um terapeuta ou de um agente de cura qualificado para lidar com essas questões.

**CURA** Útil em casos de trauma emocional, falta de resistência física, problemas no sistema nervoso e imunológico, falta de memória celular* e desidratação. Esta pedra ajuda o cérebro, a tireoide, o fígado, a vesícula biliar e a glândula suprarrenal. Segundo dizem, na forma de essência de pedras (*ver* página 361), ela suaviza a pele.

**POSIÇÃO** Segure-o, posicione-o ou use-o no gradeamento (*ver* páginas 28-31) como for mais apropriado.

(*ver também* o Quartzo dos Sonhos, páginas 248-249)

# ERITRITA

TAMBÉM CONHECIDA COMO EXPLOSÃO DE COBALTO

*Cristal na matriz*

| COR | Roxo, violeta, magenta, fúcsia |
|---|---|
| APARÊNCIA | Cobertura densa e cristalina ou lustrosa |
| RARIDADE | Razoavelmente fácil de obter |
| ORIGEM | México, Marrocos, Austrália, Polônia, Espanha |

**ATRIBUTOS** A Eritrita fortalece a energia essencial em qualquer nível, seja ela na coluna vertebral, no corpo, no corpo de luz* ou no planeta.

Do ponto de vista psicológico, ela oferece a confiança, a certeza e o poder pessoal que resultam de uma segurança inquebrantável na própria força interior. A Eritrita também fortalece o coração físico e os laços de amor verdadeiro, unindo as pessoas com compaixão amorosa.

**CURA** Útil para fortalecer a medula óssea, as células sanguíneas e as estruturas celulares principais, e para combater problemas de pele.

**POSIÇÃO** Segure-a ou use-a no gradeamento (*ver* páginas 28-31).

# EUDIALITA

*Formação facetada*

| COR | Vermelho, verde e preto |
|---|---|
| APARÊNCIA | Pedra com manchas, do opaco ao transparente |
| RARIDADE | Cada vez mais fácil de obter |
| ORIGEM | Groenlândia, Rússia, Canadá, Madagascar, Estados Unidos |

**ATRIBUTOS** Imbuída de uma força vital poderosa, relacionada à energia kundalini*, a Eudialita abre o chakra do coração, liga-o aos chakras da base e da Terra e alinha o fluxo chákrico para conectar a mente e o espírito com o corpo emocional, proporcionando uma reorientação profunda. Do ponto de vista cármico*, ao mostrar como corrigir más escolhas do passado e revelar a verdade, a Eudialita ensina que você pode crescer espiritualmente por meio da alegria e da plenitude, e não do sofrimento, aceitando tudo de bom que a vida na Terra tem a oferecer. Se você precisa que uma situação ou relacionamento chegue ao fim, a Eudialita ajuda que isso aconteça de modo pacífico e elegante, sem que haja nenhum conflito.

Do ponto de vista espiritual, se você sente raiva de Deus, esta pedra o ajuda a descobrir o porquê, facilitando regressões a vidas passadas. Pedra de purificação e sintonização, ela cura rompimentos e reconcilia você com a divindade dentro de si mesmo e o alinha com o seu propósito verdadeiro.

Do ponto de vista psicológico, por ser uma pedra de fortalecimento pessoal, a Eudialita manda embora a depressão e a insatisfação, eliminando as emoções negativas como ciúme, raiva, culpa, ressentimento e animosidade. Promovendo o perdão de si mesmo e o amor próprio saudável, ela apressa uma mudança profunda, instila confiança e ajuda você a aprender com os erros aparentes. Esta pedra o ajuda a ver que você não pode se sentir bem – ou feliz – se a sua criatividade está bloqueada ou não é expressa. Ela também o ajuda a encontrar uma válvula de escape e a valorizar os seus talentos.

Do ponto de vista emocional, ela atrai membros da sua família espiritual e revela a razão por que vocês estão juntos. Se você encontrar uma "alma gêmea" que não quer conhecer, ou se está muito atraído por alguém, mas se questiona se um relacionamento sexual seria a coisa certa, ou se há outro propósito para o encontro, medite ou durma com esta pedra para que a resposta lhe seja revelada – talvez de maneira inesperada.

**CURA** Benéfica para a cura celular multidimensional, para reposição energética, para harmonizar ondas cerebrais, para estabilizar o sistema nervoso e o nervo ótico; combater o mal de Alzheimer, o mal de Parkinson, a esclerose múltipla e o lúpus; e estimular o corpo a se curar.

**POSIÇÃO** Segure-a, posicione-a ou use-a no gradeamento (*ver* páginas 28-31) como for mais apropriado.

LISTA DE CRISTAIS

# RUBI DE FISKENAESSET NA MATRIZ

*Polido*

| COR | Vermelho profundo, prata-preto |
|---|---|
| APARÊNCIA | Pedra translúcida |
| RARIDADE | Muito raro |
| ORIGEM | Groenlândia |

**ATRIBUTOS** Altamente energizado, o Rubi de Fiskenaesset é uma das mais antigas formas desta pedra no planeta. Do ponto de vista espiritual, ele ajuda você a se comunicar com o mundo espiritual e induz ao transe, facilitando a entrada em estados de consciência alterados. Ele forma um poderoso escudo contra ataques psíquicos* e contra tentativas de vampirizar a sua energia do coração; também é considerado, por tradição, um grande protetor da família e dos bens. O Rubi supostamente escurece para alertar quando existe algum perigo ou ameaça de doença. Ativando o chakra alta-maior (das vidas passadas), ele é extremamente útil na cura da alma e nas regressões a vidas passadas, pois franqueia o acesso à memória anímica e ao aprendizado espiritual, além de propiciar a cura celular multidimensional. Esta pedra também ajuda a superar a debilidade espiritual, quando demasiada energia foi gasta com os outros, na tentativa de ajudar a sua evolução, em detrimento do próprio eu interior.

Do ponto de vista psicológico, esta pedra promove a individualidade ao mesmo tempo em que mantém o sentimento de ligação com o restante da humanidade. Ela estimula a paixão pela vida, aumenta a motivação e ajuda a estabelecer objetivos realistas, ensinando você a planejar o futuro sem envolvimento emocional ou projeções* inúteis. Facilitando a liderança dinâmica, a coragem e o altruísmo, esta pedra encoraja você a "seguir a sua alegria". O Rubi promove sonhos positivos e a visualização clara. Uma das pedras da abundância, ele ajuda a manter riquezas e paixões.

Do ponto de vista emocional, este Rubi ensina você a ser independente e a ter autonomia, levando-o a perceber que só você é responsável por criar e manter o seu bem-estar e felicidade, e não depender de nenhuma fonte externa, incluindo o seu parceiro ou um ente querido. Contudo, o passional Rubi também aprofunda o amor verdadeiro e estimula a libido.

Do ponto de vista físico, o Rubi de Fiskenaesset fortalece o fluxo de força vital, estimula o sistema imunológico e a circulação. Eliminando a exaustão e a letargia, ele devolve o vigor e é benéfico no tratamento do estresse prolongado ou de doenças crônicas.

**CURA** Benéfico para a vitalidade física, para o sangue e a linfa, para o sistema circulatório, para a fertilidade, para a potência sexual e o fluxo sanguíneo prejudicado, febres e doenças infecciosas; combate a hiperatividade, a acidez e promove a desintoxicação. Ele ajuda o coração, as glândulas suprarrenais, os órgãos reprodutores e o baço.

**POSIÇÃO** Segure-o, posicione-o ou use-o sobre o corpo ou no gradeamento (*ver* páginas 28-31) como for mais apropriado.

LISTA DE CRISTAIS

# PEDERNEIRA

(TAMBÉM CHAMADA DE PEDRA DE ISQUEIRO)

*Preta-branca (formação natural)*

| COR | Preto, branco, azul, marrom, amarelo, laranja |
|---|---|
| APARÊNCIA | Densa e vítrea, muitas vezes com cobertura branca |
| RARIDADE | Fácil de obter |
| ORIGEM | Mundo todo |

**ATRIBUTOS** Sagrada desde o começo dos tempos, a Pederneira é um poderoso estabilizador e purificador que atrai a ajuda dos deuses para um empreendimento. Originalmente preta, ela assume diferentes colorações. Usada durante eras para acompanhar os mortos ao outro mundo, a Pederneira evoca guias e aliados poderosos. Protetora, ela repele maldições e mau-olhado* e, segundo dizem, evita pesadelos.

Do ponto de vista espiritual, a Pederneira aguça o espírito e elimina tudo o que está ultrapassado ou é exagerado, superando bloqueios e problemas psicológicos e criando laços etéricos* entre as pessoas. Nos chakras, ela desfaz amarras e cura o local afetado. A Pederneira ajuda na realização de cirurgias etéricas e cauteriza feridas de vidas passadas, purificando o esquema etérico*, o corpo físico e os corpos etéricos. Com sua ação estabilizadora, a Pederneira propicia a integridade estrutural para corpos físicos e mentais. Criando uma âncora xamânica* para viagens astrais* que tenham o objetivo de despertar lembranças da alma, a Pederneira cria a solidez interior necessária para empreender mudanças na Terra. Condutor eficaz de energias eletromagnéticas, a Pederneira intensifica o fluxo de energia e é um poderoso agente de cura da Terra.

LISTA DE CRISTAIS

Simbolizando a energia masculina e os mistérios da Terra relacionados ao Homem Verde wiccano, esta pedra nutriz também proporciona uma ligação forte com a Mãe Terra, levando você para seu útero e reconectando-o com a sabedoria do feminino e com o poder da sacerdotisa. Embora seja perfeita para ritos de passagem que marcam as transições da mulher, ela também ajuda o homem a se conectar com as qualidades femininas.

**CURA** Dissipa a dor e as indisposições*; apoia o sistema reprodutor, a memória celular*, a reestruturação dos tecidos e a elasticidade da pele; combate a depressão e os distúrbios obsessivos, verrugas, pedras e tumores. É excelente para a dor nas costas e na região do maxilar.

*Cinza-branca (formação natural)*

**POSIÇÃO** Segure-a, use-a no corpo ou para gradeamento (ver páginas 28-31). Coloque uma Pederneira laranja ou escura no chakra da Terra ou uma Pederneira branca ou azul, ou Selenita no chakra da estrela da alma (situado no plano etérico, a uns 15 centímetros da cabeça) para ativar a âncora cósmica*. Combine com a Selenita ou com a Natrolita para ancorar descargas vibracionais* e criar uma matriz estável dentro da Terra durante mudanças profundas ou para reverter fluxos energéticos poluídos no planeta. Combine com a Nuumita para encaminhar entidades*.

*Preta (rolada)*

### CORES ESPECÍFICAS
A **Pederneira preta ou marrom** ajuda na compreensão das causas profundas da depressão e na aceitação do lado sombrio* da sua natureza, para que você encontre os seus dons dentro de si.

*Laranja (formação natural)*

A **Pederneira laranja** lhe confere força interior durante tempos difíceis, eliminando tendências obsessivas.

A **Pederneira azul** eleva você acima do mundano, levando-o à compreensão espiritual superior da indisposição que sente. Aguça o raciocínio quando você está refletindo sobre a causa de problemas e bloqueios, além de lhe dar uma visão mais clara deles e facilitar a concentração.

*Azul (formação natural)*

# FRONDELITA

*Bruta*

| COR | Bronze rosado |
|---|---|
| APARÊNCIA | Com nervuras e opalescente |
| RARIDADE | Rara |
| ORIGEM | Estados Unidos |

**ATRIBUTOS** Uma forma da mica Fucsita, a Frondelita é um poderoso purificador de infecções psíquicas, especialmente as alojadas no terceiro olho. Ela remove energia negativa, implantes* e conflitos de poder que cruzam os espaços psíquicos, vindos de uma época ou lugar diferentes, além de dissolver pensamentos e mau-olhado* do presente. Contudo, o efeito desintoxicante desta pedra pode causar náuseas e exigir a combinação de outras pedras para evitar esse desconforto. Para transmutar o processo, a Frondelita é mais eficiente quando usada com a Estrengita.

Do ponto de vista psicológico, a Frondelita é útil para aqueles que têm medos obsessivos de sujeira e de bactérias, pois revela a causa desse comportamento e reenquadra* a experiência. Nesse processo, a pessoa pode passar por uma catarse emocional e reviver todos os seus sentimentos mais sombrios, por isso é melhor que ela seja acompanhada por um terapeuta.

Do ponto de vista mental, a Frondelita organiza pensamentos confusos e devolve a ordem ao caos, possibilitando que você veja o padrão ou a solução instantaneamente. Nesse sentido, ela é útil em jogos ou RPG.

Do ponto de vista emocional, a Frondelita ajuda a eliminar emoções negativas e amarras do passado, libertando você para mudar e se transformar.

Do ponto de vista físico, a Frondelita pode estimular a produção de células T e equilibrar o sistema imunológico.

**CURA** Trabalha melhor além do nível físico, mas pode ser usada como descanso para o punho, para evitar a síndrome do túnel do carpo ou de RSI (*Repetition Strain Injury*, Ferimento de Tensão Repetitiva).

**POSIÇÃO** Segure-a, posicione-a ou use-a no gradeamento (*ver* páginas 28-31) como for mais apropriado.

### COMBINAÇÃO DE PEDRAS

A **Frondelita com Estrengita** tem uma energia mais suave para purificação e transmutação, elevando-o acima da causa da indisposição* ou fobia, de modo que você possa observar e dar um passo para trás, sem se envolver totalmente na situação. Ela limpa o terceiro olho e o fortalece, de modo que a infecção psíquica não volte.

*Frondelita com Estrengita (bruta)*

LISTA DE CRISTAIS

# FULGARITA

*Bege-areia (formação natural)*

*Cinza (formação natural)*

| COR | Bege-areia, cinza, amarelado |
|---|---|
| APARÊNCIA | Grãos minúsculos cimentados num tubo |
| RARIDADE | Fácil de obter |
| ORIGEM | Estados Unidos, Saara, Deserto de Gobi |

**ATRIBUTOS** A Fulgarita se forma quando um raio atinge a areia – um acontecimento que concentra uma enorme quantidade de energia num espaço exíguo. Apesar da sua delicadeza, a Fulgarita é usada, por tradição, como um instrumento xamânico, pois ela guarda a energia de alta frequência do raio. Quando um xamã faz uma viagem astral* para resgatar uma criança interior perdida ou fragmentos anímicos*, esses fragmentos são colocados na Fulgarita para que ele faça uma viagem segura ao retornar. A Fulgarita é então colocada sobre o chakra do coração e a criança perdida ou fragmento anímico é gentilmente soprado de volta para casa, por uma passagem aberta pelo raio. A pedra também transporta fragmentos anímicos deixados para trás por causa de uma morte traumática em vidas passadas, um trauma, uma decepção ou outro evento que prenda a alma a outra vida. Esta pedra facilita uma jornada a um estado entrevidas* cujo objetivo seja descobrir por que uma alma ainda não encarnou completamente no presente. Purificando fragmentos anímicos que passam através dela, a Fulgarita traz a alma de volta para casa, para reintegração.

Usada espiritualmente por tradição para "soprar" preces para o universo, a Fulgarita é um poderoso instrumento de manifestação de sonhos. Estabelecida a sua intenção, expresse-a em voz alta e sopre através desta pedra, para que ela se liberte e se manifeste da melhor maneira possível, para o seu bem maior. Acelerando o crescimento espiritual da humanidade, o centro do tubo é um canal para que a energia divina chegue ao plano físico. Ela cria um vórtice de energia dos chakras nos corpos sutis* que purifica, realinha e reenergiza, à medida que passa pelas suas frequências, levando o corpo e a alma a um nível superior e abrindo espaço para novos padrões. Uma âncora xamânica* perfeita, a Fulgarita abre a seção da Terra da âncora cósmica*, prendendo você ao centro da Terra.

Do ponto de vista psicológico, a Fulgarita ajuda você a se afastar de qualquer coisa que esteja bloqueando o seu progresso, abrindo caminho para novos comportamentos que sirvam ao seu Eu Superior e ao presente estado de evolução.

Do ponto de vista mental, ao dar forma aos pensamentos, a Fulgarita ensina como manter apenas os propósitos mais elevados e positivos.

Do ponto de vista físico, esta pedra pode ser usada para gradear* o corpo, afastando energias negativas ou bloqueios e repondo a energia perdida devido à vampirização psíquica* ou a indisposições* crônicas.

**CURA** Elimina restrições e constrições que bloqueiam a energia ou o fluxo sanguíneo, e eleva os níveis de energia e a libido, embora trabalhe melhor no nível anímico.

**POSIÇÃO** Segure-a ou posicione-a como for mais apropriado. Segure a Fulgarita gentilmente e não faça pressão.

# PEDRA GAIA

*Formada*

| COR | Verde profundo |
|---|---|
| APARÊNCIA | Cristal claro e transparente, semelhante à Obsidiana |
| RARIDADE | Fácil de obter |
| ORIGEM | Manufaturada artificialmente de cinzas vulcânicas do Monte Santa Helena nos Estados Unidos |

**ATRIBUTOS** A Pedra Gaia é também conhecida como a Pedra da Deusa, pois ela tem uma conexão profunda com o feminino divino dentro de cada homem ou mulher. Do ponto de vista espiritual, por ter nascido do fogo, esta pedra mostra o valor da purificação e transmutação espirituais que ocorre por meio da catarse psicológica e dos processos alquímicos do corpo ou da Terra.

Esta pedra abre e une os chakras da Terra e do coração e harmoniza todo o fluxo dos chakras. Por ter uma forte ligação com a Mãe Terra, do ponto de vista ambiental, a Pedra Gaia está em sintonia com os devas* e a *anima terra*, a alma da Terra, e leva você numa viagem astral até um local fora do nosso sistema solar de onde se originou essa alma. Esta pedra conforta aqueles que não sentem que a Terra é o seu verdadeiro lar, ativando a seção da terra da âncora cósmica* e estabilizando o seu campo de energia interior ou servindo como uma âncora xamânica* em viagens astrais* para mundos inferiores*.

Criando uma perfeita harmonia com a Terra e com o meio ambiente, a Pedra Gaia ajuda na cura da rede de energia etérica do planeta, especialmente quando gradeada ao redor de áreas onde há desarmonia ou poluição. Promovendo a compaixão e a empatia, ela ensina que tudo sobre a superfície e dentro da Terra é uma unidade, e é uma pedra útil para explorar o leste da roda medicinal de cristais (*ver* páginas 368-375).

Do ponto de vista emocional, a Pedra Gaia elimina feridas dolorosas do corpo emocional e neutraliza traumas do passado, substituindo a negatividade por amor incondicional por si mesmo e pelos outros.

Do ponto de vista físico, a Pedra Gaia sintoniza você com os fluxos de energia da Terra e com o feminino divino, manifestado pela Mãe Terra. Pedra de prosperidade e abundância, a Pedra Gaia estimula a capacidade de cura de todos os tipos.

**CURA** Particularmente útil para a autocura e para superar as feridas emocionais e traumas do passado. Colocada sobre o terceiro olho, ela alivia a indisposição* psicossomática e a enxaqueca e cura ou ameniza problemas nos olhos.

**POSIÇÃO** Segure-a, posicione-a ou use-a no gradeamento (*ver* páginas 28-31) como for mais apropriado. Use-a constantemente junto ao corpo para autocura.

# GASPEÍTA

*Esfera polida*

| COR | Verde-maçã escuro ou claro |
|---:|---|
| APARÊNCIA | Opaca, com manchas e veios |
| RARIDADE | Rara, mas cada vez mais acessível como joia |
| ORIGEM | Canadá, Austrália |

**ATRIBUTOS** A Gaspeíta é uma das pedras que dá força durante a evolução da Terra e para todos que estão sobre ela. Do ponto de vista espiritual, ela fortalece a alma e ancora a energia espiritual no corpo, garantindo que, se for preciso, você só tenha que pedir ajuda. Medite com a Gaspeíta sentado no chão, expondo todas as suas dificuldades e confiando que a resposta virá da maneira mais apropriada. Segure-a sempre que precisar de uma passagem segura, pois ela faz com que você se locomova na escuridão ou passe em lugares perigosos sem ser notado. Se você tem que fazer uma viagem astral* para um mundo inferior*, durante um trabalho xamânico ou de resgate da alma*, a Gaspeíta cobre você com um manto de invisibilidade e invencibilidade.

Use esta pedra protetora sobre o chakra esplênico (sob a axila esquerda) se você está sendo vampirizado por um pirata energético ou sugado por uma pessoa carente de energia. Use-a sob a axila direita para se proteger da raiva de outra pessoa – especialmente se você teve que bloquear o seu suprimento de energia fechando o seu chakra esplênico e revidando com raiva e ressentimento.

Do ponto de vista emocional, a Gaspeíta é útil quando você se sente ressentido ou amargurado com a vida ou quando alguém teve o desplante de fazer algo prejudicial ou destrutivo. Dissolvendo a raiva, a mágoa, a angústia ou a dor emocional e abrindo o chakra do coração superior, esta pedra purifica a área do chakra do fígado, abaixo da axila direita, eliminando a raiva e qualquer cisão que possa ter ocorrido entre você e outra pessoa, acalmando as emoções. Esta pedra serve de ponte entre os níveis emocional e físico e ameniza os efeitos psicossomáticos da mente sobre o corpo quando as emoções e pensamentos que não servem mais se cristalizaram ou se tornaram bloqueios que precisam ser desfeitos.

**CURA** Fortalece o fígado e a vesícula biliar, e cura pedras na vesícula, bloqueios nos dutos, cirrose e problemas intestinais, sedando ou estimulando o trato quando necessário; também ameniza náuseas e enjoos de viagens.

**POSIÇÃO** Segure-a, posicione-a ou use-a no gradeamento (*ver* páginas 28-31) como for mais apropriado. Mantenha a Gaspeíta no bolso durante viagens.

*Formada*

# GOETHITA

*Cristais com nervuras numa matriz*

| COR | Marrom |
|---|---|
| APARÊNCIA | Pedra ou "estrelas" opacas com nervuras profundas |
| RARIDADE | Fácil de obter |
| ORIGEM | Estados Unidos, Alemanha, Inglaterra, França, Canadá |

**ATRIBUTOS** Meditar com a Goethita é como ficar suspenso num ponto silencioso e tranquilo de não ação e não fazer. Com esta pedra, você simplesmente *existe*. Ela abre uma âncora cósmica*, prendendo você com segurança entre o núcleo da Terra e o centro da galáxia*.

Do ponto de vista espiritual, esta pedra ressoa com o número 44, o número da metamorfose. Ela facilita a clariaudiência* e as capacidades metafísicas*. É útil para qualquer tipo de divinação, revelando a intenção da alma para o futuro em situações em que esse conhecimento é importante para a sua jornada.

A Goethita purifica o corpo emocional. Desfazendo amarras e sentimentos de vidas passadas e crenças com relação a si mesmo que não servem mais ao seu propósito, ela enche o seu coração de compaixão pelo que você tem passado, mostrando a dádiva por trás das experiências.

Do ponto de vista físico, esta pedra provê a energia necessária para aproveitar a experiência humana e intensifica o fluxo de oxigênio ao redor do corpo. Um instrumento útil de comunicação, esta pedra combina inspiração com capacidade pragmática de fazer as coisas e ajuda o corpo a se recuperar depois de qualquer tipo de trauma.

Do ponto de vista ambiental, por estar fortemente sintonizada com o poder de cura da natureza, esta pedra intensifica as capacidades radiestésicas, alinhando-as com a frequência da Terra. Levando você a encontrar devas* e a *anima terra*, a alma da Terra, ela o sensibiliza para energias sutis e para correntes subterrâneas e do corpo humano, facilitando a sintonia fina dos meridianos* de energia do planeta. A Goethita purifica os chakras da Terra e da base, alinhando todo o sistema de chakras e conectando-o à Terra e à mente superior.

**CURA** Ajuda no treinamento físico com pesos. Facilita o tratamento da epilepsia, da anemia e da menorragia; é benéfica para os ouvidos, o nariz, a garganta, o tubo digestivo, as veias, o esôfago e a medula óssea.

**POSIÇÃO** Segure-a ou posicione-a como for mais apropriado. Use-a no gradeamento (*ver* páginas 28-31) para contato extraterrestre.

### FORMAS ESPECÍFICAS
A **Goethita Arco-íris Iridescente** combate a depressão, a melancolia e o desânimo, instilando luz e esperança na sua vida. É particularmente útil para intensificar dons metafísicos.

**NOTA** A Goethita forma as estrelas no Quartzo Holandita Estrela (*ver* páginas 304-305).

*Goethita Arco-íris Iridescente (bruta)*

# GREENLANDITA (OU GROELANDITA)

*Verde (polida)*     *Verde-azulado (lâmina da pedra bruta)*

| COR | Verde-acinzentado ou azulado quando bruta (verde-azulado profundo quando polida), violeta |
|---|---|
| APARÊNCIA | Pedra opaca, densa, com brilho metálico |
| RARIDADE | Rara |
| ORIGEM | Groenlândia |

**ATRIBUTOS** A Greenlandita é uma ressonância* superior da Aventurina. Parte constituinte da capa do bispo da Groenlândia, esta pedra impressionante tem 3,8 bilhões de anos. Com energias antigas codificadas nas suas estrias, ela ensina como cuidar da Terra e viver em harmonia com a natureza.

Do ponto de vista espiritual, a Greenlandita ativa e preserva o chakra do coração, protegendo contra o vampirismo psíquico* da energia do coração. Excelente protetor do ckakra esplênico contra piratas energéticos, este cristal atua em níveis extremamente sutis, libertando você do enredamento* cármico com almas encarnadas ou desencarnadas. Uma pedra positiva, a Greenlandita atenua situações negativas e reverte-as em bem.

Do ponto de vista psicológico, a Greenlandita reforça qualidades de liderança e o poder de decisão. Esta pedra combate a gagueira e neuroses graves, levando à compreensão das causas subjacentes a esses males. Promovendo a compaixão, a empatia e a persistência, esta pedra leva você de volta ao passado para encontrar as fontes das indisposições*.

A Greenlandita une os corpos intelectual e emocional. Estabilizador mental, este mineral equilibra o seu estado de espírito, estimula a percepção e intensifica a criatividade. Ligada à sabedoria da mente universal, esta pedra ajuda você a aceitar alternativas e possibilidades, especialmente as apresentadas por outras pessoas.

Do ponto de vista emocional, a Greenlandita acalma a raiva e a irritação. Ajudando na recuperação emocional e na capacidade de compreender o coração de outra pessoa, ela é a pedra perfeita para fortalecer o amor maduro.

Do ponto de vista físico, a Greenlandita promove um sentimento de bem-estar. Ela equilibra a energia masculina e feminina e estimula a regeneração do coração.

Do ponto de vista ambiental, por ter uma forte conexão com o reino dévico*, a Greenlandita pode ser usada no gradeamento* para combater o estresse geopático* e facilitar a cura da Terra* e o alinhamento da grade do planeta. Quando usada no corpo, a Greenlandita absorve a neblina eletromagnética* e protege contra a poluição ambiental. Usada ou fixada no telefone celular, esta pedra protege as pessoas mais sensíveis.

**CURA** Favorece os olhos, o timo, os tecidos conectivos, o sistema nervoso, as glândulas suprarrenais, os pulmões, as cavidades nasais, o coração, os sistemas muscular e urogenital, a pressão sanguínea, o metabolismo, o colesterol e a arteriosclerose; ajuda no tratamento de erupções de pele e alergias; alivia a enxaqueca e suaviza os olhos; é anti-inflamatória. Como elixir, ajuda a amenizar problemas de pele.

**POSIÇÃO** Segure-a ou posicione-a como for mais apropriado. Para proteção do chakra esplênico, coloque-a sob a axila esquerda ou use-a na base do esterno.

LISTA DE CRISTAIS

# HACKMANITA

*Rolada*

| COR | Azul, lilás, cor-de-rosa |
|---|---|
| APARÊNCIA | Pedra densa, opaca ou cristalina |
| RARIDADE | Rara (é possível encontrar pedras alteradas com o tratamento térmico) |
| ORIGEM | Groenlândia, Canadá, Rússia, Austrália, Afeganistão, Mianmar, Paquistão |

**ATRIBUTOS** Ressonância* superior da Sodalita, a Hackmanita tem uma vibração extremamente sutil, embora permaneça conectada à Terra. Ativando uma âncora cósmica* e protegendo o revestimento biomagnético*, ela proporciona uma expansão para o infinito do ser, mesmo durante a encarnação, e integra o corpo de luz*. Ela desfaz com eficiência amarras no nível dos chakras sutis.

Do ponto de vista espiritual, esta pedra refinada une intuição com lógica, acessando a mente superior e conectando-a ao plano físico para propiciar uma mente iluminada. Ela facilita os estados meditativos profundos e sintoniza as dádivas espirituais que trazem alegria, liberdade e cura.

Do ponto de vista psicológico, a Hackmanita ajuda na compreensão das situações que você vive, alinhando o propósito da alma com essas experiências. Trata-se de uma pedra útil se você quiser aceitar as energias da sua sombra* e encontrar o tesouro que existe por trás delas. Ela transforma uma personalidade defensiva ou supersensível, iluminando e liberando medos enraizados, fobias, sentimentos de culpa e mecanismos de controle que impedem a alma de se expressar totalmente. Ela aumenta a autoestima, a autoaceitação e a autoconfiança. Com um desejo poderoso pela verdade e pelo idealismo, a Hackmanita instiga você a ser verdadeiro consigo mesmo e a defender as suas crenças.

Do ponto de vista mental e cármico*, a Hackmanita deixa você livre das limitações intelectuais e das estruturas mentais rígidas, especialmente dos ideais religiosos adotados no passado, abrindo a mente para novas e infinitas possibilidades. Estimulando uma percepção racional, embora intuitiva, esta pedra o ajuda a verbalizar sentimentos, criando espaço para que você coloque em prática as suas novas constatações.

Do ponto de vista ambiental, a Hackmanita elimina a poluição eletromagnética. Ela é útil no gradeamento* contra a síndrome do edifício doente*, a neblina eletromagnética ou as alergias a substâncias químicas.

**CURA** Ajuda o metabolismo e o sistema linfático, o sistema imunológico, a garganta, as cordas vocais e a laringe. É benéfica em casos de deficiência de cálcio, danos por radiação, insônia, rouquidão, distúrbios digestivos, febres, pressão sanguínea alta ou baixa, ligamentos rompidos e absorção de fluidos.

**POSIÇÃO** Segure-a, posicione-a ou use-a no gradeamento (*ver* páginas 28-31) como for mais apropriado.

**COMBINAÇÃO DE PEDRAS**
A Hackmanita com a Ussingita violeta age muito bem para aterrar vibrações* espirituais extremamente altas e para ancorar no reino físico a percepção expandida de uma alma ascensionada.

**NOTA** Se a combinação de pedras não for possível, use a Ussingita sobre a Hackmanita, de preferência engastadas em Prata.

*Hackmanita com Ussingita violeta (bruta)*

LISTA DE CRISTAIS

# HALITA

*Branca (formação natural)*

| COR | Branco, cor-de-rosa, azul |
|---|---|
| APARÊNCIA | Cristais cúbicos grandes ou pequenos, transparentes, encrostados, frágeis |
| RARIDADE | Fácil de obter |
| ORIGEM | Estados Unidos, França, Alemanha, norte da África |

**ATRIBUTOS** Eficiente para purificação, a Halita estimula o discernimento espiritual e a evolução multidimensional. Do ponto de vista espiritual, pelo fato de eliminar qualquer impureza alojada na alma ou nos corpos etéricos* e restabelecer o equilíbrio interior, a Halita ajuda a subordinar a sua vontade à orientação do seu Eu Superior* e a criar uma perspectiva mais objetiva. Esta pedra protetora defende contra energias negativas, entidades* presas à aura ou ataques psíquicos*, especialmente quando a pessoa está sob a influência de álcool ou drogas ou fora do corpo. Esta pedra é particularmente útil se você se tornar o objeto da luxúria irracional de outra pessoa ou objeto da carência dela.

Do ponto de vista psicológico, a Halita dissolve padrões obsoletos, pensamentos negativos e sentimentos arraigados, como a raiva, e ajuda você a transcender os problemas. Aliviando a ansiedade e trazendo contentamento, a Halita transmuta sentimentos de abandono ou rejeição, promovendo o bem-estar emocional e aumentando a boa vontade.

Do ponto de vista físico, esta pedra estimula os meridianos* do corpo e intensifica os efeitos da acupuntura e da acupressão, ancorando* as propriedades de cura de outros cristais.

**CURA** Ajuda a desintoxicação, o metabolismo e a memória celular; benéfica para casos de retenção de líquidos, problemas intestinais, transtorno bipolar e problemas no sistema respiratório e na pele.

*Cor-de-rosa (bruta)*

**POSIÇÃO** Deixe-a no ambiente ao seu redor ou na bolsa. Como ela absorve rapidamente energias negativas e gases venenosos, limpe-a frequentemente com arroz integral e mantenha-a num local seco. Coloque-a também na água do banho ou embaixo do chuveiro para purificação (ela dissolve e limpa as energias).

## CORES ESPECÍFICAS
A **Halita cor-de-rosa** é eficaz para encaminhar entidades* e tratar possessões espirituais e para prevenir que o mesmo ou outros espíritos se colem à aura. Esta cor encoraja o desenvolvimento espiritual, elevando as vibrações pessoais, estimulando as capacidades metafísicas* e removendo a negatividade. Do ponto de vista emocional, ela facilita o bem-estar e o sentimento de ser amado. Do ponto de vista psicológico, ela elimina a sensação de opressão e age como um diurético.

A **Halita azul** é eficiente para abrir portais metafísicos. Ela aguça a intuição e estimula a percepção mística. Esta pedra também reprograma a visão distorcida da realidade e elimina amarras mentais ou influências nocivas do terceiro olho ou dos corpos sutis*. Do ponto de vista físico, esta pedra é benéfica para a absorção de iodo e para a tireoide, o timo e o tálamo.

*Azul (formação natural)*

# HANKSITA

*Cinza (formação natural)*

| COR | Verde, cinza, branco, marrom, amarelo |
|---|---|
| APARÊNCIA | Cristal translúcido, oleoso ou pulverulento, com inclusões de argila |
| RARIDADE | Rara, mas cada vez mais fácil de obter |
| ORIGEM | Califórnia |

**ATRIBUTOS** Contendo Bórax e Halita, a Hanksita forma-se pela evaporação e é encontrada nas profundezas de lodaçais, simbolizando a sabedoria à espera de ser libertada das impurezas do passado. Esta pedra é extremamente purificadora e ajuda você a respirar em lugares tóxicos. Acessada por meio do chakra das vidas passadas e do chakra do soma, a Hanksita recupera o verdadeiro poder feminino e a intuição. Ela combina particularmente bem com os cristais Semente Lemuriana.

Do ponto de vista espiritual, esta pedra contém um poderoso conhecimento para acelerar a consciência expandida aprisionada desde os tempos antigos da Lemúria e de Atlântida. Facilitando a reconexão com essas civilizações e com o poder e a sabedoria pessoais dessa época, esta pedra adverte que esse poder precisa ser usado para o bem de todos. Pedra do perdão, a Halita contida neste cristal atenua erros e a má utilização do poder e faz com que você se lembre de não repetir essas experiências. A Hanksita serve como um eficiente protetor psíquico, especialmente contra espíritos colados à aura. Purificando e servindo como catártico em todos os níveis, este cristal limpa os chakras e purifica outras pedras. Facilitando uma rápida desintoxicação de detritos de muitas vidas, a Hanksita elimina a raiva, o ciúme, ressentimentos ou manipulações do passado e transmuta seus efeitos no corpo físico, estabilizando as oscilações de humor. Eliminando impurezas e criando equilíbrio interior, ela ajuda você a entrar em sintonia com a orientação do seu eu espiritual. Recriando um estado espirituoso e inocente típico da criança interior*, a Hanksita também pode trazer à tona medos infantis e parecer fria e repulsiva.

Do ponto de vista mental, a Hanksita cria uma perspectiva mais objetiva, clareando pensamentos e padrões de comportamento que não servem mais.

Do ponto de vista ambiental, esta pedra tem sido descrita como "uma bomba do tempo para a qual as coisas um dia acabam voltando" – um espelho do mundo antes de a humanidade passar a existir e um estado ao qual o nosso planeta pode voltar caso a humanidade continue a violá-lo. Este cristal amparará o planeta em sua regeneração, quando a camada de ozônio e o ar do planeta estiverem em situações críticas. Ele ajuda na aplicação da sabedoria antiga aos problemas modernos.

**CURA** Útil em casos de retenção de líquidos, problemas intestinais e dermatológicos, gripes e problemas respiratórios causados por excesso de catarro ou inflamação; ajuda a desintoxicação, a memória celular* e o metabolismo.

**POSIÇÃO** Coloque-a nos pés. Use-a para gradeamento* (*ver* páginas 28-31) numa estrela de Davi, com um Elestial Enfumaçado no centro para eliminar a toxicidade, ou use-a como estabilizador de um cristal lemuriano. Se tiver dor de cabeça ou náuseas, projete a energia para dentro de um Quartzo Enfumaçado posicionado sobre o chakra da Terra.

**NOTA** Dissolve quando molhada. Mantenha-a seca e limpa dentro de uma tigela com arroz integral cru.

# HEMATITA COM RUTILO

*Formação natural*

| COR | Prateado e dourado |
|---|---|
| APARÊNCIA | Linda pedra opaca ouro e prata |
| RARIDADE | Rara |
| ORIGEM | África, Austrália |

**ATRIBUTOS** A Hematita com Rutilo combina as funções de ancoragem* e energização da Hematita com as propriedades purificantes do Rutilo numa pedra de alta vibração, que ativa os chakras do soma e das vidas passadas e as conexões profundas da alma.

Do ponto de vista espiritual, posicionada sobre os chakras soma e estrela da alma, esta pedra sintoniza o eu verdadeiro e ajuda na sua incorporação no reino físico. A combinação purifica e reintegra partes fragmentadas da alma, seja qual for o lugar ou época em que estejam. Esta pedra propicia uma profunda cura multidimensional, limpando os chakras dos níveis superiores, ancorando o corpo de luz* e propiciando uma ligação inabalável com as vibrações superiores do universo.

Esta combinação é particularmente útil para purificações cármicas* e anímicas profundas. Ela corrige o esquema etérico e repara a memória celular*, reenergizando e realinhando o corpo físico.

Do ponto de vista psicológico, a Hematita com Rutilo oferece vislumbres intuitivos das causas psicossomáticas das indisposições* e ajuda no restabelecimento do equilíbrio do corpo emocional e dos outros corpos sutis*. Esta pedra extremamente protetora e regenerativa auxilia na reconciliação e na união dos opostos, ajudando tanto os relacionamentos impessoais quanto os pessoais. Tudo o que precisar de estabilidade na sua vida será equilibrado por esta pedra.

**CURA** Atua melhor além do nível físico do ser, pois influencia os corpos sutis, propiciando a cura multidimensional.

**POSIÇÃO** Segure-a ou use-a no gradeamento (*ver* páginas 28-31) como for mais apropriado.

(*Ver também* Rutilo, páginas 318-319)

*Formação natural*

LISTA DE CRISTAIS

# HEMIMORFITA

*Azul (cristais botrioidais na matriz)*

*Marrom e branco (cristais na matriz)*

| COR | Azul, marrom, branco |
|---|---|
| APARÊNCIA | Minúsculos cristais transparentes estriados, semelhantes a agulhas, ou cristais piramidais na matriz, ou crosta botrioidal |
| RARIDADE | Fácil de obter |
| ORIGEM | Inglaterra, México, Estados Unidos, Zâmbia |

**ATRIBUTOS** A Hemimorfita é uma pedra extremamente protetora, particularmente contra pensamentos maliciosos e manipulação. Supõe-se que, em tempos antigos, era usada como antídoto de venenos. Do ponto de vista espiritual, esta pedra facilita a elevação das vibrações dos corpos físico e dos sutis* e a comunicação com os níveis espirituais e extradimensionais mais elevados.

Esta pedra não propõe uma trajetória fácil, pois ela promove o autodesenvolvimento da maneira mais rápida possível. Insistindo na responsabilidade pessoal, ela estabelece um elo com o seu Eu Superior*, estimulando você a assumir a responsabilidade pela sua felicidade ou doença*, e ensina que você cria a sua realidade por meio dos seus pensamentos e atitudes. Ela destaca as influências externas que não estão de acordo com o seu plano anímico* e ajuda você a se libertar delas.

Do ponto de vista psicológico, esta pedra mostra como desenvolver a força interior e manifestar o seu potencial mais elevado, enquanto mantém a consciência de que você faz parte da humanidade. Por instilar um senso de responsabilidade pessoal, ela é útil quando você quer se manter energizado e estusiasmado com projetos, sendo capaz de vislumbrá-los concluídos.

Do ponto de vista emocional, a Hemimorfita alivia suavemente a ansiedade. Se você costuma ter expectativas e objetivos muito elevados, esta pedra o ajuda a estabelecer e manter metas mais realistas sem se apegar emocionalmente aos resultados. Esta pedra otimista ajuda você a olhar para trás e reenquadrar* traços de personalidade irritantes ou arraigados e a se manter totalmente aberto e franco na comunicação das emoções. Do ponto de vista físico, a Hemimorfita acelera a recuperação da sua saúde em todos os níveis.

**CURA** Ajuda a perda de peso, o alívio da dor, os problemas no sangue, o coração, a memória celular* e as estruturas celulares; também é benéfica para o tratamento de herpes genital, verrugas, úlceras, desequilíbrios hormonais, queimaduras e da síndrome das pernas inquietas.

**POSIÇÃO** Segure-a ou use-a no gradeamento (*ver* páginas 28-31), como for mais apropriado. A Hemimorfita rolada é mais adequada para uso pessoal ou para a cura.

*Azul (rolada)*

# HERDERITA

*Marrom (bruta)*

| COR | Dourado, cinza, marrom, verde, lilás |
|---|---|
| APARÊNCIA | Pedra opaca ou translúcida com facetas e terminações naturais |
| RARIDADE | Rara |
| ORIGEM | Brasil, África do Sul, Estados Unidos, Alemanha, Rússia |

**ATRIBUTOS** Pedra de altíssima vibração*, a Herderita alinha os chakras sutis, elevando a consciência aos mais altos níveis possíveis e despertando a mente iluminada. Pedras de locações diferentes têm cores e funções variadas, afetando as pessoas de acordo com o seu esquema energético* pessoal e sua prontidão para se transferir para um novo estágio de evolução.

Do ponto de vista espiritual, quando a Herderita abre o terceiro olho, ela envolve uma percepção de corpo inteiro com relação ao eu multidimensional e facilita a conexão profunda com a Terra. Quando você segura esta pedra, o seu corpo se sente perfeitamente sustentado pela Terra, de modo que você pode caminhar com mais suavidade, mas cheio de propósito.

A Herderita promove a evolução do cérebro físico para manifestar a percepção elevada e as energias da mente superior na Terra. Do ponto de vista físico, ela reformula os padrões do esquema etérico de modo que os danos ou bloqueios cerebrais voltem ao padrão ótimo. Ela é benéfica para intensificar a concentração e a memória. A sintonia com a Herderita facilita a reestruturação em todos os níveis.

**CURA** Atuando na maioria das vezes além do nível físico do ser, ela propicia a cura multidimensional. A Herderita ajuda no tratamento de dores de cabeça, enxaquecas e lesões cerebrais, além de aguçar as funções cerebrais, o pâncreas e o baço.

**POSIÇÃO** Segure-a ou use-a no gradeamento (*ver* páginas 28-31), como for mais apropriado. Coloque-a sobre o terceiro olho para melhorar a enxaqueca causada pelo bloqueio dos dons* metafísicos.

### COR ESPECÍFICA

A **Herderita dourada** se liga ao seu divino interior e o ajuda a reconhecer que você é deus. Esta pedra leva você a um lugar de felicidade que parece muito distante, mas que na verdade está situado numa dimensão interior, e o ajuda a incorporar mais plenamente o seu eu divino. Ela ressoa particularmente com os chakras da estrela da alma e do portal estelar.

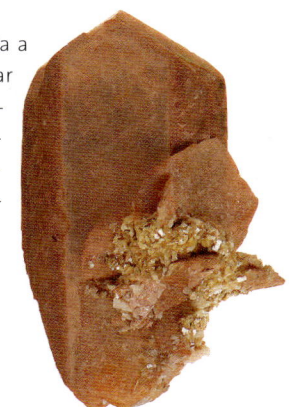

*Herderita Dourada (formação natural)*

# HEULANDITA

*Pêssego (formação natural)*

| COR | Pêssego, branco, verde |
|---|---|
| APARÊNCIA | De cristalinos a opacos perolados vítreos numa matriz |
| RARIDADE | Fácil de obter |
| ORIGEM | Índia, Islândia |

**ATRIBUTOS** A Heulandita é uma pedra extremamente benéfica se você quiser evoluir. Do ponto de vista cármico*, ela ajuda a restabelecer contato com o conhecimento antigo e com habilidades das antigas civilizações da Lemúria e da Atlântida e de outras vidas passadas. Facilitando a passagem por espaços inter e intradimensionais, ela acessa e propicia vislumbres intuitivos sobre os Registros Akáshicos* e leva você de volta para o passado cármico, de maneira que você libera emoções negativas e recupera-se de algum tipo de perda. Ela então mostra como esse conhecimento pode ser aplicado à sua vida presente.

Do ponto de vista psicológico, a Heulandita facilita a mudança de hábitos e comportamentos arraigados, especialmente aqueles impressos no nível celular, substituindo-os pela receptividade com relação a novos caminhos e possibilidades excitantes.

Do ponto de vista emocional, esta é uma pedra útil para liberar o ciúme e outras emoções negativas e para aliviar atitudes paternalistas de superioridade e condescendência, ou sentimentos de que você é melhor do que os outros. A Heulandita verde, em particular, evita as atitudes críticas ou condenatórias. Ela o ajuda a reconhecer que todas as almas têm o mesmo valor e promove o perdão seja qual for a situação.

Do ponto de vista físico, cada cor da pedra funciona em níveis físicos e sutis diferentes: a branca age no cérebro e no sistema nervoso; a cor-de-rosa age no sistema endócrino; e a verde age no coração, amenizando os efeitos das emoções dolorosas sobre o corpo e substituindo-as pela alegria de viver.

Deixe-a no ambiente que você mais gosta para que ela propicie as mudanças que você busca. Contudo, ela precisará de uma limpeza frequente.

**CURA** Benéfica para a memória celular* e para a mobilidade; ajuda a redução de peso, o crescimento, os membros inferiores, o fluxo sanguíneo, os rins e o fígado.

**POSIÇÃO** Segure-a, posicione-a ou use-a no gradeamento (*ver* páginas 28-31), como for mais apropriado.

LISTA DE CRISTAIS

# HUEBNERITA

TAMBÉM CONHECIDA COMO HUBNERITA

*Formação natural*

| | |
|---|---|
| **COR** | Preto-avermelhado |
| **APARÊNCIA** | Pedras estriadas ou laminadas, levemente metálicas |
| **RARIDADE** | Rara |
| **ORIGEM** | Estados Unidos, México, Peru |

**ATRIBUTOS** A Huebnerita é um desintoxicante útil que purifica a bílis e o amargor dos níveis físico e emocional do ser e reenergiza as emoções. Abrindo os chakras da Terra e da base e ativando a âncora cósmica*, ela envia a energia negativa para a Terra, transmutando e ajudando a assimilação das descargas* de energias de vibração elevada, que podem ser transmitidas à Terra para a cura. Pode exigir outras pedras para completar o processo. Do ponto de vista físico, esta pedra fortifica e recarrega as energias.

**CURA** Apoia o fígado, a coluna vertebral e o pâncreas.

**POSIÇÃO** Segure-a ou use-a no gradeamento (*ver* páginas 28-31) como for mais apropriado.

## JASPE: **JASPE ORBICULAR PELE DE LEOPARDO**

*Laranja bicolor
(rolado)*

| COR | Verde ou laranja bicolor |
|---|---|
| APARÊNCIA | Marcas opacas semelhantes às do leopardo |
| RARIDADE | Fácil de obter |
| ORIGEM | América do Sul |

**ATRIBUTOS** Ponte para os mistérios mais profundos da dualidade, o Jaspe Pele de Leopardo ajuda a restabelecer o equilíbrio entre luz e escuridão, ensinando como reconhecer a escuridão como um complemento da luz e não o seu oposto. Associada com o oeste na roda medicinal (*ver* páginas 368-375) e extremamente protetora, esta é uma pedra xamânica transformadora, útil durante viagens astrais* e para colocá-lo em contato com o seu aliado o jaguar, o puma, o leopardo e a pantera. Bloqueando a sua visão exterior e focando a percepção, o Jaspe Pele de Leopardo ajuda você a ouvir a sua voz interior. Paradoxalmente, ao refletir o mundo exterior, esta pedra elucida pressuposições arraigadas e ensina você a ver o que de fato acontece, avaliando a situação com clareza.

Do ponto de vista espiritual, ela o ajuda a cumprir acordos cármicos* ou contratos anímicos feitos antes da encarnação. O Jaspe Pele de Leopardo mostra até que ponto esses contratos não são mais apropriados e o ajuda a rescindi-los ou renegociar termos e intenções, desfazendo laços desnecessários.

Do ponto de vista psicológico, esta pedra reduz inseguranças, cura o corpo emocional e fortalece o senso do eu. Instrumento perfeito para restabelecer o equilíbrio entre passividade e atividade, espiritualidade e emoção, o Jaspe Pele de Leopardo delineia o seu caminho de vida e dá proteção quando você enfrenta desafios e cumpre objetivos. Se você deixar parte de si mesmo no futuro quando fizer planos, esta pedra traz você suavemente de volta ao presente.

Do ponto de vista emocional, esta pedra ajuda você a superar a culpa, o medo e o estresse emocional, trazendo calma e tranquilidade.

Do ponto de vista físico, o Jaspe Pele de Leopardo ativa a cura* das doze fitas do DNA, fortifica a resistência natural do corpo e ajuda a manter a saúde e o bem-estar em condições ótimas.

Do ponto de vista ambiental, o Jaspe Pele de Leopardo engendra respeito pela sabedoria inata e por métodos de cura de povos nativos, e estimula a conexão entre a humanidade e o mundo animal, trazendo à tona a ânsia pela harmonia do planeta.

*Laranja bicolor (rolado)*

**CURA** Útil para a memória celular*, para o DNA, para a regeneração celular, o processo digestivo, a excreção, a dor abdominal, as doenças de pele, os rins ou a vesícula biliar, e para odores corporais e insônia.

**POSIÇÃO** Segure-a ou use-a no gradeamento (*ver* páginas 28-31), como for mais apropriado.

# JASPE: **JASPE ORBICULAR OCEÂNICO**

TAMBÉM CONHECIDO COMO PEDRA DE ATLÂNTIDA

*Formação natural polida*

| COR | Multicolorido |
|---|---|
| APARÊNCIA | Espirais em caracol, faixas e bandas de pedra opaca, entremeadas com drusa |
| RARIDADE | Rara, mas fácil de obter |
| ORIGEM | Madagascar |

**ATRIBUTOS** Pedra de renovação e força, conectada com Atlântida e detentora de um conhecimento místico, o Jaspe Oceânico leva você de volta para reivindicar a sua sabedoria quando você medita sobre ela. Ajudando a reenquadrar* e transmutar o mau uso que fez em qualquer época do poder espiritual, esta pedra ensina o uso sábio do poder e da vontade. Útil para agentes de cura e conselheiros, o Jaspe Oceânico ajuda você a se amar e a amar os outros, e a ser mais empático com relação às necessidades emocional e mental enquanto se mantém objetivo e desapegado. Se há um Quartzo Drusiforme dentro da pedra, ela foca e intensifica a intenção de cura.

Do ponto de vista espiritual, os padrões espiralados simbolizam a interligação entre todas as coisas – uma lembrança de que a natureza é cíclica, rítmica e fluida. O Jaspe Oceânico ajuda a lidar com a mudança e a prestar serviço à humanidade. As suas marcas circulares ressoam com a respiração circular, que esta pedra facilita, e com qualquer coisa que avance em ciclos ou circule.

Do ponto de vista psicológico, o Jaspe verde que o compõe cura e elimina a indisposição* e a obsessão, equilibrando partes da vida que se tornaram importantes demais em detrimento de outras.

Do ponto de vista emocional, com a sua suave energia nutriz, o Jaspe Oceânico traz à superfície questões não resolvidas ou há muito tempo escondidas, e ajuda você a olhar o futuro de modo positivo, aceitando a responsabilidade por si mesmo. Esta pedra instila paciência.

Capaz de promover uma desintoxicação no corpo, o Jaspe Oceânico é um estimulante útil para drenagens linfáticas, pois elimina toxinas causadoras de odores corporais.

*Rolado*

**CURA** Esta pedra é eficiente em todos os tipos de cura. Ela alivia o estresse e favorece o sistema imunológico, a linfa, a circulação, os órgãos internos debilitados, o sistema reprodutor feminino, a tensão pré-menstrual, a digestão, a parte superior do tronco e o trato digestivo; é benéfico no tratamento de tumores, de infecções na gengiva, de eczema, de cistos, de gripes, de alucinações, de insônia, de inflamação, de problemas de pele e de inchaços.

**POSIÇÃO** Segure-a ou use-a no gradeamento (*ver* páginas 28-31), como for mais apropriado.

## JASPE: **JASPE PAPOULA**

*Lâmina natural*

| COR | Vermelho |
|---|---|
| APARÊNCIA | Pedra opaca mosqueada com marcações semelhantes a flores |
| RARIDADE | Fácil de obter |
| ORIGEM | Estados Unidos, China, África do Sul |

**ATRIBUTOS** Alegre e poderoso, o Jaspe Papoula tem esse nome graças às suas "flores" orbiculares. Esta pedra é uma usina de forças que serve como um estímulo suave, ou forte se necessário. Esta é uma pedra extremamente física que ressoa com o chakra da base, proporcionando-lhe vitalidade e entusiasmo, ancorando* energia no corpo e estimulando a libido. Por outro lado, ela acalma o chakra da base superestimulado e dissipa a frustração sexual, acalmando a libido hiperestimulada. Útil quando você precisa de mais motivação, esta pedra age como uma dose de adrenalina na veia. Se você seguir os volteios do Jaspe Papoula, fará com mais facilidade as suas viagens astrais* xamânicas aos mundos inferiores e se lembrará dos seus sonhos com mais clareza, sentindo-se também mais protegido. Corrigindo situações injustas, esta pedra lembra a humanidade de que precisamos ajudar uns aos outros. O Jaspe Papoula equilibra as energias yin e yang e sintoniza os corpos físico, emocional e mental com o reino etérico. Combatendo a poluição eletromagnética e ambiental, o Jaspe Papoula também ajuda na radiestesia.

## LISTA DE CRISTAIS

Do ponto de vista psicológico, esta pedra confere determinação. Dando coragem para que você lide com os problemas com firmeza e determinação, ela promove a honestidade consigo mesmo. Ela lhe dá apoio quando o conflito é inevitável e traz os problemas à tona antes que eles se tornem grandes demais; além disso, esta pedra lhe proporciona lampejos intuitivos em situações difíceis. Servindo de sustentação em tempos de estresse, esta pedra traz tranquilidade e inteireza, acalmando as emoções do seu portador.

Do ponto de vista mental, o Jaspe Papoula estimula o raciocínio rápido, promove as capacidades organizacionais e a habilidade de visualizar a concretização dos projetos. Ela intensifica a imaginação e transforma ideias em ações.

Do ponto de vista físico, o Jaspe Papoula aumenta o prazer sexual. Reconfortante durante doenças prolongadas ou hospitalização e reenergização do corpo, esta é uma pedra com propriedades terapêuticas, que fortalece e desintoxica o sistema circulatório, o sangue e o fígado. O Jaspe Papoula ativa o chakra da base e ajuda em partos e no processo de renascimento. Ele limpa e estabiliza o revestimento biomagnético* e fortalece as suas fronteiras naturais, incluindo o revestimento celular. Útil em casos de alergia a animais, ele ajuda você a descobrir o que é preciso para curá-las e propicia um apoio energético constante. Esta pedra é excelente para repelir aproveitadores e ex-parceiros que se negam a se afastar.

*Rolado*

**CURA** Apoia o sistema circulatório e digestivo, favorece os órgãos sexuais e alivia as alergias. Dizem que dissolve bloqueios no fígado ou nos dutos da bile, e equilibra os sais minerais do organismo.

**POSIÇÃO** Coloque-o no chakra da base ou como for mais apropriado, de preferência em contato com a pele. Use-o durante longos períodos. Deixe-o sob o travesseiro para estimular a recordação dos sonhos ou use-o para gradear a cama, (*ver* pág. 28), aumentar o prazer sexual ou repelir aproveitadores e ter um sono seguro.

## JASPE: JASPE FLORESTA TROPICAL

*Bruta*

| COR | Verde e branco |
|---|---|
| APARÊNCIA | Pedra opaca com marcações semelhantes a musgo |
| RARIDADE | Fácil de obter |
| ORIGEM | América do Sul |

**ATRIBUTOS** Ligado à natureza e à Terra, o Jaspe Floresta Tropical une os chakras da base, esplênico e da Terra para propiciar estabilidade emocional.

Do ponto de vista espiritual, se você se afastou de um nível anímico, esta pedra o leva de volta para as suas raízes, ancora-o novamente e faz com que você reavalie a situação objetivamente. Reativando do passado o conhecimento da cura por meio de ervas, este agente de cura natural desvia a sua atenção para o poder terapêutico das plantas e transmite esse conhecimento, especialmente por meio da linhagem feminina. Esta pedra acessa as matriarcas ancestrais e reconecta você com os mitos e a sabedoria familiares conforme os quais elas viviam.

Do ponto de vista psicológico, esta pedra tem a capacidade de tranquilizar a mente e estimular você a se aceitar como é, sem precisar mudar; por esse motivo este jaspe facilita a recuperação do equilíbrio sem muito esforço. Ele também encoraja um profundo respeito por si próprio e pelos outros.

Do ponto de vista mental, o Jaspe Floresta Tropical oferece objetividade, clareza, imaginação e criatividade prática. Do ponto de vista emocional, ele encoraja a estabilidade e o pragmatismo.

Do ponto de vista físico e ambiental, esta pedra equilibra a umidade, propiciando um clima nem tão úmido nem excessivamente seco. É especialmente útil para melhorar a memória celular*.

**CURA** Benéfico para a memória celular, para o tratamento da gripe, de resfriados, da suscetibilidade à umidade, de infecções virais e desequilíbrio de fluidos.

**POSIÇÃO** Segure-o ou use-o no gradeamento (*ver* páginas 28-31), como for mais apropriado.

# KAKORTOKITA

Também conhecida como Sangue de Lopar

*Polida*

| COR | Branco, vermelho e preto |
|---|---|
| APARÊNCIA | Pedra opaca manchada |
| RARIDADE | Rara |
| ORIGEM | Groenlândia, Alasca |

**ATRIBUTOS** A Kakortokita é uma pedra de energia altíssima, imbuída de força vital e vitalidade, embora ela não chegue a atingir a vibração* mais elevada. Do ponto de vista espiritual, esta pedra ensina como "respirar e ser", vivenciando ao mesmo tempo uma ligação física com a Terra e uma conexão espiritual com a natureza infinita do ser. Esta pedra mostra que o que está diante dos seus olhos é a manifestação perfeita do que você precisa exatamente agora.

A Kakortokita é formada geotermicamente da Eudialita vermelha e da Arfvedsonita preta, resultando numa Sienita branca: uma poderosa fusão de energia e cor. Esta pedra plutoniana une os chakras da base, da Terra, do coração, da coroa e da estrela da alma, abrindo caminho para a irradiação da luz e a ativação de uma âncora cósmica*, fixando-a no centro da Terra. Conectada com o centro galáctico*, esta pedra age como um condutor para a força vital cósmica refertilizar a Terra e superar futuras mudanças energéticas. Ela também facilita viagens astrais* nos mundos inferiores e superiores.

Do ponto de vista cármico, ela atrai companhias anímicas e membros de um grupo espiritual*, esclarecendo a razão desse encontro, que pode ser algo complexo e motivado por um antigo propósito anímico. Esta pedra é útil para você verificar se os seus contratos e imperativos anímicos* ainda são válidos. Se for necessário deixar algo para trás, a Kakortokita ajuda você a desfazer amarras e perdoar a si mesmo e às outras pessoas envolvidas.

Do ponto de vista psicológico, a Kakortokita fortalece a confiança nas suas capacidades – e aumenta a confiança das outras pessoas em você. O trabalho delicado de mineração dessa pedra indica a vontade indomável e a determinação que é preciso ter para superar todos os obstáculos. A firmeza necessária ao dar cada passo para transportá-la despenhadeiro abaixo ajuda na adaptação a qualquer circunstância e na superação das adversidades.

Do ponto de vista emocional, a Kakortokita ameniza o ciúme, a animosidade, a raiva e o ressentimento, além de facilitar o perdão. Pedra do contentamento, ela ajuda a superar a depressão e a melancolia provocada pelas paisagens acinzentadas do inverno, pois suas vibrações brilhantes elevam o ânimo e afastam a tristeza desse período do ano. Do ponto de vista físico, a Kakortokita reenergiza e oxigena o corpo e o sangue.

**CURA** Útil em caso de esgotamento físico, depressões de inverno, cura celular multidimensional; dizem que fortalece o nervo óptico, o fígado, o sangue e o sistema nervoso.

**POSIÇÃO** Use-a no corpo ou posicione-a como for mais apropriado.

(*Ver também* Eudialita, páginas 128-129)

## CIANITA: **CIANITA CRISTALINA**

*Polida*

| COR | Azul |
|---|---|
| APARÊNCIA | Cristal azul-claro levemente estriado |
| RARIDADE | Fácil de obter |
| ORIGEM | Estados Unidos, Brasil, Suíça, Áustria, Itália, Índia |

**ATRIBUTOS** Ressonância* mais elevada da Cianita opaca, a Cianita Cristalina azul-claro autopurificadora tem uma vibração extremamente leve e acelerada, que ativa rapidamente os chakras superiores e a mente iluminada. Útil para entrar sem demora em meditação profunda e desenvolver dons metafísicos, ela induz conexões multidimensionais e corrige o esquema etérico*.

Do ponto de vista espiritual, a Cianita Cristalina conecta você com o caminho da sua alma e com a sua verdadeira vocação. Ela deve ser usada com integridade de propósito, pois, em caso de mau uso, o feitiço se volta contra o feiticeiro. Ao mostrar onde você abusou da confiança de alguém no passado, esta pedra desbloqueia o terceiro olho ou os portais metafísicos que se fecharam em resultado de uma espionagem psíquica ou coisa assim.

No nível emocional, esta pedra abre caminho para os relacionamentos duradouros. Arranje um par (*ver* página 358) para intensificar a comunicação telepática e intuitiva e para promover a harmonia e o amor incondicional no relacionamento.

**CURA** Ajuda em casos de dores nos ovários ou durante a ovulação, e em casos de laringite e rouquidão.

**POSIÇÃO** Segure-a ou use-a para gradeamento (*ver* páginas 28-31) ou coloque-a como for mais apropriado.

### FORMA ADICIONAL

A **Cianita preta** é um instrumento eficaz de cura da Terra e da psique, que ajuda você a visitar os estados entrevidas* para acessar e manifestar o seu atual plano anímico* e eliminar imperativos* da sua alma que não servem mais ao seu propósito. Esta pedra mostra o carma* que está sendo criado pelas escolhas do presente e ajuda você a visualizar os resultados de um plano anímico. Pedra eficiente para limpeza da aura e da psique, esta pedra estriada remove rapidamente a negatividade dos corpos sutis* e alinha os chakras. Ela também absorve energias estagnadas ou insalubres do corpo físico, substituindo-as por força vital positiva. Do ponto de vista físico, esta pedra mantém as células conectadas com o perfeito esquema divino, de modo a preservar a saúde perfeita. Poderoso instrumento para aqueles que têm dificuldade para encarnar plenamente no plano terreno, ela ajuda na limpeza energética do campo mental, dos sistemas urogenital e reprodutor, dos músculos, das glândulas suprarrenais, da garganta e da paratireoide. A Cianita preta também auxilia na cura ambiental, conectando aqueles que estão cooperando com a evolução do planeta e expulsando o ar poluído do planeta, para depois transmutá-lo.

*Cianita preta
(formação natural)*

## LAZULITA

*Bruta*

| COR | Roxo-índigo |
|---|---|
| APARÊNCIA | Massa densa e granulosa com minúsculos cristais piramidais |
| RARIDADE | Fácil de obter |
| ORIGEM | Brasil, Áustria, Suíça, Estados Unidos, Canadá |

**ATRIBUTOS** Absorvendo a pura energia universal e estimulando a intuição, promovendo assim equilíbrio e alinhamento cósmico, a Lazulita induz estados profundos de felicidade. Do ponto de vista espiritual, ela cria, quando colocada sobre o terceiro olho, a sensação serena de fazer parte da divindade. Promovendo um vislumbre intuitivo das causas subjacentes aos problemas psicológicos e diários, ela o ajuda a encontrar soluções com base na intuição. Esclarecendo os motivos por trás dos vícios, esta pedra também afasta você do desejo "por mais" ou do controle obsessivo. Do ponto de vista psicológico, a Lazulita aumenta a autoconfiança e a autoestima.

**CURA** Ajuda em casos de sensibilidade à luz solar, enxaqueca e fraturas, e também fortalece o sistema imunológico, a memória celular*, o sistema linfático, a tireoide, a glândula pituitária e o fígado.

**POSIÇÃO** Segure-a ou use-a para gradeamento (*ver* páginas 28-31) ou posicione-a como for mais apropriado. (*Ver também* Quartzo azul com Lazulita, página 231.)

# JADE LEMURIANO

*Meia-noite (polida)*  *Sombra (polida)*

| | |
|---|---|
| **COR** | Verde-azul acinzentado (Sombra) e preto (Meia-noite) |
| **APARÊNCIA** | Pedra densa e manchada, com pintas douradas |
| **RARIDADE** | Rara |
| **ORIGEM** | Peru (apenas uma mina) |

**ATRIBUTOS** Esta poderosa pedra encontra-se no limiar entre dois mundos. Se você trabalha na interface entre o corpo e a consciência superior, ou entre duas pessoas, o Jade Lemuriano ajuda você a manter fronteiras fortes enquanto compreende intuitivamente o que está ocorrendo do outro lado. Segure esta pedra durante o trabalho xamânico para aprofundar a conexão com a Mãe Terra, com aliados poderosos e com a natureza em estado selvagem. Ela cria uma âncora xamânica* e ativa uma âncora cósmica, estabilizando o centro do seu campo energético a fim de assimilar mudanças vibracionais e ancorar mudanças na energia do planeta.

Do ponto de vista espiritual, o Jade Lemuriano ajuda você a caminhar suavemente sobre a Terra e restaura o equilíbrio entre a natureza, o planeta e a humanidade. Use-o para sintonizar as correntes telúricas*, para praticar a cura da Terra* ou para entrar em comunhão com rochas e pedras. Considerada uma pedra de iniciação, o Jade Lemuriano acompanha a pessoa falecida à sua nova morada e ajuda em qualquer transição da vida especialmente aquelas que ocorrem no nível espiritual. Contendo jade, quartzo, ferro, pirita e outros minerais, esta pedra é extremamente protetora. Com a sua capacidade de enfrentar as trevas de modo confiante, ensinando o valor e as dádivas dos lugares sombrios, sejam elas quais forem, o Jade Lemuriano é uma companhia forte nos tempos desafiadores que antecedem a volta da luz. Ele atrai para a sua vida qualquer pessoa do passado com quem você tenha questões inacabadas ou que esteja no plano anímico da sua vida presente. Quanto mais escuro o matiz desta pedra, mais ela facilita as jornadas através dos mistérios, interiores e exteriores.

Do ponto de vista psicológico, o Jade Lemuriano ajuda qualquer pessoa que tenha tido uma vida difícil no passado e cura abusos de qualquer tipo. Estabilizando as emoções, ele abre o coração e instila um sentimento de gratidão pelo que você tem, desviando a sua atenção do que lhe falta. Use-o constantemente se você sofre da síndrome do "pobre de mim", voltando a sua atenção para o que *você* pode dar aos outros, em vez do contrário. Quando ocorre essa inversão, a pedra enche a sua vida de uma alegria imensa. Sintonizado com o princípio feminino divino, o Jade Lemuriano ajuda que a energia se manifeste tanto nos homens quanto nas mulheres, suscitando a integração interior e levando-o a ver a vida de um modo mais amplo, independentemente de ser homem ou mulher.

**CURA** Apoia você durante o processo de recuperação ou o tratamento de doenças crônicas que afetam o sistema imunológico. Revitaliza e fortalece o sistema imunológico e o coração.

**POSIÇÃO** Segure-o ou posicione-o como for mais apropriado. Coloque-o sobre o chakra da Terra.

**NOTA** O Jade Lemuriano tem uma energia similar à do cristal Ouro do Curador, originário do Arizona.

# SERPENTINA PELE DE LEOPARDO

*Polida*

| COR | Verde, cinza e preto |
|---|---|
| APARÊNCIA | Pedra opaca com marcações semelhantes à pele de leopardo |
| RARIDADE | Rara |
| ORIGEM | Grã-Bretanha, Noruega, Rússia, Zimbábue, Itália, Estados Unidos, Suíça, Canadá |

**ATRIBUTOS** A Serpentina Pele de Leopardo, uma pedra tátil, é muito mais sensível à conexão mental ou ao toque do que à proximidade com a pele. Com a sua poderosa energia de ancoramento*, esta pedra xamânica mantém você aterrado enquanto faz viagens astrais* aos mundos inferiores. Ela também facilita o transe e a meditação profunda, abrindo um canal direto para a orientação espiritual.

Pertencente à direção oeste da roda medicinal (*ver* páginas 368-375), esta pedra xamânica acessa a energia do leopardo e facilita a mudança de forma quando necessário ou a viagem com este animal e com o jaguar, como animais de poder ou de cura. Do ponto de vista cármico*, a Serpentina Pele de Leopardo ajuda você a reivindicar o seu poder, especialmente quando ele foi dado a outra pessoa, roubado ou mal utilizado em vidas prévias ou em outras dimensões.

Do ponto de vista psicológico, a Serpentina Pele de Leopardo oferece vislumbres intuitivos sobre a razão por que você tem a vida que tem, sublinhando as escolhas e as qualidades que a sua alma possui. Ela também o ajuda a fazer qualquer ajuste que seja necessário para alinhar o seu plano anímico* com a vida presente.

Do ponto de vista ambiental, a Serpentina Pele de Leopardo instila um amor profundo pela Terra e pelos lugares selvagens. Ela ajuda você a encontrar conforto na natureza e a defender a natureza selvagem que oxigena o planeta.

**CURA** Desintoxica e equilibra a tireoide, a paratireoide e o pâncreas.

**POSIÇÃO** Segure-a ou use-a para gradeamento (*ver* páginas 28-31), ou posicione-a como for mais apropriado.

# LEPIDOCROCITA

*Formação natural em quartzo*

| COR | Vermelho |
|---|---|
| APARÊNCIA | Cristais opacos encrostados ou inclusões avermelhadas |
| RARIDADE | Fácil de obter |
| ORIGEM | Espanha, Índia |

**ATRIBUTOS** Intensificando a sua intuição e vinculando-a à sua mente prática, a Lepidocrocita age como uma ponte entre matéria e consciência, aumentando a aplicação dos *insights* espirituais na realidade funcional. Alinhando e estimulando todos os chakras, esta pedra purifica o revestimento biomagnético*.

Do ponto de vista espiritual, a Lepidocrocita possibilita o ensino da verdade sem dogmas e a arte de observar sem fazer julgamentos. Ela fortalece a capacidade de dar poder às outras pessoas sem que você entre em disputas por poder. Dando-lhe força para assumir um compromisso a longo prazo com a sua jornada de vida, onde quer que ela a leve, esta pedra facilita o trabalho que você precisa fazer para cumprir o seu plano anímico*. A Lepidocrocita ajuda você a reconhecer os seus pontos fortes, seja qual for o nível em que isso ocorrer. Esta pedra estimula a mente e ancora o seu eu na realidade funcional do plano terreno.

Do ponto de vista mental, a Lepidocrocita dissipa a confusão e supera os pensamentos negativos, a indiferença e a disparidade, substituindo-os por amor incondicional, seja por você mesmo, pelo ambiente ou pela humanidade.

Do ponto de vista físico, esta pedra é útil para acalmar a hiperatividade, o transtorno bipolar, o transtorno do déficit de atenção/hiperatividade e outros desequilíbrios energéticos.

**CURA** Intensifica as propriedades de cura de outras pedras. Dizem que esta pedra serve como moderador do apetite e faz bem ao fígado, à íris, aos órgãos reprodutivos, além de dissolver tumores e estimular a regeneração celular.

**POSIÇÃO** Segure-a, posicione-a ou use-a no gradeamento (*ver* páginas 28-31), como for mais apropriado.

(*Ver também* a Super Sete, páginas 333-334.)

*Lepidocrocita em ponta de Quartzo*

LISTA DE CRISTAIS

# TECTITA OURO DA LÍBIA

Também conhecida como Vidro da Líbia, Tectita do Deserto da Líbia

*Formação natural*

| COR | Amarelo pálido, dourado, verde-claro, branco |
|---|---|
| APARÊNCIA | "Vidro" translúcido liso ou com bolhas |
| RARIDADE | Cada vez mais fácil de obter (mas pode ser manufaturado artificialmente) |
| ORIGEM | Líbia |

**ATRIBUTOS** Acredita-se que esta pedra tenha se originado da queda de um meteorito nas terras inóspitas do deserto ocidental, que catapultou rocha derretida e areia para a estratosfera, criando uma substância vítrea. O Ouro da Líbia é eficaz para aqueles que não se sentem muito ligados à Terra ou que se sentem abandonados pelo seu planeta natal. Valorizado pelos antigos egípcios, que o usavam em peças de joalheria ritual para trazer o Deus Sol à Terra, o Ouro da Líbia era parte integrante do escaravelho, protetor do coração, que guiou Tutancâmon em sua jornada além da morte, rumo às estrelas (*ver* páginas 14-15).

Do ponto de vista espiritual, esta pedra carrega poderosa energia solar e força vital abundante, agindo como amuleto protetor para qualquer jornada – física ou metafísica – que pretenda ultrapassar as fronteiras do que é conhecido e explorar as vastidões da consciência. Ela ajuda você a viajar para o antigo Egito a fim de se conectar com a sabedoria que existia ali, e a identificar o mau uso do poder e do conhecimento. No entanto, os egípcios guardavam as suas fronteiras zelosamente e visitantes indesejáveis eram afastados com encantamentos mágicos. Se você encontrar dificuldade para viajar pela estrada do passado, presente ou futuro, peça a esta pedra para dissipar as restrições criadas em outra vida.

Do ponto de vista ambiental, o Ouro da Líbia é um conector útil entre as forças cósmicas superiores e o planeta, ancorando\* e transmutando essa energia em terra e corpo e abrindo a visão espiritual. Ele também ajuda a restabelecer o equilíbrio depois de mudanças na Terra. Pelo fato de ter surgido graças a uma força fenomenal, o Ouro da Líbia ajuda na criação de uma nova vida, manifestando a sua vontade na Terra. Ele elimina tudo o que é excessivo ou ultrapassado e é útil em cirurgias etéricas, libertando você do passado e reconectando-o com as suas raízes espirituais. Esta pedra tem efeitos poderosos, portanto esteja preparado antes de usá-la.

*Formação natural*

**CURA** Repõe energias gastas; tem poucas aplicações físicas além de ressoar com os rins, a bexiga e a vesícula biliar, e amenizar diarreias comuns a viajantes.

**POSIÇÃO** Posicione-a ou use-a como for mais apropriado. Para viagens astrais\*, posicione-a sobre o chakra das vidas passadas ou do soma. Para acessar informações ou estimular visões, coloque-a sobre o terceiro olho.

LISTA DE CRISTAIS

# LIMONITA

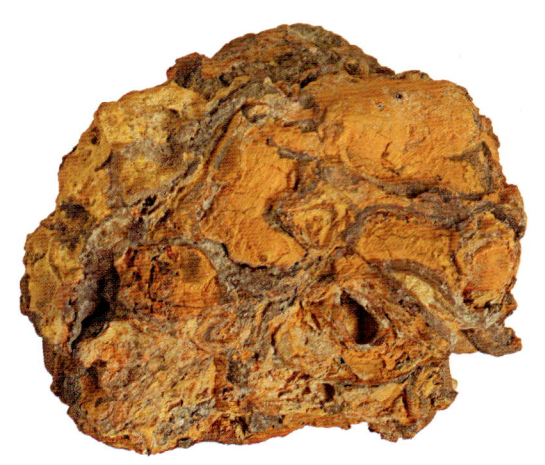

*Bruta*

| | |
|---:|:---|
| **COR** | Amarelo |
| **APARÊNCIA** | Massa densa vítrea, metálica ou opaca, oclusa ou enferrujada |
| **RARIDADE** | Fácil de obter |
| **ORIGEM** | Brasil, França, Alemanha, Luxemburgo, Itália, Rússia, Cuba, Zaire, Índia, Namíbia, Estados Unidos |

**ATRIBUTOS** Ressoando com os chakras da Terra, da base e do sacro, a Limonita é óxido de ferro, um mineral protetor que propicia o ancoramento*, além de estabilizar, estimular e manter a força interior, particularmente diante de situações extremas.

Do ponto de vista espiritual, a Limonita protege você contra influências mentais ou mau-olhado* e evita sobrecarga das suas capacidades psíquicas. Ela garante a proteção do seu corpo físico durante atividades metafísicas e intensifica a telepatia.

Do ponto de vista psicológico, ela é útil para tirar você da lama, seja em que sentido for. Esta pedra também faz com que você defenda os seus princípios sem que precise partir para a briga e também favorece questões na justiça. Com o apoio de outras pedras, ela propicia a cura da criança interior*.

Do ponto de vista mental, esta pedra é um poderoso facilitador intelectual, aguçando as capacidades mentais, aumentando a eficiência do raciocínio e amenizando a confusão mental. Do ponto de vista físico, a Limonita é tradicionalmente usada como tratamento contra desidratação e para o rejuvenescimento.

**CURA** Útil para purificação, icterícia, febres, problemas hepáticos e digestivos, e para combater a desidratação. Também fortalece os músculos e os ossos e aumenta a assimilação de ferro e cálcio.

**POSIÇÃO** Segure-a, posicione-a ou use-a no gradeamento (*ver* páginas 28-31). As formas oclusas da Limonita são mais fáceis de usar.

(*Ver também* o Quartzo Fantasma vermelho e amarelo, páginas 277-278.)

# MARCASSITA

*Bruta na matriz*

| COR | Amarelo esbranquiçado |
|---:|---|
| **APARÊNCIA** | Massas metálicas ou pequenos cristais |
| **RARIDADE** | Fácil de obter |
| **ORIGEM** | Estados Unidos, México, Alemanha, França |

**ATRIBUTOS** Propiciando um escudo psíquico e ancorando você no mundo do dia a dia, a Marcassita estimula capacidades* metafísicas como a clarividência e a consciência espiritual. Do ponto de vista espiritual, a Marcassita ajuda e protege aqueles que se propõem a fazer uma limpeza na casa* ou encaminhar entidades* de um local, e também aqueles que buscam incorporar a espiritualidade na sua rotina diária.

Do ponto de vista psicológico, esta pedra aumenta a objetividade, encorajando você a adotar uma perspectiva mais impessoal ao analisar a si mesmo e as outras pessoas. Ela ajuda você a fazer os ajustes necessários com mais confiança para acelerar o seu crescimento pessoal e a recorrer ao seu próprio poder, em vez de ao poder dos outros. Esta é a pedra certa para você usar caso queira que a sua luz interior brilhe. Aumentando a força de vontade, ela o ajuda a explorar com ousadia áreas pelas quais você nunca se aventurou. Do ponto de vista cármico*, ela ajuda qualquer pessoa que tenha uma sensação duradoura de que algo lhe falta no âmbito espiritual e lhe confere um sentimento de abundância verdadeira.

Do ponto de vista mental, a Marcassita é útil para pessoas com o raciocínio confuso ou fragmentado ou com pouca memória, pois ela combate a exaustão mental, aumenta a concentração e traz clareza para a sua mente.

Do ponto de vista emocional, a Marcassita combate a histeria e padrões arraigados de vitimismo e martirização, aliviando o descontrole emocional e estimulando a prosperidade emocional.

Do ponto de vista físico, a Marcassita ressoa com a energia yang. Ela equilibra as energias do corpo físico que levam a um bem-estar otimista e a níveis mais elevados de energia.

**CURA** Útil para purificar o sangue e para combater verrugas, pintas, sardas e problemas no baço.

**POSIÇÃO** Segure-a, posicione-a ou use-a no gradeamento (*ver* páginas 28-31), como for mais apropriado. Use-a no corpo para compensar o desgaste energético.

## MENALITA

*Formação natural*

| COR | Branco |
|---|---|
| APARÊNCIA | Pedras opacas e calcárias |
| RARIDADE | Rara |
| ORIGEM | Estados Unidos, África, Austrália |

**ATRIBUTOS** Ao intensificar a divinação e os prognósticos, a Menalita reconecta você com a sabedoria feminina e com o poder da sacerdotisa. Excelente pedra para celebrar ritos de passagem que marcam as transições na vida da mulher, a Menalita lembra você dos ciclos de vida recorrentes e infinitos; é particularmente útil para trabalhos de renascimento e rejuvenescimento de qualquer tipo.

Do ponto de vista espiritual, esta pedra ajuda você a ficar em paz com a ideia da morte, eliminando o medo e assegurando que você continuará vivo em outra realidade. A Menalita é uma companhia natural para a meditação e para estimular a lembrança da sua alma.

Esta pedra xamânica é usada desde o início dos tempos em viagens astrais* a outros reinos e na realização de rituais metafísicos. Muitas pedras têm a capacidade de evocar animais de poder ou antigas deusas da fertilidade e esta pedra nutriz proporciona uma ligação com a Mãe Terra, levando você de volta ao seu útero, para curar e reconectar as raízes do seu ser. De energia semelhante à da Pederneira ou da Novaculita, ela abre a parte terrena da âncora cósmica*, fixando você ao centro da Terra e solidificando o seu campo energético. Além disso, ela é uma eficiente âncora xamânica* para viagens aos mundos inferiores*. Esta pedra conecta você aos aliados de poder cuja forma lembra a dela. Segure uma Menalita na mão e invoque o seu animal de poder, antes de trabalhos ritualísticos ou antes de explorar a roda medicinal de cristais (*ver* páginas 368-375).

Do ponto de vista físico, a Menalita é benéfica para transições, particularmente aquelas que afetam o equilíbrio hormonal, como a puberdade ou a maternidade. Deixe uma Menalita embaixo do travesseiro por ocasião da menopausa e segure-a na mão durante as ondas de calor ou suores noturnos típicos dessa época.

**CURA** Benéfica para a fertilidade, a menopausa, a menstruação, a lactação e para os suores noturnos.

**POSIÇÃO** Segure-a, posicione-a ou use-a no gradeamento (*ver* páginas 28-31), como for mais apropriado.

## MERLINITA

TAMBÉM CONHECIDA COMO PSILOMELANA

*Formada*

*Polida*

| COR | Preto e branco |
|---|---|
| APARÊNCIA | Pedra translúcida ou opaca, bicolor, com marcações que lembram um enxame de mosquitos |
| RARIDADE | Fácil de obter |
| ORIGEM | Novo México (Estados Unidos) |

**ATRIBUTOS** A Merlinita traz sorte e magia para a sua vida. Esta pedra dendrítica* guarda a sabedoria dos xamãs, dos alquimistas e dos magos-sacerdotes, acessando múltiplas dimensões; ela é uma companhia útil durante viagens astrais* aos planos extrafísicos. A Merlinita favorece as práticas ou rituais mágicos xamânicos, oferecendo relances do passado e do futuro quando apropriado e propiciando bons resultados nos trabalhos espirituais. Uma combinação de Quartzo e Psilomelana, que pode opalizar e mostrar chamas incandescentes, esta pedra está sintonizada com os elementos terra, ar, fogo e água. Ela é perfeita para o centro da roda medicinal de cristais (*ver* páginas 368-375), pois simboliza a unidade dos elementos e dos mundos.

Do ponto de vista espiritual, a Merlinita, uma pedra de equilíbrio bicolor, traz harmonia, estabilizando forças complementares como as energias yin e yang, consciente e inconsciente, intelecto e intuição e as energias feminina e masculina. Esta é a pedra perfeita para fundir o divino feminino e masculino – deusa e deus –, mesclando as vibrações espirituais e terrenas e ancorando-as* no corpo e no ambiente.

Do ponto de vista psicológico, um poderoso purificador energético, a Merlinita reprograma padrões arraigados de comportamento nos esquemas etéricos* mental e emocional, promovendo mudanças profundas. Esta pedra ajuda você a processar experiências negativas, transformando-as em lições positivas.

Muito eficaz para a cura cármica*, a Merlinita acessa o passado e os Registros Akáshicos* e ajuda a reenquadrar* crenças e juramentos responsáveis por bloqueios hoje em dia.

Do ponto de vista físico, a Merlinita promove a circulação de energia e do oxigênio ao redor do corpo. Pedra que poupa energia, desacelerando processos ou os estimulando, se necessário, a Merlinita tem marcações dendríticas que ressoam com as fibras nervosas, aumentando o fluxo de energia pela coluna vertebral e pelo cérebro, ajudando a harmonizar o sistema nervoso com um influxo de vibrações* superiores.

**CURA** Apoia os sistemas respiratório, nervoso e circulatório, os intestinos e o coração.

**POSIÇÃO** Posicione-a ou use-a no gradeamento (*ver* páginas 28-31) ou no corpo como for mais apropriado.

# MOLIBDENITA

*Molibdenita no Quartzo*
*(cristais naturais na matriz)*

| COR | Prateado |
|---|---|
| APARÊNCIA | Cristal denso, metálico, oleoso ao toque |
| RARIDADE | Rara |
| ORIGEM | Estados Unidos, Inglaterra, Canadá, Suécia, Rússia, Austrália |

**ATRIBUTOS** A Molibdenita é conhecida como a pedra do sonhador. Se você precisa de um sonho revelador ou terapêutico, coloque a Molibdenita embaixo do travesseiro, depois de programá-la apropriadamente (*ver* página 358).

Do ponto de vista espiritual, esta pedra integra o eu do dia a dia com o Eu Superior*. Esta pedra poderosa ajuda os agentes de cura em seu trabalho. Dizem que ela facilita o contato intergaláctico. Do ponto de vista psicológico, a Molibdenita é um instrumento útil se você quer encontrar a sua sombra* e acessar as dádivas que ela oferece. Esta pedra encoraja você a aperfeiçoar o seu caráter sem se julgar, perdoando as suas imperfeições anteriores.

Atuando com excepcional eficácia no nível mental, a Molibdenita aguça as faculdades mentais. Fisicamente, quando mantida no seu campo energético, ela o mantém equilibrado e com as baterias continuamente carregadas, graças à sua forte carga elétrica, ajustando e reenergizando os seus corpos sutis* de energia.

A Molibdenita pode ser usada para harmonizar obturações com mercúrio, de modo que vibrem de maneira mais benéfica, e para estimular a eliminação do mercúrio tóxico do corpo.

**CURA** Benéfica em casos de dores no maxilar; fortalece os dentes e o sistema imunológico, e ajuda na circulação e na oxigenação do sangue.

**POSIÇÃO** Segure-a, posicione-a ou use-a no gradeamento (ver páginas 28-31) como for mais apropriado.

### COMBINAÇÃO DE PEDRAS

A **Molibdenita no Quartzo** traz luz para a escuridão e ajuda você a reconhecer que não está sozinho. Acessando o seu conhecimento subconsciente, ela abre a intuição e liga você ao espaço extra e interdimensional. Esta combinação protetora é benéfica para trabalhos em grupo e para harmonizar vibrações e corpos energéticos de duas ou mais pessoas. A Molibdenita no Quartzo remove com eficácia bloqueios mentais, alivia você do excesso de bagagem emocional e sela o revestimento biomagnético* depois disso. Ela é extremamente útil para revelar o significado dos sonhos.

# TOPÁZIO MÍSTICO

*Facetado*

| COR | Matizes do arco-íris, predominantemente púrpura, azul e verde |
|---|---|
| APARÊNCIA | Cristal facetado transparente e brilhante |
| RARIDADE | Rara, geralmente encontrado em peças de joalheria |
| ORIGEM | Topázio revestido artificialmente |

**ATRIBUTOS** O revestimento de óxido de titânio vaporizado (Rutilo) eleva a energia do topázio a uma vibração* extremamente alta, que permite o acesso a múltiplas dimensões. O Topázio Místico ilumina o caminho espiritual, ressaltando objetivos e dando acesso aos seus recursos interiores.

Do ponto de vista espiritual, este cristal traz à tona a confiança no universo que lhe permite "ser" em vez de "fazer". Eliminando as dúvidas e a incerteza e manifestando o seu plano anímico* da encarnação atual, esta pedra dá mais força a afirmações, manifestações e visualizações, ensinando como demonstrar a intenção do seu coração sem envolvimento emocional ou projeção mental*.

Excelente para limpeza do revestimento biomagnético* e para induzir o relaxamento, o Topázio Místico alivia a tensão em qualquer nível e acelera o desenvolvimento espiritual quando ele se torna mais cansativo. Do ponto de vista psicológico, o Topázio Místico ajuda você a descobrir as suas riquezas interiores.

Do ponto de vista mental, esta pedra ajuda você a resolver problemas, acessando a mente universal. Mostrando as influências a que você se submeteu e o conhecimento ganho durante muitas experiências de vida, o Topázio Místico tem a capacidade de ajudá-lo a ver tanto a situação como um todo quanto os menores detalhes, reconhecendo a ligação que existe entre eles.

O Topázio Místico serve como um apoio emocional eficaz, estabilizando sentimentos e tornando você receptivo ao amor que vem de cada fonte. Esta pedra reluzente realinha os meridianos* dos corpos sutis*.

**CURA** Tem um efeito melhor nos níveis sutis do ser, mas manifesta saúde em todos os níveis. Ajuda na digestão e em casos de anorexia, além de devolver o paladar, fortificar os nervos e estimular o metabolismo. Aplique na forma de essência de pedras para melhorar a pele ou a vista cansada, mas faça a essência pelo método indireto (*ver* página 361).

**POSIÇÃO** Use nas orelhas, no pescoço ou no punho.

## NATROLITA

*Cinza (varinha natural)*     *Branco luminoso (rolada)*     *Amarelo pálido (rolada)*

| | |
|---|---|
| **COR** | Branco luminoso, cinza ou amarelo pálido |
| **APARÊNCIA** | Cristal longo, levemente estriado ou pedra rolada |
| **RARIDADE** | Rara |
| **ORIGEM** | Estados Unidos, Alemanha, República Tcheca |

**ATRIBUTOS** A Natrolita prepara e ajusta o sistema nervoso para um influxo de novas vibrações, harmonizando-o com o corpo de luz*.

Do ponto de vista espiritual, a Natrolita de um tom branco luminoso pode causar uma mudança profunda e estimular alterações metafísicas que possibilitem a canalização de uma energia de alto nível para o corpo de luz e o corpo físico, e uma vida com plena percepção multidimensional, sem a venda protetora que tolda a alma desperta.

Do ponto de vista mental, esta pedra ajuda você a ver o quadro todo e a praticar o raciocínio holístico de uma mente iluminada.

**CURA** Trabalha além do nível físico do ser, mas favorece o sistema nervoso.

**POSIÇÃO** Segure-a na mão esquerda, use-a para gradeamento (*ver* páginas 28-31) e coloque-a sobre o chakra do terceiro olho ou do soma, ou entre esse chakra e o chakra da coroa.

## NETUNITA

*Cristais na matriz*

| COR | Preto |
|---|---|
| APARÊNCIA | Cristais estriados na matriz |
| RARIDADE | Rara |
| ORIGEM | Califórnia |

**ATRIBUTOS** A Netunita tem uma afinidade natural com a Lua e com o mar, aliviando a pressão ambiental embaixo d'água. Do ponto de vista espiritual, ela o ajuda a compreender os enganos, as ilusões e as decepções que você tem ou provocou nos outros, especialmente no que se refere a questões espirituais. Focando e centrando você, ela ensina como erguer o véu que tolda a realidade verdadeira. Do ponto de vista psicológico, esta pedra é um conforto em situações aparentemente intoleráveis, dissipando a raiva e o ressentimento. Além disso, ela mostra por que a sua alma escolheu passar por essas experiências e o ajuda a superar falsas crenças que bloqueiam o seu progresso.

**CURA** Atua além do nível físico do ser, mas também ameniza ataques de raiva.

**POSIÇÃO** A Netunita é uma pedra frágil, por isso é melhor deixá-la no ambiente.

# NOVACULITA

*Bruta*

| COR | Branco |
|---|---|
| APARÊNCIA | Pedra cerosa com textura delicada, lustrosa, de translúcida a opaca |
| RARIDADE | Razoavelmente fácil de achar |
| ORIGEM | Estados Unidos |

**ATRIBUTOS** Com a sua energia elevada e extremamente sutil, a Novaculita aguça o espírito e a psique. Do ponto de vista espiritual, esta pedra facilita o contato com os anjos e as viagens astrais* a outras dimensões. Abrindo o chakra da coroa e os chakras superiores, ela alinha todos eles para ancorar a energia espiritual no seu corpo. Criando um feixe de energia intenso e poderoso, ela é um instrumento incomparável para cortar amarras. A Novaculita desfaz os vínculos que prendem as pessoas umas às outras no nível etérico, eliminando-os pela raiz. Usada nos chakras, ela desfaz essas amarras nos níveis mais sutis do ser e cura o local afetado. Em qualquer nível, ela desfaz bloqueios e problemas. É extremamente eficaz quando usada com a Nuumita, para neutralizar feitiços e encantamentos antigos. Continue o tratamento usando a Tugtupita, para suscitar amor incondicional e perdão, e assim curar o passado.

Do ponto de vista psicológico, a Novaculita é útil para ajudar você a obter uma nova perspectiva, especialmente no caso de distúrbios obsessivos, quando ela traz à luz a causa subjacente. Ela facilita a descoberta da dádiva que há por trás de toda situação, não importa o quanto ela seja traumática. Uma pedra que evoca calma e placidez, a Novaculita é benéfica para aqueles que estão nas raias do desespero ou que não conseguem se livrar de alguma mania.

Do ponto de vista físico, graças à sua delicada textura, a Novaculita favorece a estrutura e a elasticidade do corpo, particularmente da pele, e do ambiente. Um ótimo condutor eletromagnético, a Novaculita é benéfica para o corpo etérico* e para eliminar indisposições* do esquema etérico*. A Novaculita realiza cirurgias etéricas nos corpos sutis* – esse procedimento deve ser feito por agentes de cura qualificados já que a pedra tem as bordas afiadas como navalha.

Do ponto de vista ambiental, a Novaculita pode desfazer bloqueios nos meridianos* da Terra e ajustar o fluxo eletromagnético.

Segundo relatos, ela desencadeia contatos interestelares e ajuda a decifrar línguas antigas. Intensificando o magnetismo pessoal, ela é útil para qualquer pessoa que trabalhe no comércio, pois propicia a harmonia entre compradores e vendedores.

**CURA** Benéfica para a memória celular*, depressão, distúrbios depressivos, verrugas, pintas, arrepios, além de tornar mais saudável a estrutura celular e a pele.

**POSIÇÃO** Segure-a, use-a em gradeamento (*ver* páginas 28-31) ou posicione-a com cuidado, pois os seus fragmentos são afiados.

(*Ver também* a Pederneira, páginas 132-133.)

## NUUMITA

*Lâmina polida*

| COR | Preto |
|---|---|
| APARÊNCIA | Pedra opaca com brilhos cintilantes |
| RARIDADE | Tornando-se cada vez mais fácil de achar |
| ORIGEM | Groenlândia, Canadá |

**ATRIBUTOS** A Nuumita é a pedra do feiticeiro, um poderoso protetor contra mau-olhado* e manipulação psíquica. Um dos mais antigos minerais sobre a Terra, ela é um instrumento energético excepcional para aqueles cujas energias evoluíram suficientemente para trabalhar com a sua intensidade; é particularmente eficaz quando lapidada em forma de varinha, para repelir energias negativas e eliminar impressões e implantes*. Incruste a Nuumita em Prata e combine-a com Tugtupita, especialmente para trabalhos rituais.

Do ponto de vista espiritual, a Nuumita ajuda você a ver além da fachada exterior, criando uma paisagem interior que possa explorar. Pedra protetora, que fortalece o escudo áurico* e combate energias negativas e feitiçarias, a Nuumita ajuda você a viajar com discrição e segurança e é a pedra perfeita para viagens* aos mundos inferiores* com o objetivo de resgatar uma alma perdida ou uma parte da sua criança interior. Ela serve de escudo para o seu carro e o protege de ladrões ou acidentes. Esta pedra intensa tem um quê de magia que deve ser usado com respeito e boas intenções para que o feitiço não vire contra o feiticeiro. Ao ativar os chakras do soma e das vidas passadas, ela abre e reintegra todos os chakras sutis, trazendo à tona uma mudança profunda na consciência.

Do ponto de vista cármico*, a Nuumita ajuda a reconhecer os contatos de vidas passadas e mostra débitos contraídos devido ao mau uso do poder, lembrando-o de não repetir os mesmos padrões. Colocada sobre a chakra do soma, esta pedra absorve miasmas cármicos dos corpos físico e emocional. Com o seu forte campo eletromagnético e capacidade de reprogramar a memória celular*, a Nuumita restaura rapidamente a energia ou o poder consumidos devido a débitos cármicos e outras causas, e elimina bloqueios, inclusive os autoimpostos.

Do ponto de vista psicológico, rompendo situações causadas por manipulações ou encantamentos do passado, a Nuumita elimina dificuldades causadas pela proteção ou pela tentativa inadequadas de orientar de outra pessoa, e dissolve padrões de comportamento defensivos gerados contra essa manipulação. Depois de neutralizar essas experiências, a Nuumita conecta você com o seu verdadeiro eu. Atingindo o núcleo do seu ser, ela reprograma os seus pensamentos e insiste para que você seja responsável pela sua própria proteção. A Nuumita ensina o respeito e a honra, exigindo o cumprimento das obrigações e promessas que sejam relevantes para a sua vida hoje e o esquecimento das demais.

Do ponto de vista físico, esta pedra alinha o revestimento biomagnético* com o corpo físico e remove qualquer implante mental de fontes extraterrestres ou mágicas nesta ou em outra vida. A Nuumita combina muito bem com a Novaculita quando se trata de desfazer maldições, imperativos de vidas passadas* e os efeitos de feitiçaria e do mau-olhado* na vida de qualquer criatura. A Novaculita concede orientação espiritual, cortando antigas amarras com gurus ou mentores do passado. A combinação é útil para cirurgias psíquicas no esquema etérico*, para neutralizar tudo o que é doentio devido a feridas,

LISTA DE CRISTAIS

*Nuumita com Tugtupita (polida, incrustada em Prata)*

traumas e atitudes do passado. Use a Nuumita para cortar e a Novaculita para irradiar energia purificadora e revitalizante, curando e selando o local afetado pela indisposição*. O acréscimo da Tugtupita evoca perdão e amor condicional. Incruste a Nuumita na Prata e combine com a Tugtupita para trabalhos rituais.

**CURA** Benéfica em casos de insônia, estresse, doenças degenerativas, regeneração dos tecidos, mal de Parkinson, dor de cabeça, regulagem de insulina e problemas nos olhos, no cérebro, nos rins e nos nervos. Ela fortalece o meridiano triplo-aquecedor.

**POSIÇÃO** Segure-a, use-a em gradeamento (*ver* páginas 28-31) ou posicione-a como for mais apropriado. Use-a no corpo constantemente para proteção contra mau-olhado ou manipulação psíquica. É particularmente eficaz se incrustada em Prata.

(*Ver também* Tugtupita com Nuumita, páginas 342-343.)

# OLIGOCRASE

TAMBÉM CONHECIDA COMO OLIGIOCRASE

*Bruta*

| COR | Branco |
|---|---|
| APARÊNCIA | Pedra com bolhas, opaca ou transparente |
| RARIDADE | Razoavelmente fácil de obter |
| ORIGEM | Noruega, Rússia, Canadá, Tanzânia, Índia, França, Estados Unidos |

**ATRIBUTOS** Pedra do Sol sem a tonalidade amarela, Pedra da Lua sem a aparência translúcida, a Oligocrase facilita o processamento das emoções de acordo com as fases da Lua, retraindo-se para o mundo dos sonhos durante a Lua nova e emergindo da escuridão durante a Lua cheia, para ajudá-lo a colocar em prática ideias e intuições.

Do ponto de vista psicológico, esta pedra rompe antigos hábitos e padrões, restaurando a confiança e a inocência, e funciona muito bem no lado noroeste da roda medicinal (*ver* páginas 368-375).

**CURA** Equilibra os fluidos dentro do corpo, favorecendo o fluxo linfático, os ossos e a recuperação de fraturas.

**POSIÇÃO** Segure-a, use-a em gradeamento (ver páginas 28-31) ou posicione-a como for mais apropriado.

## OPALA: **OPALA AZUL ANDINO**

*Azul andino (bruta)*

| COR | Azul-esverdeado |
|---|---|
| APARÊNCIA | Pedra azul opaca, levemente iridescente |
| RARIDADE | Fácil de obter |
| ORIGEM | Peru |

**ATRIBUTOS** A Opala Azul Andino promove as ações certas, em prol do bem maior. Pedra útil em viagens astrais*, ela aumenta a receptividade, induz o transe hipnótico brando, facilitando a divinação e os dons metafísicos*. Do ponto de vista espiritual, esta pedra estimula a comunicação a partir do coração enquanto harmoniza o campo biomagnético* e aumenta a conexão com as outras pessoas. Agente de cura cármica*, a Opala Azul Andino cauteriza feridas emocionais desta ou de outras vidas e estimula a serenidade interior durante situações estressantes. Lembrando da nossa necessidade de curar o planeta, esta pedra é útil para cura ambiental e para aqueles que transmutam vibrações de transformação por meio do corpo físico ou dos corpos sutis*.

**CURA** Benéfica para a memória celular*, para o tratamento da retenção de água e rigidez muscular. Também é boa para o coração, os pulmões e o timo.

**POSIÇÃO** Use-a no corpo, segure-a, use-a no gradeamento (*ver* páginas 28-31), como for mais apropriado.

## FORMAS ADICIONAIS

A **Opala do Oregon** carrega a consciência cósmica* e facilita o trânsito entre as dimensões, a exploração de vidas passadas e a cura cármica, mostrando como o que é criado numa vida afeta outra. Esta pedra traz à tona mentiras e ilusões, tanto as nossas quanto as de outras pessoas, assim os nossos autoenganos, revelando a verdade. Ela elimina antigas tristezas, traumas e decepções, substituindo-os por alegria e leveza. Ela limpa o corpo emocional da bagagem do passado e amplia a gama de emoções positivas, assegurando que você expresse a sua verdade emocional. Do ponto de vista físico, esta pedra remove o excesso de muco.

*Oregon (bruta)*

A **Girassol** (*Opala Azul*) aumenta as conexões entre os membros de um grupo de almas* e mostra em que elas são benéficas para esta vida presente. Indicando soluções para dificuldades, especialmente aquelas que não puderam ser expressas no passado, ela traz à tona as inverdades. Do ponto de vista cármico, a Girassol é útil quando as experiências de vidas passadas afetam o presente, especialmente na forma de pânico ou fobias. Esta pedra dissolve impressões do esquema etérico* e restaura a memória celular. Do ponto de vista mental, a Girassol estimula a criatividade, melhorando a comunicação. Servindo para nos confortar emocionalmente, esta pedra separa as impressões psíquicas dos nossos sentimentos ocultos. Ajudando a entender as causas profundas das indisposições*, ela fortalece as suas fronteiras e ensina como satisfazer as suas necessidades emocionais. O gradeamento* com a Girassol cria um espaço de tranquilidade no qual trabalhar e meditar. Do ponto de vista físico, ela ajuda a assimilação do ferro, a visão, a recuperação das forças, o metabolismo e o tratamento para queda de cabelo e dos nódulos linfáticos.

*Girassol (rolado)*

# TURMALINA DA PARAÍBA

*Cor-de-rosa (bruta)*  *Turquesa (facetada)*

| COR | Azul-turquesa, cor-de-rosa ou dourado |
|---|---|
| APARÊNCIA | Pedra opaca ou transparente com lâminas longas ou gema facetada |
| RARIDADE | Rara e cara (pode receber tratamento térmico) |
| ORIGEM | Brasil, Nigéria, Moçambique |

**ATRIBUTOS** Conectando-se aos anjos da verdade e da sabedoria, a Turmalina da Paraíba tem uma radiante energia do coração que ajuda a vivenciar compaixão infinita por si mesmo e pelo planeta. Ligada à chama* turquesa do ser puro e compassivo, esta pedra invoca estados elevados de consciência e estimula o serviço à humanidade. Esta pedra de vibração elevadíssima traz harmonia e luz para as situações mais tenebrosas, ajudando você a encontrar a dádiva da evolução espiritual no seu coração. Ela estimula o perdão nos níveis multidimensionais, inclusive interiores, deixando você livre do seu carma* passado. Colorida pelo cobre, a Paraíba protege contra poluentes – físicos, emocionais, mentais, espirituais ou ambientais – e é um poderoso condutor de energia.

Do ponto de vista espiritual, ela é perfeita para meditação e para entrar em sintonia com o Eu Superior*, protegendo o revestimento biomagnético, alinhando os chakras e integrando os corpos físico e de luz. A Paraíba aguça a intuição e abre a clarividência*. Do ponto de vista psicológico, ela desfaz programações antigas de autoderrota, substituindo-as pelo seu atual plano anímico*. Ajudando você a viver de acordo com as suas aspirações, esta pedra identifica onde você se desviou da verdade. A Paraíba também ajuda você a perdoar a si mesmo e as outras pessoas e a esquecer o ressentimento. Facilitando a conclusão de questões mal resolvidas, ela proporciona um fechamento em todos os níveis. Por ter afinidade com pessoas sensíveis, a Paraíba invoca a tolerância com relação aos outros, combate o criticismo e o fanatismo. Ela oferece apoio para qualquer pessoa que esteja se sentindo sobrecarregada pelos inúmeros deveres que tem sobre os ombros e estimula o seu senso de responsabilidade.

Do ponto de vista mental, ela ajuda na verbalização dos pensamentos e sentimentos. Acalma a mente e elimina pensamentos que não são seus. Purificando o chakra da garganta e facilitando a comunicação com o plano superior, ela filtra a informação que chega ao cérebro e clareia a percepção, aguça o intelecto e elimina a confusão.

Do ponto de vista emocional, esta pedra acalma o medo, ameniza as situações estressantes e ajuda você a entender estados emocionais subjacentes e a interpretar exatamente como se sente. Do ponto de vista físico, ela tem um efeito tonificante geral e é particularmente benéfica para os olhos. Acalma reações exageradas do sistema imunológico e doenças autoimunes.

**CURA** Benéfica para o tratamento de infecção de garganta, febre do feno, problemas nos olhos, no maxilar, nos dentes e no estômago, na tireoide; artrite e glândulas inchadas; purifica os órgãos, equilibra o metabolismo e regulariza a produção de hormônios.

**POSIÇÃO** Segure-a, use-a em gradeamento (*ver* páginas 28-31) ou posicione-a como for mais apropriado ou sobre os olhos.

**NOTA** A Apatita ou Fluorita que passa pelo tratamento térmico é vendida como Paraíba. A Fluorita Paraíba é uma pedra poderosa semelhante ao Topázio Místico.

LISTA DE CRISTAIS

# SELENITA PÊSSEGO

*Formada*

| COR | Pêssego |
|---:|---|
| APARÊNCIA | Pedra opaca com estrias muito finas |
| RARIDADE | Fácil de obter |
| ORIGEM | Inglaterra, Estados Unidos, México, Rússia, Áustria, Grécia, Polônia, Alemanha, França |

**ATRIBUTOS** A Selenita é luz divina cristalizada, irradiando continuamente essa luz para a sua vida e transformando o seu ambiente num espaço sagrado. Simbolizando o fogo transformador do planeta Plutão e a sabedoria terrena da sua mulher Perséfone, a Selenita Pêssego é uma pedra regeneradora que emite a luz negra do mundo subterrâneo em vez de luz branca. Ela proporciona revelações sobre os seus processos interiores e ajuda você a aceitar a sua sombra* e o seu eu oculto. É a companhia perfeita para dar um salto evolucionário rumo a uma percepção expandida de si mesmo e a uma nova vida.

Do ponto de vista espiritual, ajudando você a ter vislumbres profundos acerca dos ciclos de nascimento, morte e renascimento, esta pedra revela a sacerdotisa em toda mulher e é ideal para rituais de agradecimento à Lua na puberdade e nos nascimentos. Pedra de transformação emocional, a Selenita Pêssego é um poderoso purificador e agente de cura cármico*, que ajuda você a rever a sua vida e a se curar de traumas antigos. Expurgando questões de abandono, rejeição, alienação e traição, não importa em que tempo ocorreram, a Selenita Pêssego oferece cura, perdão e aceitação.

**CURA** Benéfica na puberdade, na menopausa e em qualquer transição.

**POSIÇÃO** Segure-a ou posicione-a como for mais apropriado.

### PEDRA ADICIONAL

A **Selenita Fantasma** dissolve qualquer coisa que tenha se sobreposto ao âmago da alma e conecta você com o seu verdadeiro eu espiritual e com o seu propósito evolucionário. Esta pedra clareia a confusão mental e espiritual e remove enredamentos cármicos – vislumbres intuitivos podem ser ancorados no corpo físico com o lado mais largo da Selenita Fantasma. A ponta elimina miasmas cármicos, retirando-os do corpo etérico* e reprogramando a memória celular*. Útil para descolar entidades* do revestimento biomagnético* ou para impedir que pensamentos externos influenciem a mente, este cristal também dissipa indisposições* emocionais que têm uma causa cármica, servindo como um símbolo do renascimento e da nova vida. Do ponto de vista físico, esta pedra é útil para a memória celular, para o alinhamento da coluna vertebral e para a flexibilidade das articulações.

*Selenita Fantasma
(ponta natural)*

LISTA DE CRISTAIS

O cristal **Rosa do Deserto** disfarça a sua luz enquanto você está viajando e facilita encontros secretos. Caso você esteja seguindo um programa* negativo ou sistema de crenças autoimposto, do ponto de vista psicológico, o Rosa do Deserto o liberta. A meditação com esta pedra transmuta conflitos antigos em amor. Ensinando a arte de dar e receber amor, o Rosa do Deserto controla explosões emocionais. Um agente de cura eficaz para a Terra e locais onde a energia da Terra foi perturbada, o Rosa do Deserto conecta-se com a proteção da Mãe Terra. Do ponto de vista físico, ele fortalece o tecido conjuntivo e os ossos.

*Rosa do Deserto (formação natural)*

### O PORTAL SEM VOLTA

Usar uma varinha de Selenita como base, com uma cruz em X sobre ela, feita com uma ponta comprida de Quartzo Clorita (como um Quartzo Xamã ou Fantasma Verde) e uma varinha de Estibnita na extremidade superior, cria um portal sem volta que ajuda almas e entidades* perdidas a deixar o plano terrestre e a evitar que elas retornem ou se colem novamente à aura. A Selenita cria um raio de luz, a Clorita limpa a energia e a Estibnita fecha e guarda o portal. Esse portal é muito eficaz quando posicionado sobre os chakras superiores da coroa. Limpe os cristais depois dos trabalhos com um especialista em purificação no nível etérico e lave as mãos depois de manipular a Estibnita, pois ela é tóxica.

# DOLOMITA ESPATO PÉROLA

*Formação natural*

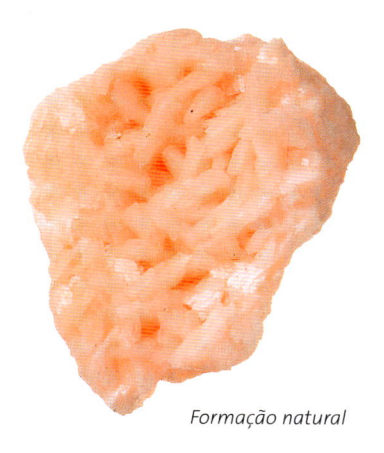

| | |
|---:|:---|
| **COR** | Cor-de-rosa pálido |
| **APARÊNCIA** | Lâminas na matriz |
| **RARIDADE** | Fácil de obter |
| **ORIGEM** | Espanha, Índia, Itália, Grã-Bretanha, Suiça, Namíbia |

**ATRIBUTOS** Considerada a pedra da concórdia, a Dolomita Espato Pérola ensina que a espiritualidade é uma questão de equilíbrio interior, pragmatismo e expressão na realidade funcional da vida diária e não algo vivenciado "lá fora" em outra dimensão. Ela ajuda a ancorar* a percepção de que você é um ser espiritual que passa por uma jornada humana e auxilia a tornar a encarnação mais "confortável", amando o seu corpo físico.

Do ponto de vista psicológico, esta pedra serena ajuda a superar sentimentos de solidão, ensina o valor da contemplação solitária e da concórdia. Ela guarda contra pesadelos, especialmente em crianças. Dissolvendo padrões antigos e comportamentos negativos, ela encoraja que você dê uma resposta espontânea à vida, em vez de reagir como se tivesse aprendido a apenas obedecer a ordens.

Do ponto de vista mental, estimulando a clareza e o pensamento estruturado, a Dolomita Espato Pérola diminui o ritmo frenético da mente.

Do ponto de vista emocional, esta pedra alivia a mágoa e as emoções negativas como a raiva ou o ressentimento, criando um centro de calma. Também ameniza ataques de mau humor nas crianças ou em adultos.

Do ponto de vista físico, esta pedra é um desintoxicante útil que estabiliza a hiperatividade. Do ponto de vista ambiental, a Dolomita Espato Pérola intensifica e harmoniza o efeito das combinações de cristais e os gradeamentos*.

**CURA** Favorece os sistemas muscular, esquelético e reprodutivo, as unhas, a pele e o metabolismo; ajuda a perda de peso e regulariza o apetite.

**POSIÇÃO** Segure-a, use-a em gradeamento (*ver* páginas 28-31) ou posicione-a como for mais apropriado.

## PEDRA AZUL DE PRESELI

*Polida*  *Bruta*

| COR | Cinza azulado, verde-azul |
|---|---|
| APARÊNCIA | Manchada e mosqueada, com aparência de granito, lustrosa quando polida |
| RARIDADE | Encontrada num único local |
| ORIGEM | Montanhas Preseli (País de Gales) |

**ATRIBUTOS** A Pedra Azul de Preseli é uma antiga pedra dos sonhos e das memórias distantes, que forma o anel interno de Stonehenge no condado rural de Wiltshire, na Inglaterra, e que é capaz de sair do espaço e do tempo para acessar múltiplas dimensões. Com a sua poderosa carga eletromagnética telúrica, a Pedra Azul de Preseli abre a âncora cósmica* e a prende no centro da Terra, criando um elo interior inquebrantável que estabiliza você durante as mudanças pelas quais passa o planeta. Ela então alinha a sua energia com o centro da galáxia*, de modo que você fique suspenso entre a Terra e o espaço sideral, e permita que ondas de energia atravessem o seu corpo e sigam em direção à Terra, no

LISTA DE CRISTAIS

centro planetário. Ela também serve como uma âncora xamânica* tanto nas viagens astrais* aos mundos inferiores quanto aos superiores.

Uma pedra britânica incomparável, a Pedra Azul de Preseli está ligada à energia de Merlin e ao xamã que existe em cada um de nós. Com uma forte conexão com a Mãe Terra, ela avisa que qualquer pessoa que viole a Terra viola a si própria. Combinada com Calcário ou com a Pederneira, a Pedra Azul serve como uma bateria – gerando, aterrando e ancorando energia e poder espiritual, e intensificando a capacidade psíquica e os dons metafísicos*. Considerada visionária para a exploração de vidas passadas, a Pedra Azul ajuda a revelar a sua herança celta e liga você com o conhecimento egípcio profundamente armazenado nesta pedra. Nos chakras do soma ou das vidas passadas, ela é particularmente útil para o resgate da alma* e do poder, pois faz com que você possa voltar ao passado sem sequer perceber. A pedra perfeita dos sonhos, ela traz respostas rapidamente e ajuda você a acessar e integrar a informação espiritual.

Quando se trata da Pedra Azul, o tamanho faz diferença: pedras pequenas são excessivamente intensas e pedras maiores podem causar uma superestimulação caso não sejam retiradas do quarto à noite. Esta pedra é direcional: se você sentir dor ou pressão na cabeça, volte o rosto em outra direção quando trabalhar com a Pedra Azul ou volte a pedra para outra direção. Ela pode desorientar a sua bússola interior ou espiritual. Essa qualidade direcional significa que ela canaliza as forças magnéticas da Terra e facilita o fluxo das correntes telúricas* ou a cura da grade do planeta. Esta pedra liga todos os círculos monolíticos das Ilhas Britânicas numa enorme espiral de energia e os liga a outros centros de poder ao redor do planeta. Ela mostra os padrões geométricos de energia codificados no interior dos círculos e noutros lugares sagrados, facilitando a recomposição daqueles em que as energias foram violadas ou interrompidas, seja deliberada ou acidentalmente. Se o poder de um local sagrado foi diminuído por ter sido usado com propósitos impróprios, a Pedra Azul rompe a conexão e protege a energia do lugar.

Do ponto de vista psicológico, a Pedra Azul intensifica a força de vontade e a coragem, além de dar força, possibilitando que você suporte grandes golpes com equanimidade – e compreenda as lições e dádivas que eles proporcionam. Esta pedra é um intensificador de energia que também dá proteção em todos os níveis. Ela liga os chakras do coração, do timo e da garganta, facilitando a expressão da verdade. Do ponto de vista mental a Pedra Azul propicia a concentração e o foco, varrendo da mente todas as trivialidades e criando um espaço para que o conhecimento venha à tona intuitivamente.

Do ponto de vista emocional, a Pedra Azul é um estabilizador, que ajuda a eliminar antigas amarras e sentimentos por trás delas, de modo que você possa viver calmamente no momento presente.

A Pedra Azul é uma pedra intensamente física, que envolve todos os sentidos, equilibra a energia e, o que não surpreende, é um bom instrumento da cinesiologia e da psicometria. Ela tem uma forte ligação com as ervas e com a fitoterapia, especialmente com plantas que crescem em regiões montanhosas. Esta pedra pode ter efeitos opostos: sedar em caso de excessos e revitalizar em casos de esgotamento das energias. A Pedra Azul aumenta a capacidade de sentir fisicamente linhas de energia ou as vibrações dos cristais, ou de entrar em sintonia com energias sutis do corpo humano, como as dos pontos de acupuntura. Se caminhar em meio à natureza carregando uma Pedra Azul, você fica "antenado" com tudo o que está acontecendo ao redor, mas sem se apegar a nada. Esta poderosa pedra ajuda você a "aproveitar o momento".

**CURA** A Pedra Azul tem um efeito benéfico sobre a garganta e o sistema imunológico, equilibrando as energias do corpo.

**POSIÇÃO** Coloque-a sobre os chakras do soma ou das vidas passadas (altamaior) para lembrar de sonhos ou de memórias distantes quando isso for apropriado para a cura. Coloque-a embaixo do travesseiro para ter sonhos significativos. Se tiver dor de cabeça, mude a direção da pedra ou remova-a do local.

**NOTA** É mais fácil adquirir a Pedra Azul de fornecedores que trabalham com crostas naturais de minerais em estado bruto. Algumas pedras são mais direcionais do que outras.

LISTA DE CRISTAIS

# PEDRA-POMES

*Formação natural com desgaste provocado pela água*

| COR | Cinza-claro ou bege |
|---|---|
| APARÊNCIA | Leve, com orifícios como se provenientes do estouro de bolhas |
| RARIDADE | Fácil de obter |
| ORIGEM | Mundo todo |

**ATRIBUTOS** Embora não seja considerada um cristal pela maioria das pessoas, a Pedra-pomes cura e absorve intensamente a energia negativa. Colocada sobre o timo, ela alivia dores antigas acumuladas no coração ou no íntimo, e cura feridas emocionais arraigadas, reprogramando a memória celular* emocional.

Do ponto de vista psicológico, esta pedra elimina camadas sufocantes de culpa, ressentimento e outras energias negativas que derivam de carmas* passados ou lhe foram impostos na vida presente, especialmente na infância. Ela também é útil quando você sofre de um senso debilitante de inadequação, não importa o quanto você o tenha escondido de si mesmo. Como uma serpente trocando de pele, livre-se dessas camadas trabalhando todo o seu revestimento biomagnético* com esta pedra e então sele esse escudo com a Selenita ou o Quartzo.

Do ponto de vista psicológico, a Pedra-pomes é particularmente útil para pessoas rudes, que criaram uma defesa contra a dor que carregam, mas que são extremamente vulneráveis sob a carapaça que erigiram. Esta pedra suavemente ajuda essas pessoas a se livrar das barreiras protetoras e a aceitar a própria vulnerabilidade, robustecendo a sua confiança e espírito de aceitação. Ela também as ajuda a deixar que as outras pessoas se aproximem, estimulando a intimidade de todos os tipos.

Do ponto de vista físico, esta pedra ajuda na liberação de toxinas, especialmente durante a hidroterapia do cólon; depois do tratamento, segurar uma Pedra-pomes elimina energias negativas do terapeuta.

**CURA** Ajuda a hidroterapia do cólon, a desintoxicação e a memória celular, e ameniza a síndrome do intestino irritável.

**POSIÇÃO** Segure-a, posicione-a ou use no gradeamento (ver páginas 28-31) como for mais apropriado. Deixe-a no cômodo reservado para a cura ou a terapia e limpe-a com frequência com água salgada.

# PURPURITA

*Bruta*

| COR | Roxo |
|---|---|
| APARÊNCIA | Pedra opaca metálica com bandas e veios brilhantes |
| RARIDADE | Fácil de obter |
| ORIGEM | Namíbia, Austrália ocidental, Estados Unidos, França |

**ATRIBUTOS** Pedra extremamente eficaz para proteção psíquica, a Purpurita estimula a iluminação. Do ponto de vista espiritual, ela abre os chakras da coroa superiores e os liga ao da base, estimulando a evolução sem impedimentos, ancorando* a mudança energética resultante na realidade funcional.

Excelente para falar em público, a Purpurita confere clareza, foco e confiança nos seus pensamentos e no seu poder de comunicação. Ela evita interferências na transmissão dos seus pontos de vista. Do ponto de vista psicológico, a Purpurita rompe velhos hábitos ou atitudes que o mantêm preso ao passado e o levam ao desespero. Do ponto de vista mental, esta pedra aumenta o estado de alerta e a receptividade com relação à orientação espiritual e a novas ideias.

Do ponto de vista físico, a Purpurita, sendo considerada uma pedra para o rejuvenescimento, energiza o corpo físico e o corpo mental, eliminando o cansaço e o desânimo em qualquer nível.

Do ponto de vista ambiental, esta pedra facilita a venda de casas quando ela está sendo prejudicada por interferências ambientais ou de pessoas, particularmente quando essa venda trouxe à tona conflitos do passado. Cortando os laços com grupos, ela facilita avanços. Também dispersa energias negativas dos ambientes, eliminando maldições, mau-olhado* e interferências psíquicas, imprimindo energia positiva. Esta pedra é benéfica em qualquer tipo de venda, por isso programe-a (*ver* página 358) para encontrar um comprador rapidamente.

**CURA** Útil para amenizar a exaustão, aumentar a resistência e favorecer o rejuvenescimento; beneficia a memória celular*, o sistema cardiotorácico, o fluxo sanguíneo e a purificação do sangue, além de ajudar no tratamento de contusões, hemorragias e pústulas, e estabilizar a pulsação.

**POSIÇÃO** Segure-a, posicione-a ou use no gradeamento (*ver* páginas 28-31) como for mais apropriado. Posicione-a entre você e a fonte do ataque psíquico* ou da influência indesejável.

# PIROFILITA

*Bruta*

| COR | Cor-de-rosa |
|---|---|
| APARÊNCIA | Cristais em forma de leque na matriz |
| RARIDADE | Fácil de obter |
| ORIGEM | Estados Unidos, Canadá, Rússia, Austrália |

**ATRIBUTOS** A Pirofilita estimula a autonomia psicológica e ajuda você caso as suas fronteiras pessoais estejam fracas, muito indefinidas ou tenham brechas. Se você é muito influenciável ou não consegue definir muito bem os limites entre você e as outras pessoas, coloque esta pedra sobre o plexo solar para reforçar as suas fronteiras e lhe mostrar como dizer não.

Do ponto de vista espiritual, esta pedra renegocia promessas, contratos anímicos ou obrigações que mantêm você preso a outra pessoa, seja nesta ou em outra vida em outra dimensão.

**CURA** Ajuda na digestão, em casos de azia, acidez e diarreia.

**POSIÇÃO** Como a Pirofilita é uma pedra delicada, não se pode usá-la no corpo.

# QUANTUM QUATTRO

*Rolado*

| COR | Uma mescla de turquesa azul e verde |
|---|---|
| APARÊNCIA | Pedra opaca manchada |
| RARIDADE | Fácil de obter na forma rolada |
| ORIGEM | Namíbia |

**ATRIBUTOS** Uma combinação de Shattuckita, Dioptásio, Malaquita e Crisocola no Quartzo Enfumaçado, o Quantum Quattro evita crises de saúde* ou catarses eliminando suavemente energias negativas. Considerado uma pedra de transformação, ele tem um efeito profundo sobre o campo energético, fortalecendo o sistema imunológico e o DNA, e ativando a cura das doze fitas do DNA. Ancorando* energias espirituais no planeta e permitindo que as informações passem livremente por todos os níveis do ser, esta é uma importante pedra de proteção, que absorve energias negativas e poluentes.

Do ponto de vista espiritual, o Quantum Quattro clareia a visão psíquica e protege durante a canalização*, garantindo que a entidade* não tome posse do corpo físico. Alinhada com a mudança vibracional que ocorrerá em 2012, esta pedra, quando usada com intenção e sinceridade, pode criar um mundo melhor. Medite com ela e visualize claramente as mudanças positivas que você gostaria de fazer para diminuir as expectativas negativas que predominam entre as pessoas. A combinação simboliza a inteireza e a paz.

Do ponto de vista ambiental ou físico, esta pedra restaura suavemente o equilíbrio. Se uma pedra é colocada no terceiro olho e outra no plexo solar, a mente, o corpo e as emoções são equilibrados.

Do ponto de vista psicológico, o Quantum Quattro é particularmente eficaz na cura dos efeitos da dor emocional – no passado ou no presente – e alivia o sofrimento armazenado no corpo físico causado por um rompimento amoroso. Ele traz à tona sentimentos profundos e causas psicossomáticas, rompe amarras indesejáveis e padrões obsoletos, e ensina como assumir a responsabilidade pelas próprias ações, pensamentos e sentimentos. Esta pedra neutraliza comandos hipnóticos* e ordens contra o uso da visão psíquica, eliminando maldições de vidas passadas e comandos para se manter sigilo. Fortalecendo uma atitude positiva com relação à vida e instilando a capacidade de fazer uso dos próprios recursos, o Quantum Quattro é especialmente útil quando você não consegue decidir o que vai fazer a seguir, pois ele indica uma direção. Com um forte efeito mental purificador e desintoxicante, esta pedra ameniza a necessidade de controlar os outros.

Do ponto de vista emocional, o Quantum Quattro é um agente de cura potente para o coração e tem a capacidade de ativar o chakra do coração superior. Absorvendo emoções negativas como a culpa do chakra do plexo solar, esta pedra reverte a programação emocional destrutiva. Servindo como uma ponte para a cura emocional, especialmente para a criança interior*, cicatrizando feridas emocionais supuradas e mágoas esquecidas, dissipando a dor e o sentimento de traição, ela é extremamente eficaz para curar a dor do abandono. Esta pedra ensina que a dificuldade no relacionamento é um reflexo de uma separação interior do próprio eu. Refazendo essa ligação e atraindo o amor em todos os níveis, o Quantum Quattro ajuda a curar o buraco emocional provocado pela falta de amor. Esta pedra elimina ideias acerca de como o amor deve ser e evoca uma nova vibração de amor. É benéfica para relacionamentos que se tornaram empedernidos, estabilizando e curando as relações pessoais e domésticas.

Esta pedra calmante e reconfortante ajuda você a aceitar com serenidade as situações que estão em constante mudança, invocando uma grande força interior. O Quantum Quattro intensifica o poder pessoal e inspira criatividade, incentivando a preocupação com o meio ambiente e soluções para os problemas ecológicos. Ajudando na eliminação e desintoxicação em todos os níveis, ela atrai uma vibração positiva que invade o ambiente. Esta pedra ajuda você a deixar para trás qualquer coisa que não sirva mais ao seu propósito. Ela protege o chakra da Terra abaixo dos seus pés e o seu cordão de aterramento, quando você está numa área cuja energia telúrica passa por perturbações. Aliviando a ambivalência com relação ao fato de estar encarnado, esta pedra ajuda você a aceitar o corpo físico e a sua natureza sexual.

*Rolado*

O Quantum Quattro é eficiente para romper o ciclo de codependência cármica* que ocorre nos relacionamentos obsessivos ou em que os parceiros têm um apego doentio um pelo outro. Ele ajuda parceiros ou responsáveis a perceber que não podem fazer nada pelo viciado ou pelo parceiro se este não quiser, nem controlar o seu comportamento. Esta pedra os ajuda a testemunhar a situação com serenidade enquanto a outra alma segue o seu caminho, mas também indica quando a intervenção seria positiva.

**CURA** Um exímio agente de cura; leva o corpo suavemente de volta ao equilíbrio e age como um fortificante. O Quantum Quattro é benéfico para as estruturas intercelulares; ameniza os distúrbios celulares; melhora a oxigenação do sangue; favorece os pulmões, o pâncreas, a insulina e a tireoide, o metabolismo, as células T e o timo; ajuda no tratamento da labirintite, da pressão alta, da dor, da enxaqueca, da fadiga e do choque. Alivia a náusea e faz bem ao fígado, aos rins e ao trato digestivo; alivia a tensão pré-menstrual; e ajuda a combater vícios e o estresse. Benéfico no tratamento da artrite e de úlceras, no trabalho de fortalecimento dos músculos e para aliviar cãibras, infecções e miasmas*.

**POSIÇÃO** Segure-o ou use em gradeamento (*ver* páginas 28-31) ao redor da cama, de uma maca ou onde for mais apropriado. Use como essência para dores de cabeça, queimaduras e dores (*ver* página 361)

# QUARTZO COM AJOÍTA

*Quartzo com Ajoíta
e Papagoíta
(ponta natural)*

| COR | Verde-mar |
|---|---|
| APARÊNCIA | Fantasma translúcido ou com sinal colorido |
| RARIDADE | Extremamente rara |
| ORIGEM | África do Sul, Estados Unidos |

**ATRIBUTOS** Um cristal raro, com uma vibração* extremamente elevada, em sintonia com a chama* turquesa do ser puro e compassivo, a Ajoíta envolve a alma com amor universal. Ela leva você aos reinos angelicais enquanto mantém o seu contato com a Mãe Terra.

Do ponto de vista espiritual, se as suas vibrações estiverem em harmonia com esta pedra, ela pode causar uma profunda transformação, ajudando no reconhecimento da realidade multidimensional do seu ser. Eliminando feridas cármicas* ou implantes* do seu corpo, independentemente do nível ou da época em que se originaram, esta pedra cura suavemente o espaço resultante com amor incondicional e reenquadra* a memória celular*.

Do ponto de vista psicológico, a Ajoíta resolve conflitos por meio do perdão e da compaixão por si mesmo e pelos outros. Se você costuma carregar nos ombros fardos que não lhe pertencem ou costuma se desvalorizar, a Ajoíta elimina esses padrões.

Purificando o corpo emocional, instilando paz infinita e criando calma ambiental, esta pedra transmuta suavemente emoções tóxicas e antigas dores, substituindo-as por perdão e compaixão. Sobre o ímo, a Ajoíta dissipa o estresse, harmonizando o esquema etérico* com o corpo físico, e sintoniza o corpo com a saúde perfeita.

**CURA** Benéfica para a memória celular e para as estruturas celulares.

**POSIÇÃO** Segure-a ou posicione-a como for mais apropriado.

### COMBINAÇÕES ADICIONAIS

A **Ajoíta com Papagoíta** alcança sem dificuldades as dimensões interestelares e a enormidade do seu ser divino. O mais raro dos minerais, a Papagoíta irradia compaixão infinita e facilita o retorno para a unidade e graça anímicas originais. Transmutando a tristeza e ensinando que o "pecado" é apenas a separação do divino, a Ajoíta com Papagoíta instila profunda serenidade.

*Quartzo com Ajoíta e Papagoíta (bruto)*

A **Ajoíta com Shattuckita** protege contra neblina eletromagnética* e ataques psíquicos*. Ela o ajuda a manter aberta a sua espiritualidade, não importa o quanto seja negativo o ambiente em que você está ou os pensamentos que o circundam. O uso desta pedra próximo ao corpo cerca você de uma paz profunda, centrando-o no seu Eu. Na cura cármica, ela alivia a necessidade de reparação e liberta a alma. Ensinando a diferença entre expiação e reconciliação consigo próprio, esta pedra oferece total perdão e possibilita o resgate do carma*. Um excelente condutor de energia, este cristal ajuda no tratamento de obstruções intestinais e constipação, ajuda a fortalecer a memória celular e alivia doenças causadas por estresse.

*Ajoíta com Shattuckita (bruta)*

## QUARTZO: **HERKIMER AMETISTA**

*Ametista (cristal sobre a matriz)*

| COR | Roxo-lilás |
|---|---|
| APARÊNCIA | Terminação dupla com inclusões |
| RARIDADE | Rara |
| ORIGEM | Estados Unidos, Himalaia, China |

**ATRIBUTOS** O Herkimer Ametista está em sintonia com a chama* violeta da transmutação e abre as conexões espirituais superiores. Do ponto de vista espiritual, por ajustar o terceiro olho, esta pedra serve como um poderoso instrumento metafísico que facilita o resgate da alma* de vidas passadas, integrando partes discrepantes do eu e induzindo a uma profunda cura espiritual. Alinhando a alma encarnada com almas de outras dimensões, ela reintegra a alma, tornando-a um veículo para o puro espírito. Usada com sabedoria por almas evoluídas, o Herkimer Ametista pode levar à iluminação. Ele cria um potente escudo anímico nas viagens astrais* ou na meditação, e purifica a energia depois do trabalho espiritual ou de cura.

Do ponto de vista psicológico, o Herkimer Ametista facilita a criatividade e a sintonia com a mente superior, eliminando obsessões e padrões de comportamento arraigados. Do ponto de vista emocional, esta pedra é perfeita para você programar (ver página 358) a atração da sua chama gêmea* e de companhias anímicas.

**CURA** Atua além do nível físico do ser para curar a alma.

**POSIÇÃO** Coloque-o no coração ou no chakra do coração superior, ou como for mais apropriado.

### CORES ADICIONAIS

O **Herkimer "Citrino"** (amarelo) transmuta a consciência* de pobreza, removendo programas e crenças arraigados que mantêm você na pobreza, independentemente de onde vieram, abrindo caminho para a abundância e aumentando a motivação. Cristal com poderosa propriedade de purificação e regeneração, o Herkimer "Citrino" é eficaz para intensificar as energias telúricas e estimular o uso ético dos recursos do planeta. Poderoso protetor do revestimento biomagnético*, dos corpos sutis* e dos chakras, este cristal realinha a memória celular* e conecta o plexo solar e o coração, trazendo amor incondicional a todas as emoções. O gradeamento* com o Herkimer "Citrino" estimula a energia criativa e aumenta a fertilidade.

*"Citrino" (formação natural)*

O **Herkimer "Enfumaçado"** (cinza/marrom) alinha os chakras da Terra e da base, ancorando a realidade espiritual. Útil para limpeza e desintoxicação psíquicas, ele protege contra a poluição eletromagnética ou geopática e elimina os seus efeitos dos corpos sutis, criando um escudo protetor para o corpo ou, quando usado em gradeamento, para o ambiente. Em conjunto com o resgate do carma, esta pedra é uma excelente companhia depois da morte e além.

*"Enfumaçado" (formação natural)*

LISTA DE CRISTAIS

*Enidro Dourado de Herkimer (formação natural)*

O **Herkimer Enidro Dourado** contém inclusões líquidas em forma de bolhas datadas de milhões de anos, e está ligado ao Tudo o Que É*, possibilitando a cura e a transmutação emocional profunda. Em sintonia com a chama dourada da mente iluminada, o Herkimer Enidro Dourado se conecta diretamente com a sabedoria perene do Himalaia. Esta pedra extremamente energizada alinha os chakras do plexo solar, do terceiro olho, da coroa e da coroa superior com a estrela da alma. Instrumento útil para o desenvolvimento de dons psíquicos, esta pedra elimina implantes* e remove restrições impostas à visão espiritual nesta ou em qualquer outra vida.

Poderoso agente de cura para o plexo solar e para perturbações emocionais cármicas*, o Herkimer Enidro Dourado purifica o corpo emocional, criando bem-estar. Naqueles que trocaram de sexo entre as encarnações, esta pedra elimina a confusão ou ambivalência provocada por essa troca.

O **Herkimer Azul com Boulangerita** da Romênia tem uma energia suave que enche o coração de alegria e confere um profundo sentimento de bem-estar. Esta pedra abomina a estagnação e o empurra para a frente, na direção do que você pode ser e num ritmo que pode acompanhar. Ela é útil para a circulação da energia no corpo, particularmente no interior de partes menos flexíveis, descristalizando bloqueios. Alinhando e energizando todo o sistema de chakras, esta pedra pode estimular o terceiro olho quando ele foi obrigado a se manter fechado durante as vidas passadas. Abrindo um novo senso de visão, esta pedra transporta você para um tranquilo espaço interior de contemplação e conhecimento intuitivo da alma.

*Herkimer Azul com Boulangerita (formação natural)*

## QUARTZO: **QUARTZO ANFÍBOLA**

TAMBÉM CONHECIDO COMO QUARTZO FANTASMA ANJO

*Ponta natural*

| COR | Transparente com inclusões brancas, amarelas, vermelhas e pêssego |
|---|---|
| APARÊNCIA | Fantasmas, camadas e "asas" dentro de um quartzo transparente ou opaco |
| RARIDADE | Raro |
| ORIGEM | Brasil |

**ATRIBUTOS** Também conhecido como Fantasma Anjo por causa das asas internas e da vibração angélica, o Quartzo Anfíbola proporciona uma ligação com o mais elevado nível da experiência espiritual, evocando o seu anjo da guarda e seres superiores, e provocando uma profunda alegria interior. Este cristal tem uma energia extremamente suave e tranquilizante.

Do ponto de vista espiritual, colocar o Quartzo Anfíbola sobre o chakra da coroa ativa todos os chakras da coroa superiores, criando uma escada pela qual a sua percepção pode chegar ao seu Eu Superior* e, indo mais além da escala vibracional, atinge a mais elevada orientação espiritual.

Colocando esta pedra sobre o terceiro olho para ficar mais introspectivo e intuitivo, ela sintoniza a sabedoria da mente universal, possibilitando uma perspectiva mais desapegada na vida e na evolução. Contemplando as suas profundezas, você penetra num espaço de profundo amor universal e é auxiliado em todas as suas ações para que sempre tome decisões com base no amor.

Os fantasmas e as inclusões* dentro do Quartzo Anfíbola podem incluir a Hematita vermelha, uma pedra profundamente estável que protege, ancora e dissipa a negatividade; a Caolinita branca, que abre o ouvido interior; e a Limonita amarelo-pêssego, que estimula e protege contra ataques psíquicos* ou influência mental, fazendo dessa pedra uma companhia útil em viagens astrais* espirituais. Os fantasmas simbolizam as numerosas vidas da alma e levam você a viajar pelas muitas dimensões. Eles rompem padrões ultrapassados e ajudam você a se reconectar com a sabedoria antiga guardada na memória da sua alma.

Do ponto de vista ambiental, dizem que o Anfíbola é a pedra perfeita para o local de trabalho, pois ela muda sutilmente as energias do ambiente para o nível mais alto possível e evoca cooperação e harmonia. A disposição de três Anfíbolas num triângulo facilita a meditação e um espaço criativo.

**CURA** Atua melhor no nível não físico do ser.

**POSIÇÃO** Segure-o, use-o no gradeamento (*ver* páginas 28-31) ou posicione-o como for mais apropriado.

(*Ver também* o Quartzo Fantasma, páginas 275-279; e a Limonita, páginas 182-183)

## QUARTZO: **QUARTZO AZUL**

*Rolado*

*Cristais naturais na matriz*

| COR | Azul |
|---|---|
| APARÊNCIA | Quartzo azul transparente ou inclusões em forma de fios ou retalhos no Quartzo |
| RARIDADE | O natural é raro |
| ORIGEM | Mundo todo |

**ATRIBUTOS** Posicionado sobre o chakra da garganta, o Quartzo Azul estende os seus efeitos sobre todos os outros chakras e é uma ótima ajuda na compreensão da sua natureza espiritual.

Do ponto de vista espiritual, esta pedra tranquilizadora ajuda você a passar por metamorfoses.

Do ponto de vista mental, o Quartzo Azul inverte a falta de organização mental, pois promove a clareza da mente e a autodisciplina. Acalmando a mente, ela diminui o medo, inspira esperança e aumenta a criatividade.

**CURA** É uma boa pedra para a garganta, o sistema imunológico, o baço, o sistema endócrino e os órgãos da parte superior do corpo; ajuda na desintoxicação e na depressão, amenizando o excesso de estímulos. Se rutilado, dizem que este cristal impede a ejaculação precoce.

**POSIÇÃO** Segure-o, use-o no gradeamento (ver páginas 28-31) ou posicione-o como for mais apropriado.

(Ver também a Dumortierita, páginas 121-122; o Rutilo, páginas 318-319; o Quartzo Indicolita, a seguir)

### FORMAS ADICIONAIS
O **Quartzo Indicolita (Quartzo com inclusões de Turmalina azul)** tem fios azulados dentro de uma ponta branca transparente ou enfumaçada e é uma pedra útil para estimular experiências fora do corpo e viagens astrais*.

Do ponto de vista espiritual, o Quartzo Indicolita transporta você através de vibrações* elevadas e oferece uma visão panorâmica das suas vidas passadas, proporcionando-lhe revelações acerca do seu plano anímico* desta vida presente. Do ponto de vista psicológico, se você usa a vingança como um meio de fugir de dores passadas ou ataca para se defender da possibilidade de se ferir, ou está preso num tipo semelhante de padrão destrutivo, o Quartzo Indicolita liberta-o desse padrão para que você possa oferecer perdão e ternura a si mesmo e aos outros.

*Quartzo Indicolita (ponta natural)*

Do ponto de vista emocional, o Quartzo Indicolita libera sentimentos bloqueados e o ajuda a falar sobre eles. Ele alivia a tristeza, oferecendo conforto e intuições sobre a causa profunda e as consequências da dor e da perda. Esta pedra bonita ensina a você que ninguém chora sozinho. Ela lhe dá acesso a múltiplos guias e auxiliadores espirituais, que se juntam para ajudar uma alma que está morrendo ou que será deixada para trás, para passar por uma situação difícil. Esta pedra lembra você de que, embora o corpo possa morrer, o amor nunca acaba.

O Quartzo Indicolita também ensina que a morte sempre chega no momento certo para a alma, não importa o quanto ela possa parecer inoportuna. Ela é uma indicação de que a alma aprendeu as suas lições ou que resgatou o seu carma*, ou desenvolveu seus dons e a alma voltou para casa. E esta pedra está ali para confortar os que ficaram.

Ideal para agentes de cura, este cristal impede o acúmulo de negatividade e ajuda a indicar o local da indisposição* – o cristal "pula" quando atinge o ponto de maior desarmonia. Posicione o Quartzo Indicolita em qualquer lugar em que sinta uma indisposição ou congestão. O Quartzo é benéfico para tratar dor de garganta crônica, para a memória celular*, os sistemas imunológico e pulmonar, o cérebro, desequilíbrios dos fluidos, os rins, a bexiga, o timo e a tireoide, a sinusite, as infecções por bactérias, a garganta, a laringe, os pulmões, o esôfago e os olhos; também alivia queimaduras e combate a insônia e os suores noturnos.

O **Quartzo Azul com Lazulita** tem uma energia pura e profunda que propicia o alinhamento cósmico e sintoniza a felicidade da infinitude do ser. Pedra útil para aprofundar a meditação e desenvolver dons metafísicos*, ela cria uma âncora no divino e estimula o reconhecimento da sua própria divindade interior. Esta pedra é útil caso você queira conhecer as causas subjacentes aos vícios ou excentricidades, proporcionando a cura profunda de causas do passado e do presente e criando uma autoconfiança inabalável. (*Ver também* a Lazulita, página 173.)

*Quartzo Azul com Lazulita (bruto)*

LISTA DE CRISTAIS

## QUARTZO: **BRANDENBERG**

*Ponta natural*

| COR | Transparente, roxo, marrom enfumaçado, amarelo |
|---|---|
| APARÊNCIA | Ponta transparente brilhante com fantasmas ou inclusões em forma de bolhas |
| RARIDADE | Cada vez mais fácil de obter, mas se valorizando |
| ORIGEM | Namíbia |

**ATRIBUTOS** O Brandenberg tem uma vibração* extremamente elevada. Poderosa pedra para a alquimia espiritual, ela se conecta com a imensidão do seu ser espiritual e com o Tudo O Que É. Em sintonia com a chama* branca da consciência pura e emanando compaixão infinita, esta pedra é perfeita para a cura profunda da alma e para o perdão.

Do ponto de vista espiritual uma ajuda eficaz para o trabalho em todos os níveis, ela se conecta rapidamente com muitas dimensões e ajuda você a mergulhar no seu mundo interior ou a elevar as suas vibrações para atingir outras dimensões. O Brandenberg fixa uma âncora cósmica* nas profundezas da Terra e no centro da galáxia, garantindo a solidez energética do cerne do seu ser, não importa as mudanças que ocorram. Por facilitar um ponto de vista objetivo, esta pedra é útil quando você viaja para dimensões das quais você de outra forma não teria conhecimento consciente. Esta pedra instila combinações de ondas cerebrais que intensificam a meditação, a regressão e a cura.

Embora um cristal altamente versátil, já que cada um deles carrega a ressonância das vibrações seja da ametista, da transparente ou da enfumaçada, mais que qualquer outra pedra o Brandenberg age de acordo com a pessoa e com a tarefa. Quando você encontrar a sua pedra particular, você *saberá* disso, mas talvez precise de várias delas, pois uma pode se sintonizar com a cura da Terra*, outra com a cura da alma ou com a cura cármica* e assim por diante. Existem Brandenbergs que podem fazer qualquer coisa, e eles podem ser minúsculos ou enormes – o tamanho não importa, é a ressonância que conta. Peça que o seu Brandenberg vá até você na dimensão espiritual, antes de sair à procura da pedra física.

Esta pedra é um guardião do portal que protege contra ataques psíquicos* e invasão extraterrestre, e repele a energia negativa evocando a luz. Esta pedra irradia uma luz durante trabalhos nas sombras ou no mundo subterrâneo, especialmente durante resgates da alma* ou de partes infantis e facilita a purificação e a integração dessas partes no seu eu atual. Posicionada sobre os chakras do soma, da estrela da alma ou do portal estelar, esta pedra entra em sintonia com a sua identidade espiritual básica, facilitando a verdadeira autorreflexão e a ativação da consciência. No chakra da semente do coração, o Brandenberg se projeta no estado entrevidas* para ajustar o seu plano anímico* desta vida, identificando bifurcações onde você precisa fazer uma escolha consciente. Ele mostra como voltar para o seu plano anímico* original caso tenha se desviado e como abrir mão de imperativos* anímicos inatingíveis. Nos chakras das vidas passadas, o Brandenberg cura as impressões e efeitos dos traumas em vidas passadas, não importa em que dimensão essas vidas ocorreram. No terceiro olho, esta pedra remove bloqueios à visão espiritual ou psíquica e acessa a orientação a partir da fonte mais pura.

O Brandenberg faz com que o esquema etérico*, a partir do qual seu corpo físico foi formado, volte ao seu estado energético perfeito e recupere a sua vibração mais alta e entre em sintonia com o Tudo O Que É: o esquema perfeito e original antes do início dos tempos. A cura, muitas vezes instantânea e profunda, filtra-se para o interior dos corpos mental, psicológico, emocional e físico, restaurando o equilíbrio em todos esses níveis.

O Brandenberg purifica o chakra do coração superior e abre a garganta de modo que a verdade espiritual possa ser expressa com amor incondicional e compaixão. Ele desconecta rapidamente um casamento místico previamente celebrado ou qualquer relacionamento que tenha sido resultado do entrelaçamento nos chakras superiores.

Do ponto de vista físico, esta pedra acelera a convalescença e restaura a vitalidade, levando a pessoa ao mais perfeito estado energético possível.

**CURA** Um agente de cura magistral que apoia a recuperação de doenças e esgotamentos e restaura a vitalidade; útil em casos de concussão, deficiências imunológicas e fadiga crônica; beneficia a função cerebral límbica e a cura da memória celular* multidimensional. Alivia a dor de dente.

**POSIÇÃO** Posicione-o ou segure-o como for mais apropriado.

**CORES ESPECÍFICAS**

O **Brandenberg de Ametista Enfumaçada** combina visivelmente a Ametista e o Quartzo Enfumaçado, ambos como fantasmas ou com a cor do corpo. Trata-se do melhor instrumento disponível para remoção de implantes*, fixações, possessões espirituais ou influência mental. Essa é a pedra por excelência para a transformação da consciência ou para a transição, especialmente para outros planos.

*Ametista Enfumaçada (cetro invertido com ponta natural)*

O **Brandenberg Enfumaçado** é a pedra perfeita para a cura da Terra, pois recupera a grade do planeta, levando-o de volta ao seu perfeito esquema original e restaura o chakra e o sistema de meridianos* da Terra, propiciando a cura profunda da Terra e restaurando a própria Mãe Terra. Esta pedra purifica e refaz os pontos de fixação da sua âncora cósmica. Se você está sentindo alguma indisposi-

*Enfumaçado (ponta natural)*

ção*, passa por alguma doença física ou mental ou vive uma situação traumática por razões cármicas ou para o crescimento da alma – ou sua restituição –, o Brandenberg Enfumaçado facilita a compreensão das dádivas que você procura. Ele ajuda você a olhar de frente os problemas da sua vida presente, com equanimidade e alegria, sabendo que as suas experiências são exatamente as de que precisava para evoluir espiritualmente.

O **Brandenberg Ametista** é uma pedra excelente para qualquer problema do coração, pois ele leva você à chama violeta transformadora do amor incondicional e da divindade, no centro do universo. Estar banhado nesse amor propicia uma cura profunda. O sofrimento causado por uma decepção amorosa ou os imperativos relacionados a almas gêmeas são eliminados pelo Brandenberg Ametista, deixando você livre para evocar a sua chama gêmea* nesta encarnação, seja num matrimônio interior entre as suas partes feminina e masculina ou numa aliança extramundana que apoie totalmente quem você é na plenitude do seu ser espiritual.

*Ametista (ponta natural)*

O **Brandenberg "Citrino"** é um cristal raro e especial sintonizado com a chama dourada da mente iluminada. Ele dá vazão à abundância da alma e à alegria espiritual, ensinando como apreciar a vida plenamente, como uma alma iluminada e realmente poderosa encarnada sobre a Terra.

O **Brandenberg Clorita (inclusões verdes)** está em sintonia com a chama verdejante da purificação do coração e é um profundo purificador da alma e dos corpos etéricos, preparando o corpo de luz* para a encarnação plena.

*"Citrino" (ponta natural)*

## QUARTZO: **QUARTZO BUSHMAN CASCATA VERMELHA**

*Formação natural*

| COR | Vermelho-alaranjado sobre branco |
|---|---|
| APARÊNCIA | Pequenos cristais vermelhos em cascata sobre uma ponta maior |
| RARIDADE | Raro, oriundo de um só lugar |
| ORIGEM | África do Sul |

**ATRIBUTOS** A cor deste quartzo vem da Limonita, que cria uma poderosa carga energética em sintonia com a chama* vermelha da vontade espiritual, que se abastece nas reservas profundas da energia física e emocional. Se você se sentir esgotado, tanto física quanto espiritualmente, esta vigorosa pedra drúsica vai revigorá-lo de maneira rápida, levando você a um estado altamente energético; porém, ela deve ser usada com cautela, pois as energias podem sobrecarregá-lo, caso você não tenha condições de assimilar a energia deste cristal. Nas pessoas mais sensíveis, esta pedra pode desencadear um episódio de mania – ou inspirar criatividade –, por isso utilize-a sob a orientação de um terapeuta qualificado.

Do ponto de vista psicológico, o Quartzo Bushman Cascata Vermelha aumenta a criatividade. Do ponto de vista mental, esta pedra aguça o intelecto e aumenta a eficiência, instilando persistência e encorajando ações positivas; você pode programar o Quartzo Bushman (*ver* página 358) para facilitar um bom desfecho numa questão judicial.

Do ponto de vista emocional, o Quartzo Bushman se afina muito bem com o Quartzo Enfumaçado quando se trata de eliminar emoções negativas e padrões de comportamento arraigados de letargia ou apatia. Ele desperta a vontade pessoal e a faz entrar em sintonia com o seu Eu Superior\*, além de mostrar o caminho que você tem à frente, servindo como um incentivo para o crescimento da sua alma.

Do ponto de vista físico, estimulando os chakras da base e do sacro, esta pedra aumenta e acrescenta a abundância, o prazer e a alegria na sua vida.

Esta pedra serve muito bem na direção sul da roda medicinal dos cristais (*ver* páginas 368-375), provocando um renascimento e ajuda a alma a encarnar sem traumas e com a vontade espiritual perfeitamente sintonizada com o plano anímico\*.

**CURA** Confere vitalidade e vigor, e melhora o fluxo sanguíneo; fortalece os vasos sanguíneos e os músculos.

**POSIÇÃO** Segure-o, posicione-o ou use no gradeamento (*ver* páginas 28-31) como for mais apropriado.

(*Ver também* o Quartzo Drusiforme, páginas 250-251; o Quartzo Rio Laranja, páginas 272-273.)

## QUARTZO: **QUARTZO VELA**

*Vermelho (ponta natural)*

*Branco (ponta natural)*

| COR | Branco, cinza, marrom-avermelhado, amarelo |
|---|---|
| APARÊNCIA | "Cera derretida" sobre um cristal central |
| RARIDADE | Fácil de obter |
| ORIGEM | Madagascar, Brasil, mundo todo |

**ATRIBUTOS** Uma pedra que traz luz para o planeta e para aqueles que ajudam a Terra à medida que a sua vibração se eleva, o Quartzo Vela traz para mais perto o seu anjo da guarda. A meditação com esta pedra ressalta o propósito da sua alma e foca a sua vida no caminho do altruísmo. Intensificando a intuição, esta é uma pedra de escriação* para o planeta e para a iluminação espiritual. Pedra de alquimia pessoal, o Quartzo Vela de tamanho grande atrai abundância e é útil quando você trabalha em grupo, pois irradia amor sobre todo o grupo, criando harmonia. Ele ajuda você a pôr em prática conhecimento antigo e aproxima totens e aliados de poder. Ele pertence à direção sul da roda medicinal (*ver* páginas 368-375), o lugar do passado, das emoções e do coração. Restaurando a confiança e a inocência, esta pedra propicia a cura da criança interior ferida e ajuda a encarnar mais plenamente neste plano, numa aura de amor incondicional; ela também cura linhagens ancestrais* e heranças cármicas*.

Do ponto de vista psicológico, o Quartzo Vela dissipa sentimentos de opressão e desespero, criando tranquilidade e confiança numa mente iluminada que vê além das restrições impostas pelo dia a dia. Do ponto de vista emocional, ele ensina que você nunca está realmente sozinho, conectando-o com o cerne do amor divino dentro do seu ser. Ele ajuda a desenvolver independência emocional e interdependência, mostrando quando é benéfico confiar num parceiro e compartilhar com ele numa situação de apoio mútuo e quando é melhor ficar sozinho. Ele ajuda o seu parceiro a não se sentir isolado quando você precisa de autonomia emocional e, se necessário, o ajuda a deixar para trás com dignidade parcerias que não lhe causam mais bem nenhum.

Do ponto de vista físico, esta pedra ajuda você a ficar de bem com o seu corpo e é útil quando a encarnação física é difícil. Ela mostra como o corpo físico é prejudicado pelo estresse emocional ou mental e cura o coração.

**CURA** Favorece a conversão de carboidrato e nutrientes e regula a insulina. Alivia dores de cabeça causadas pelo bloqueio do terceiro olho.

**POSIÇÃO** Use no corpo, no gradeamento (*ver* páginas 28-31) ou posicione-a como for mais apropriado.

### CORES ESPECÍFICAS
O **Quartzo Vela "Enfumaçado"** instila lucidez e ajuda você a sondar o seu mundo interior em busca da verdade. É perfeito para viagens astrais* através da morte e do renascimento e para purificar a energia.

O **Quartzo Vela cor-de-rosa** é um instrumento eficiente para abrir o coração, ativar o chakra do coração superior e inspirar compaixão.

O **Quartzo Vela vermelho** é às vezes chamado de "Quartzo Celestial" (*ver* página 242.)

## QUARTZO: **QUARTZO CATEDRAL**

TAMBÉM CONHECIDO COMO BIBLIOTECA DE LUZ, A PEDRA DE ATLÂNTIDA

*Enfumaçado (formação natural)*      *Branco (formação natural)*

| | |
|---|---|
| **COR** | Transparente, branco, amarelo, cinza enfumaçado |
| **APARÊNCIA** | Quartzo com várias terminações |
| **RARIDADE** | Fácil de obter |
| **ORIGEM** | Brasil |

**ATRIBUTOS** Por conter os Registros Akáshicos* e a sabedoria das eras, o Quartzo Catedral é uma "Biblioteca de Luz" que dá acesso a tudo o que já ocorreu na Terra e nos reinos celestiais, e guarda a história do seu caminho anímico ao longo do tempo e mais além. Perfeito para estabelecer uma ligação com o Eu Superior e facilitar a evolução espiritual, o Quartzo Catedral pode transmitir informações sobre o plano para a sua atual encarnação, o propósito da sua alma e os seus imperativos*.

Do ponto de vista espiritual, esta pedra proporciona uma visão panorâmica objetiva das suas vidas em todas as dimensões, mostrando por que você escolheu as lições e cocriou a realidade que agora vivencia. Facilitando a comunicação com guias e conselheiros, esta pedra elucida o carma* e o dharma. A dádiva por trás até das experiências mais traumáticas se torna visível quando você entra em sintonia com esta pedra, que lhe dá sustentação durante crises, desafios e revoluções espirituais.

Do ponto de vista mental, o Quartzo Catedral ajuda na sintonização com a mente universal e facilita a evolução da consciência, elevando a sua vibração e abrindo a mente iluminada. Esta pedra amplifica os efeitos de outros cristais e serve como um receptor e transmissor para pensamentos grupais, elevando-os até uma vibração mais alta. Do ponto de vista físico, o Quartzo Catedral é excelente para a dor. Um excelente instrumento de prevenção, esta pedra pode amenizar sintomas se você segurá-la logo que perceber os primeiros sinais de que o seu corpo foi invadido por vírus ou bactérias, ou se posicioná-la sobre o local afetado por distúrbios físicos ou indisposições* emocionais.

**CURA** Oferece cura rápida para doenças de pouca gravidade e atua como antiviral. É excelente para aliviar a dor.

**POSIÇÃO** Posicione-o sobre o local da dor, use-o para gradear* a cama (ver páginas 28-31) ou segure-o na mão.

### CORES ESPECÍFICAS

O **Quartzo Catedral Enfumaçado** limpa e purifica profundamente a alma. Ele elimina energias negativas e padrões arraigados, substituindo-os por luz e mostrando o quanto vivenciar o oposto, ou seja a doença ou a emoção, aparentemente negativos, ajuda você a desenvolver sentimentos positivos como compaixão, empatia e amor por si mesmo.

O **Quartzo Catedral Citrino** é útil quando você sente que lhe falta alguma coisa, do ponto de vista físico ou emocional, especialmente se há várias vidas você cultiva a consciência de pobreza*. Esta pedra volta à raiz do problema, dissipa a crença subjacente e a substitui por uma visão mais positiva da vida, deixando-o repleto de luz e amor e ensinando-o a expressar abundância física e espiritual e alegria ao longo desta vida e das seguintes.

*Citrino (formação natural)*

LISTA DE CRISTAIS

## QUARTZO: **QUARTZO CELESTIAL**

*Branco do Himalaia (formação natural)*

*Quartzo Vela branco de Madagascar, também conhecido como Quartzo Celestial (ponta natural)*

| COR | Branco, cinza, vermelho |
|---|---|
| APARÊNCIA | Cristal transparente fissurado e gravado, ou minúsculos cristais ou com cobertura semelhante à cera no ponto central |
| RARIDADE | Rara |
| ORIGEM | Madagascar, Himalaia |

**ATRIBUTOS** O Quartzo Celestial é outra pedra em torno da qual reina a confusão. Alguns "Quartzos Celestiais", que podem ser brancos, cinza ou vermelhos, originam-se de Madagascar e são conhecidos como Quartzo Vela. Existe outro tipo de "Quartzo Celestial" encontrado no Himalaia, que é parecido com o Quartzo Nirvana, mas não tem uma vibração tão elevada. Cada um desses cristais tem uma energia diferente e maneiras variadas de causar uma mudança energética, mas todos nos afastam do nível cármico do ser e nos levam à percepção da graça que, um dia, quando tivermos feito trabalho suficiente, libertará a alma e a levará a vivenciar o Tudo O Que É*. Esses dois tipos de cristal servem como "leitores" dos Registros Akáshicos* e indicam o propósito da alma ao encarnar. Nesse ponto, as energias celestiais são atraídas, vivenciadas e expressas no mundo físico do dia a dia, promovendo a cura profunda da Terra*.

O Quartzo Celestial Enfumaçado ou Vermelho de Madagascar tem uma energia de ancoramento maior do que o branco e ajuda as pessoas que não se adaptam à vida encarnada a se fixarem no corpo físico, integrando-os melhor ao corpo de luz* e tornando a Terra um lugar confortável. Ele contém informações sobre como ocorrerão as mudanças pelas quais a Terra passará. Uma pedra útil para a cura da Terra e do meio ambiente, ela realinha, corrige e reenergiza os meridianos* e a força kundalini do planeta. Esta pedra atua particularmente bem no sul da roda medicinal de cristais (*ver* páginas 368-375), ajudando a alma a vir para a encarnação física ao mesmo tempo em que mantém a plena consciência espiritual. Ela é também extremamente eficaz nos gradeamentos* para a cura da Terra ou para equilibrar o sistema de meridianos do planeta.

**CURA** Os dois tipos de Quartzo Celestial atuam principalmente além do nível físico do ser para curar a alma. O Quartzo Celestial vermelho traz vitalidade ao corpo, reestruturando as células, enquanto o Celestial Enfumaçado desintoxica.

**POSIÇÃO** Segure-o ou posicione-o como for mais apropriado. O Quartzo Celestial de Madagascar é particularmente eficaz quando gradeado* (*ver* páginas 28-31) em volta do divã ou maca, ou para criar um espaço sagrado.

(*Ver também* o Quartzo Vela, páginas 238-239)

## QUARTZO: **QUARTZO CROMO CHINÊS**

*Formação alterada por meio de tratamento térmico*

| COR | Verde |
|---|---|
| APARÊNCIA | Revestimento com bolhas em pontas e "tubos" |
| RARIDADE | Razoavelmente fácil de obter |
| ORIGEM | Manufaturado |

**ATRIBUTOS** O Quartzo Cromo Chinês é criado por meio do superaquecimento do quartzo com cromo, de modo a fundi-lo na superfície. Uma pedra excelente para se meditar, pois ela é capaz de fazer você descobrir o que pode estar provocando um colapso no pâncreas e revelar as causas psicossomáticas do diabetes, além de geralmente indicar que a alma encarnada não consegue mais sentir a doçura da vida. Apontando os mecanismos de controle aos quais você está preso, o Quartzo Cromo Chinês revela o que você precisa fazer para que a sua vida volte a se equilibrar e você consiga voltar a sentir alegria; este cristal também sugere o que poderia devolver aquela doçura à sua vida – e como isso ocorrerá. Enquanto isso, este quartzo proporciona entendimento e companhia, ensinando que tudo que você precisa existe no interior do seu ser.

Do ponto de vista emocional, o Quartzo Cromo Chinês facilita a independência e o deixa centrado no seu coração, ajudando você a perceber que não precisa de ninguém para ser feliz. Isso só depende de você.

Do ponto de vista físico, o cromo é, por tradição, usado para curar o pâncreas e no tratamento doenças ou distúrbios relacionados à quantidade de açúcar no sangue.

Nas pessoas que se sentem atraídas por esta pedra, ela regula o metabolismo e estimula o sistema imunológico. Se você está intoxicado por excesso de mercúrio ou outro metal pesado, o Quartzo Cromo Chinês age homeopaticamente para que você elimine esses metais do organismo.

**CURA** Ajuda na intoxicação por metais pesados, desequilíbrios relacionados à quantidade de açúcar no sangue, diabetes, fadiga crônica, obesidade e deficiências hormonais.

**POSIÇÃO** Segure-o, posicione-o ou use no gradeamento (*ver* páginas 28-31) como for mais apropriado. Fixe-o sobre o pâncreas com uma fita adesiva.

## QUARTZO: **QUARTZO VERMELHO CHINÊS**

*Ponta longa natural com ponte e pontas penetrantes fixadas e chave na ponta*

| COR | Vermelho |
|---|---|
| APARÊNCIA | Ponta de quartzo revestida ou com inclusões |
| RARIDADE | Fácil de obter |
| ORIGEM | China |

**ATRIBUTOS** O Quartzo Vermelho Chinês, com revestimento ou inclusões* naturais, promove a cura e a reconciliação no nível pessoal, familiar ou coletivo. Do ponto de vista espiritual, esta pedra lhe dá a sensação de estar atravessando chamas purificadoras para queimar o seu carma*, preparando a sua alma para começar outra vez a partir do zero. Esta pedra promove o perdão e ensina que supostos erros do passado são na verdade situações de aprendizado que ajudam a humanidade a ter mais entendimento e a avançar na sua evolução. Ela alivia a dor provocada pelo conflito racial e estimula o perdão pelos algozes. O Quartzo Vermelho Chinês também salienta o fato de que, num nível superior, raça e religião são uma ilusão que transcendemos na unidade do espírito.

Do ponto de vista psicológico, esta pedra ajuda você a encontrar a dádiva oculta em cada situação, elucidando as lições positivas trazidas pelos desafios da vida e iluminando o seu plano anímico* para esta vida. Esta pedra mostra que, ao vivenciar a falta de uma determinada qualidade no ambiente exterior, a alma cria essa qualidade no seu ambiente interior. Combine o Quartzo Vermelho Chinês com o Quartzo Tibetano para conciliar diferenças e suscitar uma profunda paz interior.

Do ponto de vista emocional, o Quartzo Vermelho Chinês é útil para ajudar na superação do desespero profundo e restaurar a força vital e a vitalidade do corpo. Esta pedra induz a perseverança e alivia a frustração, trazendo alegria. Promovendo o autoperdão, o Quartzo Vermelho Chinês ameniza a manifestação física dos estados emocionais negativos da ira, da raiva e do ressentimento, que são a causa da artrite e de doenças autoimunes, como o lúpus, e propicia motivação para superar a síndrome da fadiga crônica.

Do ponto de vista ambiental, o Quartzo Vermelho Chinês é usado pelos agentes de cura da Terra e estabiliza o planeta, incluindo os oceanos e as montanhas. Esta pedra é também útil nos negócios e para aumentar a estabilidade financeira.

**CURA** Favorece a oxigenação do sangue e dos órgãos do corpo; dá mais energia; ameniza inchaços e inflamações no caso da artrite e de doenças autoimunes. Recarrega os chakras da base e do sacro.

*Ponta natural*

**POSIÇÃO** Posicione como for mais apropriado.

**NOTA** Também é possível encontrar um Quartzo Vermelho Chinês artificial, criado a partir da Hematita, mas as suas propriedades não são tão fortes.

LISTA DE CRISTAIS

# QUARTZO: **QUARTZO DOS SONHOS**

TAMBÉM CONHECIDO COMO EPÍDOTO NO QUARTZO

*Quartzo dos Sonhos (bruto)*

*Inclusões de Epídoto no Quartzo (bruto)*

| COR | Verde |
|---|---|
| APARÊNCIA | Filões escuros ou pedra translúcida |
| RARIDADE | Razoavelmente fácil de obter |
| ORIGEM | Colúmbia, nos Estados Unidos (Quartzo dos Sonhos), Bulgária, Áustria, França, Rússia, Noruega, Estados Unidos, África do Sul (Epídoto no Quartzo) |

**ATRIBUTOS** O Epídoto no Quartzo é encontrado em duas formas: em filões escuros sobre uma matriz\* ou o Quartzo dos Sonhos verde-claro, que tem uma vibração mais refinada. As pessoas tendem a apresentar fortes reações diante desta pedra: ou a adoram ou a detestam.

Do ponto de vista espiritual, aqueles que ressoam com esta pedra acham-na extremamente pacífica – um portal para estados meditativos profundos e para viagens interdimensionais, que proporciona sonhos lúcidos carregados de significado, intensifica a recordação dos sonhos e é um instrumento útil para você sonhar com um novo futuro. Posicionado sobre os chakras do soma ou das vidas passadas para ativar memórias de vidas passadas, o Quartzo dos Sonhos dá proteção durante as viagens astrais* e purifica e reenquadra as experiências traumáticas. O epídoto é um mineral com propriedades extremamente protetoras.

Aqueles que não ressoam com esta pedra talvez precisem se questionar sobre a razão por que sentem aversão por ela e sobre o que, exatamente, esta pedra está trazendo à tona. Essa aversão pode indicar uma atitude extremamente arraigada ou um padrão de comportamento limitado que é preciso transcender. Ela também pode indicar que eles são, no momento, incapazes de concretizar os seus sonhos e apontar as mudanças necessárias para que se tornem capazes disso.

Do ponto de vista psicológico, esta pedra eleva o coração e a mente, rejuvenesce e dá a você coragem para se libertar de padrões limitantes e se recuperar de revezes, dando-lhe novo ímpeto para o crescimento da sua alma.

*Cristais de Epídoto no Quartzo (bruto)*

**CURA** Útil em casos de contusões, torceduras, dores e para dissolver pedras e cristalizações nas articulações ou granulações nos órgãos.

**POSIÇÃO** Segure-o, posicione-o ou use-o em gradeamento* (*ver* páginas 28-31), como for mais apropriado. Coloque-o embaixo do travesseiro para provocar sonhos lúcidos.

(*Ver também* Epídoto, páginas 125-126.)

## QUARTZO: **DRUSIFORME**

*Quartzo Drusiforme enfumaçado e branco (bruto)*

| | |
|---:|:---|
| **COR** | Branco, laranja, azul, marrom, cinza |
| **APARÊNCIA** | Cristais minúsculos numa matriz |
| **RARIDADE** | Fácil de obter |
| **ORIGEM** | Mundo todo |

**ATRIBUTOS** O Quartzo Drusiforme tem a mesma capacidade de intensificar energia que todos os outros quartzos, mas, na maioria das suas formas, a sua vibração é mais suave, fazendo com que a sua energia básica seja assimilada com mais facilidade. Isso acontece principalmente quando o Quartzo Drusiforme recobre outro cristal como a Danburita ou o Quartzo Elestial. Entretanto, o Quartzo Drusiforme vermelho, como o Bushman Cascata, tem uma poderosa carga energética, enquanto o Quartzo Drusiforme Enfumaçado tem uma ação levemente desintoxicante.

Do ponto de vista espiritual, este cristal ensina como aproveitar todas as experiências da vida, além de revitalizar o nível espiritual do ser, conferindo mais motivação, e de ajudar a superar limitações autoimpostas. Esta é a pedra perfeita para criar harmonia e restaurar o equilíbrio.

**CURA** Acredita-se que o Quartzo Drusiforme branco ajude em casos de doença periodontal; o Quartzo Drusiforme laranja revitaliza e combate a letargia.

**POSIÇÃO** Segure-o, posicione-o ou use-o no gradeamento (*ver* páginas 28-31) como for mais apropriado.

(*Ver também* Danburita Drusiforme, página 115; Quartzo Bushman Cascata Vermelha, páginas 236-237; Youngita, páginas 351-352.)

### CORES E FORMAS ESPECÍFICAS

O **Quartzo Drusiforme laranja** é a pedra ideal para pessoas acamadas ou que tenham doenças crônicas (e também para quem é responsável por cuidar dessas pessoas). Tornando mais fácil a tarefa de oferecer e receber ajuda, esta pedra incentiva a harmonia e encoraja a demonstração de gratidão e apreço de ambos os lados. Esta forma de Quartzo Drusiforme aumenta a compaixão e a capacidade de rir da vida em circunstâncias difíceis. Guardada no bolso, esta pedra energiza todo o seu corpo. Ela purifica, realinha e revigora os chakras da base e do sacro e ativa o fluxo da kundalini*.

O **Quartzo Drusiforme azul** invoca proteção espiritual e ajuda você a se dar mais carinho em momentos de dor, abrindo a sua percepção para as companhias espirituais que só aguardam o seu chamado para poder ajudá-lo. Trata-se da pedra perfeita para imergir totalmente na alegria de viver.

O **Quartzo Drusiforme sobre Esfalerita** é um poderoso purificador da energia mental, que elimina a sensação de isolamento ou alienação, fortalece o sistema nervoso e ameniza doenças ambientais. Aliviando a saudade de casa, ela é a pedra perfeita para ancorar as pessoas que acham que a Terra não é o seu verdadeiro lar. Equilibrando as energias masculina e feminina, ela ajuda as pessoas a entrar em sintonia com um corpo físico cujo sexo seja diferente do que elas tiveram na vida anterior.

*Quartzo Drusiforme sobre Esfalerita (formação natural)*

## QUARTZO: **QUARTZO ELESTIAL**

*Branco (formação natural)*

| | |
|---:|:---|
| **COR** | Transparente, enfumaçado, lilás, cor-de-rosa, amarelo |
| **APARÊNCIA** | Cristal com várias terminações, revestido e estratificado, muitas vezes com janelas internas e fantasmas |
| **RARIDADE** | Fácil de obter |
| **ORIGEM** | Brasil, mundo todo |

**ATRIBUTOS** O Quartzo Elestial coloca você no caminho da sua alma. Do ponto de vista espiritual, ele liga você aos planos divino e superior e abre os seus dons metafísicos*. Uma pedra de vibração extremamente elevada* e própria para a evolução espiritual, ela abre os chakras da estrela da alma e da coroa superior, insuflando-lhes um fluxo de energia divina. Perfeita para criar e manter espaços sagrados, nos quais você pode viver, trabalhar e amar, esta pedra tem propriedades diferentes dependendo da cor. Ela o leva a outras vidas, para que você compreenda o processo evolucionário. Instilando a confiança no universo, ela facilita o resgate de grande parte do seu carma, curando a sua alma.

Do ponto de vista psicológico, por ser considerada uma pedra de mudança e transformação, o Quartzo Elestial funciona como um catalisador emocional. Dissipando a confusão, bloqueios e o medo, ele abre caminho para a mudança necessária, o que pode acontecer de modo abrupto e inesperado. Do ponto de vista físico, esta pedra é útil para equilibrar polaridades e para a reestruturação.

**CURA** Ajuda a cura multidimensional celular, a regeneração, a reconstrução do esquema etérico* e a restauração das células cerebrais depois do abuso de drogas ou de álcool.

**POSIÇÃO** Segure-o ou use-o no gradeamento (*ver* páginas 28-31) como for mais apropriado.

### CORES E FORMAS ADICIONAIS

O **Quartzo Elestial Enfumaçado** é um purificador e desintoxicante resistente que retira a energia negativa do ambiente ou da pessoa, substituindo-a por uma luz vibrante e protetora. Excepcional agente de cura* da Terra, esta pedra transmite energias aos meridianos* do planeta para limpar e revitalizar os seus pontos de poder. Protegendo contra o estresse geopático* ou contra invasões psíquicas, o Quartzo Elestial enfumaçado é particularmente eficiente para usar em gradeamentos* cujo objetivo é criar um espaço seguro. Uma alternativa seria segurar este cristal sobre o seu dan-tien* e imaginar a energia envolvendo o espaço e o indivíduo ou o grupo dentro dele.

Do ponto de vista cármico, o Elestial enfumaçado retira traumas ou indisposições* de vidas passadas do seu corpo físico, reenquadra-o*, corrige o esquema etérico e os corpos de energia sutis* e ajuda a alma a compreender a dádiva que a experiência lhe trouxe. Purificando e curando a linhagem ancestral* do trauma e da dor emocional, o Elestial enfumaçado propicia a cura da memória celular* em muitas dimensões. Esta pedra intensa leva você de volta ao passado para reivindicar a sua força, purificar o carma negativo e se libertar de qualquer pessoa que o tenha escravizado sob seu poder, não importa a época em que isso tenha acontecido. Do ponto de vista emocional, esta pedra liberta você de comprometimentos cármicos* e neutraliza rituais mágicos que não lhe servem mais.

Do ponto de vista físico, esta pedra recompõe o corpo depois de uma dor severa e facilita a cura celular em muitas dimensões. O Elestial enfumaçado ressoa com os chakras da Terra e da base, e faz uma ponte entre todos os chakras e o estrela da alma, intensificando o fluxo energético ao longo da linha do chakra. Segure-o ou use-o no gradeamento para curar a Terra, evitar pesadelos, aliviar a depressão, aumentar a concentração e se proteger contra os efeitos dos raios x ou da radioterapia. Segure-o sobre o local da dor.

*Enfumaçado (formação natural)*

LISTA DE CRISTAIS

O **Quartzo Elestial branco** abre o chakra do portal estelar e está em sintonia com a chama* branca da consciência pura. Ele é uma pedra excelente para elevar e integrar as energias vibracionais, levando o espiritual para a dimensão física. Esta pedra purifica as energias terrenas, restabelece o equilíbrio das linhas *leys* e é um excelente cristal para criar espaços sagrados por meio do gradeamento*.

*Ametista (formação natural)*

O **Quartzo Elestial ametista** abre todos os chakras superiores da coroa. Sintonizado com a chama violeta da transformação, esta pedra de cura extremamente poderosa estimula a glândula pineal e abre uma conexão com os guias e auxiliadores espirituais e com seres estelares. Dispersando a energia negativa, esta pedra dá conforto e acalma. Ajudando na cura celular multidimensional e na integração do cérebro, esta pedra ameniza os efeitos das drogas ou do álcool, eliminando padrões relacionados a vícios e desejos compulsivos e imperativos* da alma. O Quartzo Elestial ametista enfumaçado é extremamente útil nos processos de libertação espiritual ou de morte no parto. Ele é eficaz principalmente quando usado para gradear o cômodo em que o trabalho é realizado.

*Ametista enfumaçado (formação natural)*

O **Quartzo Elestial cor-de-rosa** é um excelente agente de cura do coração, em sintonia com a chama rosa do amor incondicional e compassivo. Ele ameniza a dor causada pelos rompimentos cármicos de relacionamentos amorosos, remove fardos emocionais e deixa você livre para amar novamente. Levando-o ao coração universal, esta pedra ajuda a lembrar que tudo é amor. Nesse coração universal não há carma, nem débitos cármicos, imperativos ânimicos, culpa ou desequilíbrios. Combinado com o Elestial enfumaçado, o Quartzo Elestial cor-de-rosa ancora o amor universal e eleva a consciência. Ele ajuda em casos de abandono e rejeição, e ensina que o relacionamento entre você e a sua divindade interior nunca tem fim.

*Cor-de-rosa (formação natural)*

## QUARTZO: **QUARTZO FADEN**

*Formação natural*

| COR | Branco |
|---|---|
| APARÊNCIA | Cristal transparente plano, com uma linha parecida com um fio que o distingue dos outros |
| RARIDADE | Fácil de obter |
| ORIGEM | Mundo todo |

**ATRIBUTOS** O Quartzo Faden (*faden, do* alemão, "fio") sofreu uma fratura durante o seu desenvolvimento e voltou a se consolidar, formando uma linha visível em sua estrutura. Por isso este cristal unifica o eu, incentivando as partes fragmentadas da alma a se reintegrar. Simbolizando o cordão de prata*, esta pedra "amarra" o corpo etérico* ao físico durante as experiências fora do corpo. Colocada no chakra do soma, este quartzo traz a alma de volta para o corpo e pode ativar a porção superior de uma âncora cósmica*.

Do ponto de vista espiritual, o Quartzo Faden proporciona uma ligação com o Eu Superior*. Útil durante regressões a vidas passadas e para visitar o estado entrevidas*, ele propicia uma visão geral das lições da alma e das causas-raiz de uma indisposição*.

Do ponto de vista psicológico, o Quartzo Faden dá à pessoa forças para superar um trauma interno profundo.

Do ponto de vista emocional, este quartzo ajuda a restabelecer a confiança perdida nos relacionamentos e ensina como ter tanto autonomia emocional quanto intimidade com outra pessoa. Unindo o amor pessoal ao divino, ela estimula o amor por si, fazendo-o brotar no seu coração. Induzindo a estabilidade emocional e a harmonização dos extremos, esta pedra acalma o corpo emocional quando colocada sobre o plexo solar.

Preenchendo lacunas, o Quartzo Faden harmoniza as energias de um grupo ou da família, particularmente se a intenção é superar um conflito ou reatar laços de afeto. Promovendo a comunicação durante o processo de cura quando se trabalha a distância, este quartzo conecta agente de cura e paciente. Ele intensifica a autocura e o crescimento pessoal, purifica o escudo bioenergético* e harmoniza o fluxo de energia do chakra, abrindo todos eles, mas especialmente o chakra da coroa e o das vidas passadas.

Do ponto de vista ambiental, esta pedra é muito eficiente para gradear* áreas de energia telúrica ou física instáveis, de modo a restabelecer o equilíbrio.

**CURA** Ajuda na cura de rompimentos e fraturas, cistos e incrustações, e dor nas costas. Ao trazer estabilidade em todos os níveis, ajuda a memória celular* e o alinhamento interior.

**POSIÇÃO** Use no gradeamento (*ver* páginas 28-31) ou coloque-o onde for mais apropriado.

## QUARTZO: **QUARTZO DAS FADAS**

*Branco (formação natural)*

| COR | Branco ou acinzentado |
|---|---|
| APARÊNCIA | Longa ponta opaca com minúsculos cristais formando linhas em relevo |
| RARIDADE | Razoavelmente fácil de obter |
| ORIGEM | África do Sul, México |

**ATRIBUTOS** O Quartzo das Fadas está ligado ao reino das fadas e aos devas* da terra e planetários. Do ponto de vista espiritual, ele ajuda a esclarecer mitos familiares e histórias ancestrais ou culturais em que você está preso, reenquadrando-as* quando apropriado. O Quartzo das Fadas elimina indisposições* emocionais ou físicas, remove dores emocionais e irradia energia de cura para o corpo, especialmente se se tratar de uma criança. Ele harmoniza o ambiente doméstico e tranquiliza as crianças depois de pesadelos. Essa pedra é perfeita caso você queira uma pedra programada (*ver* página 358) para apoiar a sua criança interior* criativa.

**CURA** Desintoxica tecidos, ameniza a dor, estabiliza vertigens.

**POSIÇÃO** Posicione-o, segure-o, use-o em gradeamento (*ver* páginas 28-31) como for mais apropriado ou use-o como uma varinha.

(*Ver também* Quartzo Espírito, páginas 300-303, e Quartzo Varinha de Condão, página 311.)

LISTA DE CRISTAIS

## QUARTZO: **QUARTZO FENSTER**

TAMBÉM CONHECIDO COMO QUARTZO JANELA

*Formação natural*

| COR | Branco luminoso |
|---:|---|
| **APARÊNCIA** | Janelas dentro de um quartzo de cristal |
| **RARIDADE** | Fácil de obter |
| **ORIGEM** | Mundo todo |

**ATRIBUTOS** O Quartzo Fenster (*fenster*, do alemão, "janela") é um instrumento eficiente para transmitir luz terapêutica e para trabalhos energéticos de vibração elevada em múltiplas dimensões. As janelas internas desta pedra se abrem para outro mundo, estimulando a clarividência* e a visão interior.

Do ponto de vista espiritual, o Quartzo Fenster lança luz sobre os mecanismos da sua alma e sobre a sua história. Peça para ser levado à dimensão onde o seu conhecimento da alma está armazenado, para que se revele o propósito que você se propôs a cumprir nesta encarnação. Aguarde com serenidade até que esse conhecimento venha à tona e pergunte como ele pode ser usado nesta vida atual. Verifique se você tem algum imperativo* anímico ofuscando o seu propósito original; se tiver, deixe que ele se dissipe.

Do ponto de vista psicológico, o Quartzo Fenster ajuda na cura de padrões problemáticos e de emoções extremadas. Do ponto de vista cármico, lançando luz sobre as causas de vícios que podem remontar a vidas passadas ou à infância, ele ajuda a neutralizá-las, livrando-o do desejo insaciável que existe por trás das compulsões e obsessões de todos os tipos. Particularmente útil para examinar os constructos mentais e emocionais subjacentes aos transtornos obsessivo-compulsivos, o Quartzo Fenster rompe o ciclo de codependência que ocorre nos vícios. Esta pedra ajuda as pessoas responsáveis por curar viciados a perceber que elas não podem fazer nada "por eles" se eles não o fizerem por si, nem podem controlar o comportamento de um viciado.

Do ponto de vista físico, o Quartzo Fenster reprograma a memória celular* e ajuda o corpo a funcionar da maneira ideal. Também é útil em qualquer caso de contração muscular.

**CURA** Benéfico para os olhos e para o tratamento de vícios, distúrbios alimentares, transtornos obsessivo-compulsivos, tiques nervosos e síndrome de Tourette.

**POSIÇÃO** Posicione-o ou use-o no gradeamento (*ver* páginas 28-31) como for mais apropriado.

## QUARTZO: **QUARTZO GELO**

TAMBÉM CONHECIDO COMO QUARTZO ENTALHADO GLACIAL

*Formação natural*

| COR | Branco |
|---:|---|
| **APARÊNCIA** | Cristal branco luminoso com fissuras e entalhes |
| **RARIDADE** | Rara |
| **ORIGEM** | Paquistão |

**ATRIBUTOS** O Quartzo Gelo tem a aparência e a energia parecida com as do Quartzo Nirvana, mas é menos intenso. Ele ressoa com a energia do corpo celeste Sedna, descoberto pouco tempo atrás, e com o mito inuit da deusa que, depois de ser atirada de um caiaque pelo seu pai, tornou-se a proterora das criaturas marinhas.

Do ponto de vista espiritual, esta pedra suave é uma utilíssima intermediária quando a energia do Quartzo Nirvana é forte demais para o nível de consciência a que se chegou. Quando você entra em sintonia com ele, esta pedra rompe barreiras suavemente, abre a sua consciência e lhe dá um vislumbre de possibilidades excitantes; porém, ela não o sobrecarrega, mas lhe dá tempo para se ajustar e avançar no seu próprio passo. Um especialista na escolha do tempo mais adequado, o Quartzo Gelo é uma pedra útil para se ter na mão quando você quer saber por que alguma coisa simplesmente se nega a dar certo. Ela mostra o quanto a espera paciente pode valer a pena. Segurar esta pedra o leva a um estado de tranquilidade profunda, em sintonia com a divindade interior e com a imensidão do ser. Quando chegar o tempo certo, você vai se dar conta do chamado para que seja o que é, e dos meios para empreender a sua jornada.

O Quartzo Gelo, por ser um agente de cura emocional cármico* que ajuda você a se libertar da mentalidade de vítima ou da vitimização e de qualquer coisa do passado que ainda o aprisione emocionalmente, o auxilia a sair do ciclo cármico* de relacionamentos. Emocionalmente, ele desbloqueia sentimentos reprimidos, mostrando-lhe como extravasá-los. Esta pedra ensina a independência e a autonomia emocionais, levando-o a perceber que você é o único responsável por suscitar e manter o seu bem-estar e felicidade, e a deixar de ser dependente de uma fonte externa, como um parceiro ou ente querido. O Quartzo Gelo também mostra que estar desacompanhado não é o mesmo que estar solitário e que a solidão e o isolamento têm o seu valor. Isso lhe dará a possibilidade de encontrar conforto na companhia do seu próprio Eu.

Do ponto de vista psicológico, o Quartzo Gelo ajuda você a deixar para trás mecanismos de controle que um dia o protegeram da dor. Amenizando a necessidade que você tem de fazer tudo do seu jeito, esta pedra o abre para uma nova relação consigo mesmo, com as outras pessoas e com o mundo, e o apresenta ao domínio das escolhas conscientes.

**CURA** Atua além do corpo físico do ser para curar a alma, mas ajuda no tratamento de rigidez nos ombros e da artrite.

**POSIÇÃO** Segure-o ou use-o no gradeamento (*ver* páginas 28-31) para criar um espaço sagrado.

**NOTA** Combine o Quartzo Gelo com o Quartzo Nirvana (*ver* páginas 270-271) no chakra da estrela da alma e no da coroa superior para atrair uma energia de vibração* elevada, que será assimilada suavemente pelo corpo.

## QUARTZO: **QUARTZO KUNDALINI**

*Ponta natural*

| | |
|---|---|
| **COR** | Esverdeado ou amarelo acastanhado |
| **APARÊNCIA** | Pontas transparentes ao redor de uma ponta maior |
| **RARIDADE** | Cada vez mais fácil de obter |
| **ORIGEM** | Congo |

**ATRIBUTOS** Uma citrina natural, o Quartzo Kundalini eleva a energia kundalini* ao longo da coluna vertebral desde o chakra da base até o da coroa, purificando todos os chakras à medida que passa e abrindo os chakras superiores para a estrela da alma e além. Se você segurá-la sobre a cabeça, esta pedra provoca um orgasmo cósmico que leva você ao cerne da criação para se tornar um cocriador, uma experiência que ela então ancora na realidade funcional. O cristal perfeito para o sexo tântrico, o Quartzo Kundalini irradia abundância e cria paixão em todos os níveis.

**CURA** Desbloqueia o sistema reprodutivo e aumenta a libido.

**POSIÇÃO** Use-o no gradeamento (*ver* páginas 28-31), posicione-o sobre os chakras da Terra, da base e da estrela da alma ou sobre a cabeça.

## QUARTZO: **SEMENTE LEMURIANA**

*Transparente (ponta longa natural,
emendada naturalmente)*

| COR | Transparente, enfumaçado, cor-de-rosa, tangerina, amarelo, azul |
|---|---|
| APARÊNCIA | Ponta longa, com estrias horizontais pronunciadas em faces alternadas, muitas vezes congelado |
| RARIDADE | Rara |
| ORIGEM | Brasil, Rússia, China, Estados Unidos, Zâmbia |

**ATRIBUTOS** Instrumentos perfeitos para trabalhadores da luz*, os Lemurianos contêm uma bênção de amor incondicional pela Terra enquanto nós passamos por uma profunda mudança vibracional. Eles lembram aos trabalhadores da luz que prestem atenção ao seu desenvolvimento espiritual ao mesmo tempo em que procuram facilitar o das outras pessoas. Elevando-se como uma escada para o céu e acessando estados inter e extradimensionais, os Lemurianos nos ensinam que somos seres multidimensionais e nos conferem uma visão objetiva das nossas vidas anteriores. Pondo abaixo ilusões relativas à separação na encarnação física, eles nos lembram de que a cura corresponde à recordação do nosso eu espiritual e que o tempo é uma ilusão da encarnação física, mostrando como ampliarmos as nossas fronteiras e nos aproximarmos do Tudo O Que É*.

A pedra ideal para usar em gradeamentos* com o objetivo de entrar em contato com os anjos, os Lemurianos abrem um portal estelar, ancorando a sabedoria antiga no presente. Redespertando-nos para o treinamento espiri-

## LISTA DE CRISTAIS

tual e para as nossas habilidades de cura, esta pedra nos reconecta de modo consciente com o conhecimento que tínhamos no passado. Na terapia de vidas passadas, ele facilita a recuperação da perfeição interior, acessando uma época anterior ao surgimento da indisposição* ou dos padrões emocionais destrutivos. Excelentes para o equilíbrio e purificação dos chakras, as varinhas lemurianas removem detritos cármicos* e imperativos* anímicos. Ativando as ressonâncias* superiores de cada chakra e se integrando com o corpo de luz*, os Lemurianos facilitam a comunicação profunda entre os níveis físico e sutil do ser, ancorando as mudanças vibracionais no físico.

Do ponto de vista mental, os Lemurianos ensinam que os pensamentos são criativos e tomam forma e, acompanhados da intenção certa e da crença em si mesmo, manifestam seu pleno potencial. Para voltar a um sonho carregado de significado ou compreendê-lo melhor, ou para ter sonhos conscientes ou sonhar com uma nova realidade, durma com esta pedra embaixo do travesseiro.

*"Enfumaçado" (ponta tigrada)*

Numa roda medicinal (ver páginas 368-375) ou gradeado* (ver páginas 28-31), especialmente quando ativado com o Quartzo Elestial, o Lemuriano abre o espaço de cura multidimensional e um poderoso portal de energia que o transporta ao passado, ao presente e ao futuro, e por meio do qual qualquer parte da evolução da alma pode ser acessada e transformada. Use os Lemurianos com Elestiais Enfumaçados para ancorar a energia de vibração* elevada e ativar uma âncora cósmica* para o corpo de luz. Combina bem com a Hanksita para limpar e purificar energias lemurianas negativas (podem ser catárticas), transformando-as em lembranças positivas.

**CURA** Como um raio laser, os Lemurianos eliminam indisposições ou fadigas, abrindo novos canais de energia nos corpos sutis e físico.

**POSIÇÃO** Segure-o ou posicione-o como for mais apropriado.

*"Citrino" (ponta natural)*

### CORES ESPECÍFICAS

*"Cor-de-rosa" (ponta natural)*

O **Lemuriano "Enfumaçado"** é um purificador cármico eficaz, que liberta você do passado e o ajuda a compreender exatamente como você abusou do poder em vidas passadas – como vítima ou algoz –, criando uma rede cármica que segura você numa vibração densa. Ensinando a usar o poder com sabedoria, esta pedra cria uma alma poderosa capaz de agir multidimensionalmente com plena consciência. Esta pedra também mostra que, ao aceitar a escuridão com coragem olhando de frente a nossa sombra*, nós contemplamos a luz.

O **"Citrino" Lemuriano** traz abundância espiritual, transportando as suas dádivas e talentos do passado, e de qualquer dimensão, para trabalhar no seu ambiente atual. Sintonizado com a chama* dourada da mente iluminada, ele mostra como reequilibrar a grade da Terra a fim de facilitar a mudança para um planeta mais abundante.

O **Lemuriano "Sonho tangerina"** repara o desequilíbrio cármico e da alma, e regula o esquema etérico*, para adaptá-lo às vibrações elevadas de que precisa o corpo de luz*. Este Lemuriano tem um padrão energético acelerado que oferece profundas mudanças e ativa a criatividade que vem da alma.

*"Sonho tangerina" (ponta natural)*

O **Lemuriano "Cor-de-rosa"** é um cristal extremamente centrado no coração e sintonizado com a chama* rosa do amor incondicional e compassivo. Por isso ele elimina detritos cármicos e emocionais do chakra do coração e do corpo emocional, levando você a um estado vibracional mais puro e irradiando amor universal. Ele desfaz amarras emocionais e dissolve impressões relativas ao abuso da energia do coração na época da Lemúria ou de Atlântida, facilitando a independência emocional na sua vida presente. Esta pedra também ativa o chakra do coração do corpo de luz.

O **Lemuriano "Azul"** oferece uma visão panorâmica das vidas e do motivo pelo qual você encarnou outra vez. Estimulando as viagens astrais* através das várias dimensões para que você obtenha informações necessárias para o serviço que veio realizar neste planeta, o Lemuriano azul é a pedra ideal para os agentes de cura, pois ele impede que a negatividade se acumule. Este cristal também ajuda nos diagnósticos e a localizar a área da indisposição, dando um "salto" para o ponto de maior desarmonia, a qual ele dissipa e impregna de luz.

*"Azul" (ponta natural)*

## QUARTZO COM MICA LEPIDOLITA

*Formação natural alma gêmea*

| COR | Branco e prateado |
|---|---|
| APARÊNCIA | Flocos delicados dentro do quartzo |
| RARIDADE | Razoavelmente fácil de obter |
| ORIGEM | Mundo todo |

**ATRIBUTOS** Esta combinação xamânica eleva a intuição e a capacidade de segui-la de maneira prática. Aprofundando o amor incondicional, ela ajuda você a fazer uma distinção entre a espiritualidade verdadeira e as desilusões, ilusões e autoengano. Elevando as reações energéticas à acupuntura e à acupressão, o Quartzo com Mica identifica e sela os derrames de energia e transmuta a energia negativa nos chakras ou no escudo bioenergético*. Esta pedra ensina como manifestar o que você mais deseja.

**CURA** Útil para tratar distúrbios alimentares, a coordenação motora e a degeneração da retina.

**POSIÇÃO** Segure-o, posicione-o ou use-o no gradeamento (*ver* páginas 28-31) como for mais apropriado.

(*Ver também* Quartzo Xamânico, páginas 287-288.)

## QUARTZO: **QUARTZO LILÁS**

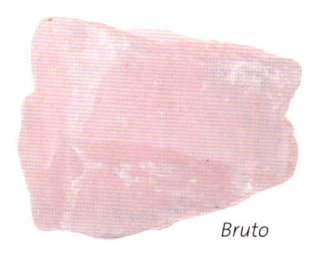

*Bruto*

| COR | Lilás |
|---|---|
| APARÊNCIA | Quartzo opaco ou transparente |
| RARIDADE | Rara |
| ORIGEM | África do Sul |

**ATRIBUTOS** Uma ressonância* mais elevada do Quartzo Rosa, o Quartzo Lilás estimula os dons* metafísicos e facilita as viagens interdimensionais, levando a meditação a um patamar mais elevado.

Do ponto de vista espiritual, esta pedra, que evoca a lembrança do eu e aumenta a autoconsciência, ajuda você a se lembrar de todas as dimensões da consciência, integrando o vasto espectro do seu eu espiritual. Ressoando com os chakras do coração e da coroa superior, o Quartzo Lilás possibilita a cura emocional e multidimensional profunda.

**CURA** Ajuda a regularizar a frequência cerebral e colabora com a regeneração celular.

**POSIÇÃO** Segure-o, posicione-o ou use-o no gradeamento (*ver* páginas 28-31) como for mais apropriado.

## QUARTZO: **QUARTZO MORION**

*Formação natural*

| COR | Preto com incrustações brancas |
|---|---|
| APARÊNCIA | Ponta de quartzo coberta com incrustações |
| RARIDADE | Média |
| ORIGEM | Rússia, Espanha, África do Sul, Suíça, China, Romênia, França, Cazaquistão Himalaia |

**ATRIBUTOS** O Quartzo Morion é um quartzo escuro naturalmente irradiado (mas não radiativo) que apresenta muitas vezes incrustações brancas de dolomita, pirita ou feldspato e serve de escudo principalmente quando usado em viagens astrais ou sonhos lúcidos. Do ponto de vista espiritual, pelo fato de intensificar a visão psíquica, ele reconcilia dualidades, unindo yin e yang, masculino e feminino, terra e céu, e levando você para além da dualidade. Na forma de varinha, o Quartzo Morion elimina do corpo energia negativa ou estagnada, enquanto as incrustações o reenergizam de acordo com as suas propriedades: a pirita cria um escudo de energia e dá a motivação psicológica para progredir, enquanto a dolomita dá à alma a certeza de que ela está segura na encarnação.

Do ponto de vista psicológico, o Quartzo Morion combate os efeitos do estresse e ajuda na exploração das energias da sombra* e na descoberta dos seus talentos, dando a você coragem para superar obstáculos e recuperar a confiança, e fortalecendo a sua autoestima e confiança interior. Uma pedra pacificadora que ancora* as energias, o Quartzo Morion é um agente de cura suave que ameniza emoções prejudiciais ou a dor emocional, envolvendo você numa sensação de segurança e calma que lhe permite seguir o seu caminho com equanimidade. Do ponto de vista físico, o Quartzo Morion promove a autocura e a desintoxicação. Do ponto de vista ambiental, esta pedra é um poderoso agente da cura da Terra, com uma forte conexão com a Mãe Terra. O Quartzo Morion é um forte desintoxicante para áreas de radiação natural ou usinas nucleares, para locais de despejo de lixo radioativo e locais onde há neblina eletromagnética* ou gás radônio. Esta pedra é muito útil em locais onde as águas do mar ou de um rio foram poluídas com radiação ou em construções que apresentam a síndrome do edifício doente.

**CURA** Ajuda na radioterapia e elimina a toxicidade. É benéfica para o tratamento da osteoporose; ossos quebrados e dores de dentes, nas costas e nos quadris. Ajuda a circulação, a digestão e o metabolismo.

**POSIÇÃO** Segure-o ou posicione-o como for mais apropriado. Deixe-o embaixo do travesseiro para ter sonhos lúcidos. Use no gradeamento (*ver* páginas 28-31) como for mais apropriado e limpe-o regularmente.

### FORMA ADICIONAL

O **Quartzo Morion branco** é uma formação rara de Quartzo branco coberto com incrustações de calcita e pirita. Esta pedra de vibração* elevada provoca uma alquimia espiritual. Ela invoca a presença angélica e auxiliadores iluminados na sua vida e proporciona orientação e clareza, ajudando você a se lembrar da sua alma. Um par de Quartzos Morion, um preto e outro branco, propicia um perfeito equilíbrio energético e cria uma meditação de vibrações extremamente elevadas ou um espaço propício para a cura.

*Quartzo Morion branco (formação natural)*

## QUARTZO: **QUARTZO NIRVANA**

TAMBÉM CONHECIDO COMO INTERFERÊNCIA HIMALAIA NO CRESCIMENTO

*Branco (formação natural)*

*Cor-de-rosa (formação natural)*

| COR | Branco, cor-de-rosa, roxo-lilás |
|---|---|
| APARÊNCIA | Cristal transparente multifacetado, que lembra gelo, com fendas e entalhes |
| RARIDADE | Rara |
| ORIGEM | Himalaia |

**ATRIBUTOS** Poderoso cristal que promove a alquimia espiritual, o Quartzo Nirvana é uma pedra de vibração* extremamente elevada, em sintonia com a chama* branca da consciência pura. Ele facilita a iluminação espiritual, abre o chakra da estrela da alma e ancora essas energias na Terra. Amplificando o fluxo da ascensão* e da energia espiritual para os corpos físico e sutis*, o Quartzo Nirvana integra o corpo de luz*.

Do ponto de vista espiritual, esta pedra facilita a mudança necessária para atingir a iluminação do Nirvana interior – estados de bem-aventurança da mente pura iluminada combinados com amor incondicional por tudo o que existe – durante a encarnação no corpo físico. Situado na interface entre consciência e matéria, mente e corpo, espírito e alma, passado e futuro, humano e divino, o Quartzo Nirvana é como a consciência divina cristalizada. Ele tem uma sabedoria que provoca uma mudança profunda na percepção e faz com que você aceite com mais facilidade o seu destino espiritual como um ser universal. Esta pedra remove as barreiras ao crescimento espiritual ou psicológico e desperta potenciais adormecidos, embora possa provocar uma crise de saúde* severa. Essa crise pode requerer outras pedras, enquanto a alma se liberta do seu carma*, imperativos* anímicos e ilusões mais profundas, sintoniza-se com o seu propósito verdadeiro e descobre possibilidades impressionantes. Ensinando que somos nós que criamos a nossa realidade, esta pedra expande sobremaneira a nossa visão de como pode ser essa realidade.

O Quartzo Nirvana cria uma ponte para a canalização de energia entre agente de cura e paciente, numa sessão de cura a distância por intermédio de uma terceira pessoa. Particularmente útil para o trabalho de libertação espiritual no qual um parente ou amigo serve como intermediário, esta pedra nos relembra que os casos de obsessão espiritual nem sempre requerem o consentimento do obsedado, pois a alma raramente permite que a entidade* o ataque. Outras pedras podem ser necessárias para selar o revestimento biomagnético* e evitar recidivas.

**CURA** Esta pedra atua além do nível físico do ser, para abrir a mente iluminada.

**POSIÇÃO** Segure-o ou posicione-o como for mais apropriado, especialmente no chakra da estrela da alma. Combina com o Quartzo Gelo nos gradeamentos (*ver* páginas 28-31).

### CORES ESPECÍFICAS

O **Quartzo Nirvana cor-de-rosa** está em sintonia com a energia do feminino divino e da deusa, abrindo o chakra do coração superior para um influxo de amor divino e lembrando você de que tudo é amor.

O **Quartzo Nirvana branco ou roxo** está em sintonia com o masculino divino e ajuda na integração do feminino e masculino interior, para que você vá além da diferença entre os sexos e chegue ao puro espírito.

*Roxo (formação natural)*

LISTA DE CRISTAIS

## QUARTZO: **QUARTZO RIO LARANJA**

*Chamas gêmeas ou almas gêmeas*

*Cetro*

| COR | Laranja, vermelho e marrom |
|---|---|
| APARÊNCIA | Inclusões ou manchas coloridas dentro ou sobre o quartzo |
| RARIDADE | Rara, num único local |
| ORIGEM | África do Sul |

**ATRIBUTOS** Disposto em camadas claramente definidas contendo Hematita, esta pedra altamente energética revitaliza todos os níveis do ser e sintoniza a chama* vermelha da vontade espiritual. Acrescentando mais prazer à sua vida em todos os níveis, o Quartzo Rio Laranja absorve a força vital criativa da Terra e a irradia para o chakra da Terra e os chakras mais acima, ativando a criatividade do chakra da base e do sacro, para o da coroa e o da estrela da alma. É uma pedra excelente para recarregar os chakras da base e do sacro.

## LISTA DE CRISTAIS

Do ponto de vista espiritual, se você perdeu o propósito da sua alma ou a motivação, esta pedra realinha você com o seu Eu Superior* e o ajuda a aceitar o caminho da vida que você abriu para si mesmo.

Do ponto de vista psicológico, se você perdeu a capacidade de se alegrar, o Quartzo Rio Laranja a restaura plenamente, preparando-o para dar e receber puro prazer.

Uma das formações mostrada na página ao lado é um cetro*, um instrumento para a cura multidimensional que confere poder e autoridade espiritual. Ele ajuda você a tomar posse do seu poder espiritual e entrar em sintonia com ele, embora qualquer tipo de Quartzo Rio Laranja facilite, tanto para o algoz quanto para as vítimas, a superação do mau uso ou abuso cármico* do poder. Ajudando no reconhecimento da sua vontade espiritual e sintonizando-a com a vontade espiritual do Eu Superior, esta pedra ajuda você a reivindicar o seu poder e usá-lo de maneira sábia, a serviço da sua alma, caso o tenha dado a outra pessoa nesta vida ou em outras.

A outra formação é um gêmeo tântrico* que, se você estiver emocionalmente preparado, invoca a sua chama gêmea*, criando um relacionamento de amor incondicional e apoio mútuo e facilitando o esquecimento dos relacionamentos dolorosos do passado. Assim, esta pedra reenergiza a sua vida emocional. O Quartzo Rio Laranja também pode invocar uma alma gêmea para continuar lições ou resolver questões inacabadas.

Do ponto de vista físico, esta pedra é um eficiente agente de cura que realinha os meridianos* do corpo e estimula o fluxo de energia nos órgãos, por meio do sangue purificado e reenergizado.

**CURA** Beneficia o sangue, o fígado e o baço; regula o fluxo sanguíneo, aumenta a força dos glóbulos vermelhos e estimula o sistema imunológico e os órgãos reprodutivos.

**POSIÇÃO** Segure-o, posicione-o ou use-o no gradeamento (*ver* páginas 28-31) como for mais apropriado.

(*Ver também* Quartzo Bushman Cascata Vermelha, páginas 236-237.)

## QUARTZO: **QUARTZO OURO VERDE**

*Bruto*

| | |
|---:|:---|
| **COR** | De verde-oliva a verde amarelado |
| **APARÊNCIA** | Quartzo levemente oleoso ou verde-oliva craquelê |
| **RARIDADE** | Fácil de obter (realçado artificialmente com raios gama) |
| **ORIGEM** | Brasil |

**ATRIBUTOS** Com uma energia forte que nunca requer limpeza ou recarga, o Quartzo Ouro Verde confere uma poderosa proteção. Do ponto de vista espiritual, esta pedra mostra a você o significado mais profundo da vida e assim facilita a visão dos possíveis eventos futuros com a sabedoria do passado, o que leva a escolhas mais construtivas. Do ponto de vista psicológico, esta pedra fortalece o caráter e ajuda na manifestação de todo o seu potencial. O Ouro Verde detecta fatores psicológicos, ambientais e emocionais que podem desencadear doenças.

**CURA** Ajuda na cura de tumores, herpes e alergias; benéfico para circulação periférica, doença de Raynaud, choque anafilático; protege contra radiatividade e gás radônio. Se você tiver uma reação adversa, substitua esta pedra pelo Quartzo Enfumaçado natural.

**POSIÇÃO** Segure-o, posicione-o ou use-o no gradeamento (*ver* páginas 28-31) como for mais apropriado.

# QUARTZO: **QUARTZO FANTASMA**

*Ponta com dupla
terminação natural*

| COR | Ver abaixo |
|---|---|
| APARÊNCIA | Triângulos sólidos ou espectrais dentro de quartzo transparente |
| RARIDADE | A maioria dos fantasmas é fácil de obter |
| ORIGEM | Mundo todo |

**ATRIBUTOS** Simbolizando as inúmeras vidas da alma, um Quartzo Fantasma facilita a percepção espiritual mais ampla e ajuda nos momentos de transição. Levando você a viajar pelas dimensões* múltiplas ou interiores, esta pedra desnuda você, camada por camada, até revelar o seu cerne espiritual. Do ponto de vista cármico, o Quartzo Fantasma ajuda você a acessar os Registros Akáshicos*, recuperando memórias reprimidas e reenquadrando* ou renegociando contratos do passado, facilitando visitas ao estado entrevidas* para a descoberta do seu atual plano anímico e a liberação de imperativos* anímicos ultrapassados. Tornando mais suaves as transições de todos os tipos, esta pedra mostra qual poderá ser o seu passo seguinte.

Do ponto de vista psicológico, um Fantasma reconcilia você com a sua sombra* e revela as dádivas que ela contém. Do ponto de vista físico, esta pedra ativa a capacidade de cura e facilita a cura do corpo físico corrigindo o esquema etérico*. Do ponto de vista ambiental, ela estimula a cura do planeta, realinhando os padrões perniciosos.

## LISTA DE CRISTAIS

*Branco (ponta natural)*

**CURA** Ver a seguir cada cor individualmente.

**POSIÇÃO** Segure-o, posicione-o ou use-o no gradeamento (*ver* páginas 28-31) como for mais apropriado.

### CORES ESPECÍFICAS

O **Fantasma branco** acelera a transmissão de luz e a informação entre os reinos superiores e a Terra, abrindo o recipiente para receber curas oriundas de outros tempos e lugares a anos-luz daqui. Esta pedra pode realizar cirurgias etéricas e remover camadas compactas de carma, abrindo caminho para que ocorra a cura da memória celular* multidimensional e para que o resgate do carma* aconteça. Particularmente útil para você entrar em contato com guias espirituais e ajudá-lo a desenvolver a clarividência*, esta pedra intensifica a meditação, elimina padrões arraigados e ajuda a curar distúrbios auditivos.

O **Fantasma ametista** facilita o acesso ao estado anterior ao nascimento* e ao plano da sua vida presente, ajudando você a avaliar até que ponto aprendeu as lições anímicas propostas para a sua encarnação atual. Esta pedra propicia a cura celular multidimensional e é particularmente útil para compreendermos indisposições* subjacentes a doenças psiquiátricas.

*Ametista (ponta natural)*

O **Fantasma verde** atua nos chakras da Terra, da base, do plexo solar, do coração e do terceiro olho, mantendo você ancorado e protegido e criando um escudo psíquico. O Fantasma verde com inclusões de clorita absorve rapidamente a energia negativa e as toxinas, eliminando acúmulos de energia negativa em qualquer parte do corpo ou do ambiente. Esta pedra ajuda a remover implantes energéticos, facilitando o acesso à fonte desses implantes, nesta ou em outras vidas (use sob a orientação de um terapeuta experiente). Um grande Fantasma Clorita, colocado de ponta-cabeça dentro da caixa d'água, ajuda a purificar a casa. O Fantasma verde ameniza os ataques de pânico, estabiliza o transtorno bipolar e colabora com a autorrealização. Alguns Fantasmas verdes formados a partir de outros minerais geram uma poderosa energia de

*Verde (ponta natural)*

cura que acelera a recuperação de pessoas adoentadas. Esta pedra também facilita o contato com anjos e melhora a comunicação por meio da clariaudiência. Além disso, o Fantasma verde alivia o desespero e confere uma sensação de proteção.

O **Fantasma amarelo** é uma pedra ligada ao corpo mental, que ajuda a mente a recuperar e reorganizar memórias e padrões de pensamento, servindo como uma ponte para a mente superior. As inclusões\* desta pedra são de Limonita, uma pedra que estimula as atividades intelectuais de todos os tipos. Este Fantasma promove o encaminhamento de entidades mentais ou influências\* desta ou de outras vidas. Ele une os chakras do terceiro olho, da coroa, das vidas passadas e do plexo solar, para promover insights sobre os efeitos emocionais e psicológicos de experiências passadas e a razão por que a alma escolheu passar por elas.

*Amarelo (ponta natural)*

O **Fantasma laranja**, com inclusões de Cornalina, energiza e rejuvenesce, ativando e harmonizando os chakras do plexo solar, do terceiro olho, do coração e do sacro, aumentando a criatividade. O Fantasma laranja ajuda você a superar uma personalidade obsessiva, eliminando a ânsia por ter sempre mais e ajudando-o a se concentrar na sua recuperação. Este Fantasma de coloração mais pálida facilita viagens astrais\* com o objetivo de entrar em contato com o Eu Superior\* e o ajuda a descobrir quem você realmente é. Depois que entrar em contato com esta parte vital do seu Eu, os seus vislumbres intuitivos poderão ser postos em prática na vida diária.

*Laranja (ponta natural)*

O **Fantasma laranja invertido** se forma quando a Cornalina se derrete em torno do quartzo. Esta pedra proporciona informações intuitivas acerca dos seus mecanismos internos e do verdadeiro significado da vida. Carregue esta pedra com você por um longo período para que ela lhe dê sustentação e vitalidade. Apontando o local e a causa sutil da doença, o Fantasma laranja invertido ajuda você a assumir o controle da sua vida.

*Laranja invertido (ponta natural)*

## LISTA DE CRISTAIS

*Vermelho (ponta natural)*

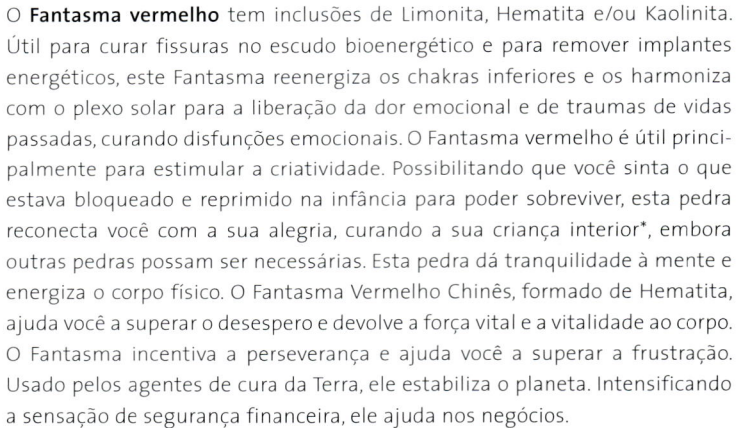

O **Fantasma vermelho** tem inclusões de Limonita, Hematita e/ou Kaolinita. Útil para curar fissuras no escudo bioenergético e para remover implantes energéticos, este Fantasma reenergiza os chakras inferiores e os harmoniza com o plexo solar para a liberação da dor emocional e de traumas de vidas passadas, curando disfunções emocionais. O Fantasma vermelho é útil principalmente para estimular a criatividade. Possibilitando que você sinta o que estava bloqueado e reprimido na infância para poder sobreviver, esta pedra reconecta você com a sua alegria, curando a sua criança interior*, embora outras pedras possam ser necessárias. Esta pedra dá tranquilidade à mente e energiza o corpo físico. O Fantasma Vermelho Chinês, formado de Hematita, ajuda você a superar o desespero e devolve a força vital e a vitalidade ao corpo. O Fantasma incentiva a perseverança e ajuda você a superar a frustração. Usado pelos agentes de cura da Terra, ele estabiliza o planeta. Intensificando a sensação de segurança financeira, ele ajuda nos negócios.

*Azul (ponta natural)*

O **Fantasma azul** intensifica a comunicação telepática entre as pessoas ou a Terra e os reinos espirituais. Esta pedra facilita as viagens entre as dimensões, a recuperação de conhecimentos esquecidos e a divinação. Fazendo você se sentir parte integrante do todo perfeito, esta pedra ajuda você a olhar as outras pessoas com compaixão e tolerância. O Fantasma azul ajuda a amenizar a raiva e a ansiedade. Ele é benéfico para a garganta, os sistemas endócrinos e metabólicos, o baço e os vasos sanguíneos.

*Enfumaçado (ponta natural)*

O **Fantasma enfumaçado** ativa o chakra das vidas passadas e ajuda você a recuperar e reenquadrar* memórias traumáticas. Pedra excelente para encaminhar entidades*, o Quartzo Fantasma enfumaçado leva você de volta para o seu grupo anímico* original, ligando-o ao propósito da encarnação de todo o grupo. Esta pedra o ajuda a identificar e atrair os membros desse grupo anímico na vida presente, para cumprirem tarefas cármicas ou espirituais, e ensina que essas experiências não podem ser julgadas do ponto de vista terreno. Caso energias negativas ou imperativos estejam interferindo no propósito do grupo, o Fantasma enfumaçado os remove, levando todo o grupo a rever a sua intenção original. O Fantasma volta a uma época anterior ao problema ou padrão original para reconectar você com o estado de inteireza e harmonia.

O **Fantasma cor-de-rosa** promove a paz e o amor próprio. Ele ajuda a comunicação empática entre amigos e parceiros românticos; ou entre você e um guia espiritual ou seu Eu Superior\*. Esta pedra facilita a aceitação da vida como ela é e a encontrar a plenitude, fazendo mudanças quando necessário. Se dois agentes de cura estão trabalhando a distância, esta pedra promove um vínculo forte entre eles, estimulando a telepatia e promovendo a proteção espiritual. Ela também é benéfica para quem quer superar restrições, situações de abandono, traição ou alienação, além de fortalecer o coração e ajudar no tratamento do lúpus e de doenças autoimunes.

*Cor-de-rosa (ponta natural)*

A **Desirita** é branca com Fantasmas cor de laranja, brancos e azuis. Em sintonia com o número 44, o número da metamorfose, a Desirita ajuda na transmutação em todos os níveis e no reconhecimento da interligação do divino e do espiritual. Os seus fantasmas de várias cores diferentes são como degraus para a ascensão\*. Ecoando a máxima "assim em cima como embaixo", esta pedra reflete a realidade física e espiritual. Esfregue o polegar nela e ela o fará chegar a estados meditativos profundos. Com uma grande capacidade de ancorar\* energia, a Desirita atinge vibrações\* altíssimas, acessando cada nível sucessivamente: o primeiro ligado aos nativos americanos e à Lemúria, e o segundo ao Egito. Perfeita para o trabalho com anjos e com mestres ascensionados\*, a Desirita franqueia o acesso a vidas nos primórdios da história do planeta. Embora seja um poderoso instrumento de cura para aqueles que estão em sintonia com ela, a Desirita não funciona muito bem com outras pedras no trabalho de cura; os seus efeitos são melhores quando usada sozinha ou para realinhar e reequilibrar as energias depois de finalizada a sessão terapêutica. A Desirita atua além do físico, eliminando padrões ânimos obsoletos, a causa básica dos distúrbios auditivos, e abre passagem para a cura celular multidimensional. Veja também as propriedades das cores de cada Quartzo Fantasma, pois esta pedra provoca uma sinergia entre as energias de todas elas.

*Desirita (ponta natural)*

## QUARTZO: **QUARTZO CRAQUELÊ COR-DE-ROSA**

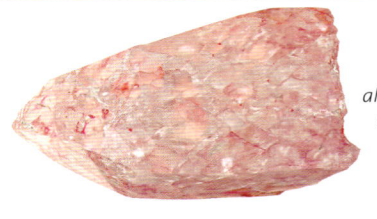

*Ponta natural alterada por meio de tratamento térmico*

| | |
|---:|:---|
| **COR** | Coloração rosada artificial (ilustrações na página 281) |
| **APARÊNCIA** | Cristal de quartzo transparente com rachaduras na parte interior |
| **RARIDADE** | Fácil de obter |
| **ORIGEM** | Quartzo aperfeiçoado artificialmente |

**ATRIBUTOS** Embora o Quartzo Craquelê seja superaquecido e colorido artificialmente, ele tem qualidades muito benéficas à vida, além de expandir a energia. Promovendo diversão e alegria na vida, esta pedra atrai particularmente as crianças ou a nossa criança interior*, e a sua variedade de cores faz desse cristal uma ótima opção para tratar os chakras de crianças.

Do ponto de vista psicológico, esta pedra insiste para que você seja responsável pelos seus sentimentos, reconhecendo que eles brotam dentro de você e que só você pode optar por sentir alegria e felicidade em vez de esperar que outras pessoas lhe despertem esses sentimentos. Do ponto de vista emocional, o Quartzo Craquelê Rosa é útil principalmente para curar crianças que sofreram abusos ou maus tratos, pois ela gentilmente alivia a dor emocional e a substitui por amor. Esta pedra liga o chakra do plexo solar com o coração, irradiando amor incondicional no centro emocional. Curando as feridas do centro cardíaco, esta pedra ensina a independência emocional que se insinua dentro de você quando para de se preocupar com o que os outros possam pensar e deixa de seguir as instruções externas sobre como *deveria* se sentir, passando a confiar mais em quem você realmente é. Do ponto de vista físico, esta pedra ajuda a recarregar as suas baterias; e a é útil para complementar o tratamento do Reiki* e facilitar o contato com o seu Eu Superior*.

**CURA** Estimula a memória celular*, fortalece ossos frágeis, ajuda no tratamento de fraturas e de ansiedade e é útil nos casos de dores durante o voo.

**POSIÇÃO** Segure-o, posicione-o ou use-o no gradeamento (*ver* páginas 28-31) como for mais apropriado.

### CORES ESPECÍFICAS
O **Quartzo Craquelê lilás** ajuda no desenvolvimento espiritual. Ele neutraliza suavemente crenças cristalizadas, promovendo uma mudança de atitude e novas ideias sobre o caminho espiritual.

O **Quartzo Craquelê azul** faz com que as outras pessoas ouçam o que você tem a dizer e facilita a comunicação, amenizando problemas de fala e de audição e aliviando as dificuldades respiratórias.

O **Quartzo Craquelê verde** ajuda a aterrar e a confortar pessoas com dificuldade para se ancorar na Terra ou que se sentem desconfortáveis no próprio corpo devido a abusos físicos ou aversão à encarnação física.

O **Quartzo Craquelê amarelo** ajuda a curar abusos mentais e o autoritarismo, assegurando à criança interior que ela pode acreditar em si mesma e nas suas percepções. Esta pedra cura a mente confusa e abre a mente fechada para que ela abranja novas possibilidades.

O **Quartzo Craquelê laranja ou vermelho** é útil para estimular a criatividade e a criança interior que gosta de brincar.

*Lilás (rolado)*

*Azul (rolado)*

*Verde (rolado)*

*Amarelo (rolado)*

*Laranja (rolado)*

## QUARTZO: **QUARTZO PRASIOLITA**

*Natural*  *Rolado*

| COR | Verde-claro |
|---|---|
| APARÊNCIA | Quartzo translúcido ou transparente |
| RARIDADE | O natural é raro; a maioria dos Prasiolitas é criada a partir da Ametista tratada termicamente |
| ORIGEM | Brasil, Estados Unidos, Sri Lanka, Madagascar, Finlândia, Rússia, Namíbia |

**ATRIBUTOS** Uma pedra considerada de transformação, a Prasiolita atua como uma ponte entre as frequências da Terra e as frequências dos reinos superiores. A sua energia é, portanto, transmitida nas duas direções, para a sua alma e para o seu coração. Colocada no chakra da Terra, ela absorve energia criativa e nutriz da Terra e a irradia para o coração, para alimentar a alma. No chakra da coroa, a Prasiolita atrai as frequências superiores do espírito e as transmite ao chakra do coração superior.

Do ponto de vista espiritual, esta pedra é útil para entrar em contato com o Eu Superior*. Se você meditar com ela, esta pedra o ajuda a incorporar essa energia e a projetá-la na vida diária, ancorando-a* e fazendo com que o seu propósito espiritual se manifeste. Se tiver dificuldade para reconhecer a divindade inata dentro de você ou de qualquer pessoa, use a Prasiolita sobre o coração. A Prasiolita é útil nas viagens xamânicas ao mundo superior*.

Possibilitando uma conexão profunda com o Tudo O Que É*, esta pedra ajuda a desfazer os padrões ancestrais no sudeste da roda medicinal (*ver* páginas 368-375), levando-o a encontrar os espíritos dos seus ancestrais e os do planeta. Na cura da linhagem ancestral* ou de vidas passadas, a Prasiolita corrige o esquema etérico* para a vida presente, apontando conexões cármicas* significativas e a dádiva ou justiça cármica por trás das situações traumáticas.

Do ponto de vista emocional, esta pedra protege o chakra esplênico do esgotamento de energia, eliminando a disposição para ser mártir ou "capacho" ou o sentimento de que você tem que se dar por inteiro a outra pessoa ou a um projeto, exaurindo assim todas as suas energias. A Prasiolita apoia as pessoas carentes para que elas encontrem uma fonte de energia infinita dentro de si e recuperem a autoconfiança por meio da ligação com a Mãe Terra e com o Pai Celestial, ativando uma âncora cósmica*. Esta pedra ajuda aqueles que estão prontos para deixar o planeta a fazê-lo com dignidade e plena consciência, depois de expressar tudo o que gostariam de dizer antes de partir.

**CURA** Agente de cura eficaz para o coração, esta pedra apoia as funções do baço, as células sanguíneas e os sistemas digestivo e imunológico.

**POSIÇÃO** Coloque-o ou posicione-o como for mais apropriado. Em caso de falta de energia, use-o sobre o chakra esplênico, sob a axila esquerda ou sobre a base do esterno.

### PEDRA ADICIONAL

A **Mariposita**, um Quartzo denso, verde brilhante e branco, com aparência de mármore, ajuda você a se adaptar a novas situações e a desenvolver uma personalidade mais flexível. Redutor do estresse e estabilizador de energias, este cristal ameniza a exaustão e reduz os medos. Esta é uma pedra ótima para artesãos e para a autoexpressão. (*Ver também* o Quartzo Serifos, página 286.)

*Mariposita (rolada)*

## QUARTZO: **QUARTZO SATYALOKA**

*Branco-amarelado (polido)*     *Cinza (polido)*     *Amarelo (polido)*

| | |
|---|---|
| **COR** | Transparente, branco ou branco amarelado |
| **APARÊNCIA** | Cristal translúcido ou opaco com inclusões |
| **RARIDADE** | Fácil de obter, mas cada vez mais caro |
| **ORIGEM** | Sul da Índia |

**ATRIBUTOS** Sintonizado com a chama branca da pura consciência, esta pedra de vibração* extremamente alta atinge um nível espiritual ainda mais elevado graças aos monges de Satyaloka, no sul da Índia, que imbuem este cristal, que já contém a energia de uma montanha sagrada, de luz espiritual, antes de mandá-lo para o mundo. A intenção desses monges é que esta pedra realmente sagrada provoque uma mudança na consciência planetária, abrindo caminho para que uma consciência superior se manifeste na Terra e traga iluminação a todos. Por abrir a mente iluminada, esta pedra é um instrumento excelente para facilitar a mudança vibracional, seja pessoal ou planetária, e para propiciar uma cura espiritual profunda e holística. O Quartzo Satyaloka ressoa com o chakra da coroa da Terra, abrindo e alinhando os chakras da coroa e da coroa superior dos corpos físico e sutis*.

Facilitando o acesso instantâneo aos vislumbres intuitivos necessários para o avanço espiritual, esta pedra pode requerer um tempo para ser processada. Colocada sobre o chakra da coroa, ela facilita o despertar espiritual ou uma iluminação imediata, que pode ser vivida ainda no corpo físico. Colocada sobre o chakra do soma, esta pedra ativa o corpo de luz*; sobre o terceiro olho, ela induz visões espirituais e dá acesso a uma orientação de vibração extremamente alta. O Quartzo Satyaloka gera uma ressonância poderosa no seu ser interior, que ativa a interface inteligente entre a alma e o corpo físico, deixando que isso oriente os seus passos no caminho espiritual. Cada pedra presta auxílio da maneira mais adequada para a pessoa em questão. Ela pode ajustar ou amplificar energias, abrir canais e possibilidades para a alma em vários níveis inter ou multidimensionais, ou desencadear uma profunda mudança de atitude. O Quartzo Satyaloka é um grande aliado para aqueles que sentem solidão no caminho espiritual, pois os reconecta com o divino dentro de todas as coisas e, especialmente, dentro do próprio eu.

**CURA** Amplifica as energias de outras pedras de cura e infunde os corpos físico e sutis com energias transformadoras, em vez de atuar diretamente no nível físico do ser, possibilitando a cura vibracional em várias dimensões simultaneamente.

**POSIÇÃO** Medite com esta pedra sobre o chakra da coroa ou posicione-a como for mais apropriado.

### PEDRAS ASSOCIADAS
O **Quartzo Satyamani** complementa o Quartzo Satyaloka, unindo as energias divinas masculina e feminina e facilitando ainda mais a iluminação, e está sintonizado com a chama dourada da mente iluminada. O Satyamani e o Satyaloka trabalham em harmonia com o Quartzo Nirvana e são particularmente eficazes quando dispostos em forma de triângulo em volta dos corpos sutis, com o Nirvana nos chakras da coroa superiores (especialmente o chakra da estrela da alma).

*Quartzo Satyamani (polido)*

## QUARTZO: **QUARTZO SERIFOS**

TAMBÉM CONHECIDO COMO HEDENBERGITA

*Formação natural*

| | |
|---|---|
| **COR** | De verde-maçã a verde-oliva |
| **APARÊNCIA** | Laminado, com camadas semelhantes a folhas |
| **RARIDADE** | Raro (forma de Hedenbergita, um único local) |
| **ORIGEM** | Ilha de Serifos (Grécia) |

**ATRIBUTOS** O Quartzo Serifos realiza cirurgias etéricas, cauterizando feridas no esquema etérico*, removendo cistos e incrustações. Ideal para rituais de prosperidade, esta pedra o conecta com a natureza e por isso faz com que você se sinta em casa neste planeta e no seu corpo. Facilitando as transições de todos os tipos, ela harmoniza os extremos. Ativando uma capacidade intuitiva imbuída com amor e estimulando a criatividade, o Quartzo Serifos aumenta a clareza mental e indica um caminho para uma nova vida. Poderoso agente de cura, este cristal abre e estabiliza o chakra do coração e o chakra da semente do coração e é ótimo para liberar energias negativas e para a cura da Terra*.

**CURA** Fortalece o sistema imunológico e o sistema endócrino.

**POSIÇÃO** Segure-o, posicione-o ou use-o no gradeamento (*ver* páginas 28-31) como for mais apropriado.

## QUARTZO: **QUARTZO XAMÃ**

*Formação natural*

| COR | Branco e verde e/ou com inclusões laranja-marrom |
|---|---|
| APARÊNCIA | Cristal transparente com camadas internas, fantasmas e sulcos |
| RARIDADE | Razoavelmente fácil de obter |
| ORIGEM | Brasil |

**ATRIBUTOS** O Quartzo Xamã é um cristal poderoso para viagens astrais*, que induz o transe, experiências visionárias e a cura da alma. Cruzando as suas paisagens interiores, este cristal serve como uma ponte para outros mundos e possibilita viagens para outros tempos e outras dimensões. O Quartzo Xamã contém diferentes minerais, que ajudam na comunicação com o reino espiritual: o Quartzo Xamã com Clorita tem fortes associações com a Mãe Terra e facilita as jornadas de cura pela natureza; a Clorita ajuda você a atingir a autorrealização, dando apoio e purificando o passado; a Fluorita visionária dá proteção e discernimento; o Rutilo, uma pedra que também confere proteção, estimula viagens fora do corpo e aponta a causa cármica* de uma indisposição*. A Hematita dissipa a negatividade e ancora e harmoniza o corpo, a mente e o espírito; enquanto a Mica estimula a conexão com o eu espiritual, aguça a percepção intuitiva e ajuda você a chegar ao significado profundo das coisas.

O Quartzo Xamã com grande teor de Clorita funciona bem no noroeste da roda medicinal (*ver* páginas 368-375), o local dos hábitos, dos padrões e das rotinas. Purificando a memória celular* e a cura da linhagem ancestral* da vida presente, esta pedra abre caminho para mudanças na sua vida e na vida da sua família. Mostrando como os padrões internos se formaram e foram transmitidos ao longo das gerações, e como você carrega esses padrões ancestrais na sua própria vida, o Quartzo Xamã ensina-o a ter compaixão por si e pela sua família, a descobrir os seus dons e a se libertar para libertar também as suas futuras gerações.

Do ponto de vista mental, o Quartzo Xamã com Rutilo é ótimo para solucionar problemas ou para obter respostas. Pense num problema, contemple a pedra e peça para que você possa empreender uma viagem astral na qual seja capaz de ver a solução. Tenha em mente que você pode ouvir uma resposta em vez de vê-la, ou que ela pode vir posteriormente, por meio de um sinal externo.

Do ponto de vista ambiental, por absorver a negatividade e os poluentes, o Quartzo Xamã elimina o acúmulo de energia estagnada em qualquer área dos corpos sutis* ou do ambiente. Esta pedra remove os implantes* energéticos, não importa a que vida eles pertençam.

**CURA** Funciona melhor nos níveis sutis do ser do que no físico, mas é um antiviral muito útil quando fixado sobre o timo aos primeiros sinais de gripe ou resfriado.

**POSIÇÃO** Segure-o ou posicione-o como for mais apropriado.

(*Ver também* o Quartzo Fantasma verde (Clorita), páginas 276-277; o Rutilo, páginas 318-319; o Quartzo com Mica Lepidolita, página 266.)

# QUARTZO: CRISTAL DE TRANSFERÊNCIA

*Formação natural*

| COR | Branco ou incolor |
|---|---|
| APARÊNCIA | Cristal multifacetado, laminado e denteado com espaços internos |
| RARIDADE | Rara e pode ser confundido com o Quartzo Nirvana |
| ORIGEM | Rússia, Paquistão, Brasil |

**ATRIBUTOS** O Cristal de Transferência literalmente transfere você para um novo espaço e acelera o crescimento espiritual, embora outras pedras possam ser necessárias para a assimilação das mudanças. Do ponto de vista espiritual, esta pedra leva você a um lugar de total abandono, deixando para trás todos os grilhões ou amarras que o prendem, abrindo-o para sentir uma felicidade e uma criatividade supremas. Por ser a pedra perfeita para a meditação, a manifestação e o desencadeamento de sonhos, você precisa estar preparado para aceitar o que quer que ela lhe ofereça, pois esse é um caminho sem volta e os efeitos podem ser dramáticos, traumáticos e arrebatadores. Este cristal transporta você quase instantaneamente para o seu caminho anímico*, abre o seu potencial de cura e desbloqueia o seu caminho evolucionário. Tudo o que estiver obsoleto, em excesso ou não sirva mais para a sua vida, em qualquer nível, está sob a influência dessa pedra catalítica.

Quando você se sentir pronto para uma mudança tão profunda, medite com esta pedra durante vinte minutos, pedindo que ela lhe mostre o caminho que você tem à frente. Durma com ela embaixo do travesseiro e coloque-a embaixo da sua cadeira ou use-a durante o dia. Seja receptivo aos sinais do universo e faça a escolha de responder a eles apropriadamente.

Do ponto de vista psicológico, uma das lições mais profundas que um Cristal de Transferência pode ensinar é a independência emocional e a autonomia pessoal. Esta pedra o fará constatar que só você é responsável por criar o seu bem-estar e felicidade. Esse sentimento é um estado interior que não depende de uma fonte externa, incluindo um parceiro ou ente querido. Só você pode mantê-lo.

Do ponto de vista físico, o Cristal de Transferência amplifica a cura pelo Reiki*, fortalecendo tanto o agente de cura quanto o paciente, e carrega os símbolos durante e depois de uma sessão ou reprograma a memória celular*.

**CURA** Atua além do nível físico do ser, para propiciar a evolução da alma e a cura celular multidimensional.

**POSIÇÃO** Segure-o ou use-o sobre os chakras do coração, do coração superior, do terceiro olho, da coroa e da coroa superior.

**NOTA** O Cristal de Transferência do Brasil tem uma energia semelhante ao Quartzo Nirvana.

# QUARTZO: **QUARTZO SIBERIANO**

*Roxo (artificial)*

| COR | Azul, verde, roxo, dourado |
|---|---|
| APARÊNCIA | Quartzo transparente, brilhante |
| RARIDADE | Fácil de obter |
| ORIGEM | Quartzo criado artificialmente |

**ATRIBUTOS** Criado na Rússia a partir do quartzo natural combinado com substâncias químicas que dão origem a cores vívidas, o Quartzo Siberiano tem uma vibração poderosa, mas os seus efeitos diferem de acordo com a cor e o chakra a ele associado.

**CURA** Ver cada cor individualmente, a seguir.

**POSIÇÃO** Use-o no corpo, segure-o, posicione-o ou use-o no gradeamento (*ver* páginas 28-31) como for mais apropriado.

### CORES ESPECÍFICAS
O **Quartzo Siberiano roxo** ressoa com os chakras da coroa e da coroa superior. Estimulante poderoso para os chakras do terceiro olho e da coroa superior, esta pedra evoca estados místicos de consciência. Atuando além do físico,

## LISTA DE CRISTAIS

esta é uma pedra adequada para o mago espiritual, pois o ajuda a cocriar ou manifestar a sua realidade, mantendo-o centrado e ancorado durante rituais e trabalhos espirituais.

*Azul (artificial)*

O **Quartzo Siberiano azul** é uma pedra mística que une os chakras da garganta, do terceiro olho e da coroa, trazendo à tona intensas experiências visionárias, elevando o espírito e instilando uma paz profunda. Esta pedra abre os corpos sutis e físico para receber um influxo de consciência cósmica*. No terceiro olho, o cristal estimula a visão psíquica e a telepatia, facilitando a comunicação. Ele leva você a expressar a sua verdade e faz com que as outras pessoas se disponham a ouvi-lo. Do ponto de vista psicológico, esta pedra combate o estresse e a depressão, graças à sua cor vibrante. Do ponto de vista físico, ajuda no tratamento de infecções de garganta, úlceras estomacais, inflamações, queimaduras de sol, torcicolo e rigidez muscular.

*Verde (artificial)*

O **Quartzo Siberiano verde** ressoa com os chakras do coração e do coração superior e irradia uma potente vibração de amor que cura o coração e as emoções. Criando prosperidade e abundância, esta pedra é benéfica para a saúde, o amor e a prosperidade. Do ponto de vista psicológico, ela harmoniza disputas ou o encontro entre pessoas que têm pontos de vista divergentes. Do ponto de vista físico, ela ajuda no tratamento de problemas no coração e no pulmão, além de combater as vertigens causadas pela altura.

*Dourado (artificial)*

O **Quartzo Siberiano dourado** estimula o plexo solar, eliminando bloqueios emocionais e aumentando a força de vontade e a capacidade de concretizar visões criativas de maneira positiva. Esta pedra conecta a mente com as emoções, lançando luz sobre as causas de doenças psicossomáticas e oferecendo possibilidades de cura.

LISTA DE CRISTAIS

## QUARTZO: **QUARTZO SICHUAN**

*Ponta natural com dupla terminação*

| COR | Transparente |
|---|---|
| APARÊNCIA | Quartzo transparente, que pode ter inclusões de pontos negros, muitas vezes com dupla terminação |
| RARIDADE | Fácil de obter |
| ORIGEM | China, Himalaia |

**ATRIBUTOS** Combinando as energias do Herkimer e do Quartzo Tibetano e com uma vibração* extremamente elevada que integra espírito e matéria, o Quartzo Sichuan conecta os chakras do terceiro olho e da coroa e abre rapidamente a visão interior e psíquica, possibilitando a iluminação da mente.

Do ponto de vista espiritual, sintonizada com a chama* branca da pura consciência, esta pedra facilita a telepatia e a comunicação da alma e elimina bloqueios nos chakras. Do ponto de vista cármico, este cristal pode ser útil e revelador para o agente de cura ou terapeuta de vidas passadas, caso estes o segurem na mão durante a sessão. Franqueando o acesso aos Registros Akáshicos*, o Quartzo Sichuan coloca você em contato com a antiga sabedoria chinesa ou budista. Na cura cármica, ele aponta as razões de outras vidas para as indisposições* ou lições cármicas na vida presente, destacando as dádivas trazidas por essas experiências e rompendo ligações nocivas.

Do ponto de vista emocional, o Quartzo Sichuan é particularmente útil para romper os padrões subjacentes a relacionamentos dependentes ou codependentes e aponta as causas das doenças psicossomáticas. Ajudando a determinar os padrões psicológicos que estão por trás dos distúrbios alimentares, este cristal cura profundamente os escudos biomagnéticos* e o esquema etérico* dos quais se desenvolveu o corpo físico. Ele evoca uma profunda cura física, mas os seus efeitos podem precisar ser complementados por outras pedras.

O Quartzo Sichuan é geralmente uma pedra de terminação dupla que irradia ou absorve energia nas duas extremidades simultaneamente. Esses cristais são úteis na cura pelo fato de absorverem negatividade e romperem hábitos arraigados, ajudando a superar vícios. O Quartzo Sichuan harmoniza os corpos sutis* com o corpo físico e corrige escapes energéticos ao longo da linha dos chakras, ajudando você a se centrar no seu Eu. Este quartzo de energia rarefeita e mesmo assim terrena tem uma forte energia de ancoramento, que se irradia para o corpo e para o eu, reestruturando células e suas fronteiras pessoais.

**CURA** Realinha os meridianos* de energia e estimula a memória celular*, propiciando a cura multidimensional.

**POSIÇÃO** Posicione ou segure esta pedra como for mais apropriado, especialmente ao longo da linha dos chakras.

**NOTA** O Fantasma preto ou o Quartzo Spot da Virgínia e do Arkansas (EUA) têm uma energia parecida à do Quartzo Sichuan. (*Ver também* Herkimer, páginas 224-226.)

## QUARTZO: **QUARTZO AMETISTA ENFUMAÇADO**

*Formação natural*

| COR | Roxo e marrom enfumaçado |
|---|---|
| APARÊNCIA | Muitas vezes com inclusões, como um fantasma, ou com manchas distintas dentro da ponta |
| RARIDADE | Às vezes difícil de obter |
| ORIGEM | Mundo todo |

**ATRIBUTOS** O Quartzo Ametista Enfumaçado é uma combinação extremamente útil para a cura e a proteção da alma. Esta pedra ajuda a fazer contato com as energias espirituais mais elevadas possíveis e depois ancora essas energias no corpo. É a pedra perfeita para afastar entidades*mal-intencionadas, influências indesejáveis ou entidades presas à aura*, especialmente quando fixada ao terceiro olho, pois o Quartzo Enfumaçado cura e sela o revestimento biomagnético* e evoca influências benéficas para proteger a alma, depois que o espírito é encaminhado para a luz pela Ametista. Protegendo contra ataques psíquicos*, preces ou formas-pensamento* inadequadas e invasão alienígena, a Ametista Enfumaçada repele energia negativa, evocando vibrações positivas.

Do ponto de vista emocional, invocando guias e auxiliadores angélicos, esta pedra ajuda a desligar aqueles que fizeram um casamento místico e ainda estão ligados nos chakras espirituais superiores.

Do ponto de vista físico, a Ametista Enfumaçada amplifica e direciona o som de cura, criando um fluxo de energia nos dois sentidos. A combinação é benéfica para uma ampla gama de enfermidades.

**CURA** Combina as propriedades terapêuticas do Quartzo Enfumaçado e da Ametista, mas atua com eficácia na alma e nos níveis sutis. Ele apoia o sistema endócrino e a produção de hormônios; ajuda o metabolismo, os órgãos excretórios, a assimilação de minerais, a reabsorção da água e a regularização dos fluidos e o trato digestivo, normalizando a flora intestinal e a eliminação de parasitas; favorece o sistema imunológico e o sistema reprodutivo; ajuda o coração, os pulmões, o trato respiratório, o abdômen, as costas, os quadris, as pernas, a pele, os músculos, os nervos, o tecido nervoso, os distúrbios celulares, os distúrbios auditivos; aumenta a libido e a concentração; ameniza a dor e as cãibras, as dores de cabeça, as contusões, os inchaços, as queimaduras e outros ferimentos, a insônia, os pesadelos, o medo, a depressão, o estresse e o estresse geopático\*; protege contra a exposição aos raios x.

**POSIÇÃO** Use-o no gradeamento (*ver* páginas 28-31), segure-o ou posicione-o como for mais apropriado.

**NOTA** Se o Quartzo Ametista Enfumaçado não estiver disponível, use o Quartzo Enfumaçado e a Ametista.

## QUARTZO: **QUARTZO CITRINO ENFUMAÇADO**

*Ponta natural*

| COR | Amarelo e marrom |
|---|---|
| APARÊNCIA | Manchas escuras amarelo-acastanhadas num cristal transparente |
| RARIDADE | Rara |
| ORIGEM | Mundo todo |

**ATRIBUTOS** Intensificando as capacidades metafísicas* e ancorando-as* na realidade funcional da vida diária, o Quartzo Citrino Enfumaçado remove bloqueios do seu caminho espiritual. Esta pedra não acumula energia negativa e não precisa de limpeza. Reenquadrando* votos, como o de celibato, e eliminando atitudes nocivas do passado, o Citrino Enfumaçado purifica crenças e formas-pensamento* que o mantêm preocupado com a pobreza, abrindo o caminho para a abundância. Purificando o esquema etérico*, esta pedra alinha o chakra da Terra com o chakra do plexo solar e ajuda você a se afastar de circunstâncias e ambientes que o impedem de se expandir.

**CURA** Esta pedra atua além do nível físico do ser, purificando os corpos sutis*.

**POSIÇÃO** Use-o no gradeamento (*ver* páginas 28-31) ou posicione-o como for mais apropriado.

## QUARTZO: **QUARTZO ROSA ENFUMAÇADO**

*Cristais enfumaçados numa matriz rosa*

| | |
|---|---|
| **COR** | Cor-de-rosa e marrom acinzentado |
| **APARÊNCIA** | Quartzo cor-de-rosa opaco ou transparente com pontos enfumaçados ou inclusões |
| **RARIDADE** | Rara |
| **ORIGEM** | África do Sul, América do Sul |

**ATRIBUTOS** Útil para limpar os chakras do coração e do coração superior e alinhar as energias com a Mãe Terra, esta pedra suave mantém o ambiente puro. A porção enfumaçada expurga a energia negativa do ambiente ou do corpo e a transmuta. Ela cria um escudo protetor, e a porção do Quartzo Rosa então preenche o espaço interior com puro amor incondicional. Esta é a pedra perfeita para colocar sobre um altar ou no centro da roda medicinal (*ver* páginas 368-375). Ativando uma âncora cósmica*, a porção enfumaçada da pedra ancora a sua energia no centro da Terra e a porção rosa a alinha com o centro da galáxia, criando uma solidez energética que o deixa protegido contra mudanças e perturbações na energia da Terra.

Uma pedra útil em viagens astrais*, que leva você ao cerne do amor divino, o Quartzo Rosa Enfumaçado é a companhia perfeita para qualquer pessoa que sofra com o medo da morte ou de morrer. Nesse caso, esta pedra deve ser deixada ao lado da cama ou embaixo do travesseiro.

Do ponto de vista psicológico, o Quartzo Rosa Enfumaçado dissipa ressentimentos e ameniza os efeitos do abuso, enchendo o coração de amor incondicional e proporcionando um escudo protetor que viabiliza a cura.

Do ponto de vista emocional, o Quartzo Rosa Enfumaçado purifica emoções negativas e cura a dor provocada pelas decepções, seja em que vida elas tenham ocorrido, substituindo-a por amor incondicional por si mesmo e pelos outros. Ele abre você para a intimidade e cria um espaço em que uma alma gêmea* ou chama gêmea pode se manifestar.

Do ponto de vista físico, o Quartzo Rosa Enfumaçado é uma das pedras mais sutis para limpar e curar o coração, removendo bloqueios, estabilizando a pressão sanguínea e melhorando o fluxo sanguíneo e de linfa em todos os órgãos, ao mesmo tempo em que os purifica e reenergiza.

**CURA** Apoia o coração e os órgãos excretórios do corpo.

**POSIÇÃO** Segure-o, posicione-o ou use-o no gradeamento (*ver* páginas 28-31) como for mais apropriado.

**NOTA** Se o Quartzo Rosa Enfumaçado não estiver disponível, use um Quartzo Rosa e um Quartzo Enfumaçado.

LISTA DE CRISTAIS

## QUARTZO: **QUARTZO ESPÍRITO**

*Branco (formação natural)*

*Aura Chama (ponta alquimicalizada)*

| COR | Branco, marrom amarelado, roxo, lilás ou marrom acinzentado; alguns são coloridos artificialmente |
|---|---|
| APARÊNCIA | Minúsculos cristais numa drusa cobrindo uma longa ponta |
| RARIDADE | Fácil de obter |
| ORIGEM | África do Sul |

**ATRIBUTOS** O Quartzo Espírito é uma pedra excepcionalmente espiritual, que leva as propriedades do quartzo a outro nível. Esta pedra edificante irradia vibrações* elevadas em todas as direções, enquanto o cristal central enfoca a cura em muitas dimensões e reprograma a memória celular*. Trazendo consigo as dádivas do espírito e intensificando as capacidades metafísicas*, esta pedra abre os chakras da coroa e da coroa superior, alinhando e purificando todo o sistema de chakras.

Do ponto de vista espiritual, o Quartzo Espírito facilita as viagens fora do corpo*, colaborando com o processo de ascensão, além de ativar o corpo de luz* e facilitar a cura espiritual e celular multidimensional. Estimulando sonhos significativos, ele ajuda em todos os trabalhos metafísicos, especialmente os de reenquadramento* do passado. Com a vibração do amor universal, este cristal cura e ajusta o esquema etérico* para esta vida. Apontando as conexões cármicas* significativas e a dádiva ou justiça cármica das situações traumáticas, ele promove o autoperdão. Pedra da não dualidade, que equilibra perfeitamente e mescla o feminino e o masculino, as energias yin e yang, o Quartzo Espírito simplifica a transição entre diferentes ondas cerebrais, facilitando a harmonização e estimulando uma consciência mais elevada e a percepção psíquica. Uma ajuda útil para os processos de renascimento, esta pedra purifica e estimula os corpos energéticos sutis.

O Quartzo Espírito ajuda no momento da morte, guiando a alma através das diferentes dimensões da pós-morte até a mais elevada vibração possível, e colocando-a nas mãos daqueles que estão esperando para lhe dar as boas-vindas. Esta pedra conforta aqueles que ficaram para trás, e oferece uma visão panorâmica de qualquer situação. Colocada no sudeste da roda medicinal (*ver* páginas 368-375) ou usada na meditação ou na regressão, o Quartzo Espírito leva você a encontrar os espíritos dos seus ancestrais e aqueles do planeta. Programe-o (*ver* página 358) para efetuar a cura ancestral, especialmente se for preciso reenquadrar o passado.

O Quartzo Espírito é particularmente útil para grupos que prestam serviços, de modo especial quando fazem parte de uma organização, pois ele sintetiza os esforços do grupo e estimula uma harmonia produtiva. Facilitando a convivência dos grupos espirituais ou de cura, esta pedra proporciona vislumbres intuitivos sobre os problemas enfrentados por uma comunidade ou família e pode ser programada para amenizá-los. O Quartzo Espírito limpa outras pedras e intensifica a energia delas nos trabalhos de cura. Ele também estabiliza as energias da Terra.

Do ponto de vista psicológico, o Quartzo Espírito elimina a discórdia, incentiva a paciência e combate comportamentos obsessivos, oferecendo informações intuitivas sobre a sua causa. Ele também é um instrumento eficaz e suave para desintoxicações psicológica, mental e emocional.

**CURA** Oferece cura multidimensional e reajusta a memória celular. É benéfico para desintoxicação, fertilidade e erupções de pele.

**POSIÇÃO** Segure-o ou posicione-o como for mais apropriado. Use-o para gradeamento (*ver* páginas 28-31) em volta da cama de uma pessoa moribunda para ajudar na transição.

### CORES ESPECÍFICAS

O **Quartzo Espírito "ametista" (lilás)** abre os chakras da coroa superiores, alinhando-os ao espaço infinito do ser e evocando uma transmutação dos principais abusos do poder espiritual. Possibilitando a cura multidimensional, incluindo partes* da alma que não estão encarnadas presentemente, esta pedra compassiva facilita a transição para outros estados do ser. Ela ajuda a alma a encarar a morte e oferece uma grande sustentação e conforto ao doente terminal. O Quartzo Espírito "ametista" é um perfeito carregador para as essências de pedras ou flores, pois dissipa suavemente o carma, as atitudes e emoções que seriam nocivas caso persistissem depois da morte. Instrumento eficaz para libertar o espírito, esta pedra estimula uma alma aprisionada a avançar em direção à luz, atraindo guias para a sua jornada. Se segurá-la na mão, o terapeuta pode fazer viagens astrais com segurança para onde quer que seja necessário com o propósito de libertar a alma e certificar-se de que ela não deixou para trás nenhuma questão não resolvida.

*"Ametista" (ponta natural)*

O **Quartzo Espírito Aqua Aura**, criado a partir da ligação química entre o ouro e o quartzo, propicia uma cura e reintegração espirituais profundas, além de realinhar os fragmentos* anímicos de várias vidas. Libertando você das limitações, esta pedra estimula a manifestação do seu mais elevado potencial espiritual.

O **Quartzo Espírito "citrino" (amarelo)** atua por meio dos chakras da Terra e do plexo solar, ajudando a manter você centrado no seu poder e direcionando a sua vida a partir desse ponto. Esta pedra purifica a intenção e é particularmente útil se você quer conquistar a verdadeira abundância, enquanto tenta paradoxalmente ser menos dependente e apegado às coisas materiais. Promovendo a percepção de si mesmo, esta pedra purifica o revestimento bio-

*Aqua Aura (ponta natural)*

magnético*. Nos negócios, ela ajuda você a se concentrar nos seus planos e objetivos. Nos gradeamentos*, o Quartzo Espírito "citrino" protege a casa contra a neblina eletromagnética ou o estresse geopático* e transmuta energias telúricas que sofreram algum tipo de perturbação. Ele é útil para a resolução de conflitos e ajuda você a perdoar aqueles que, a seu ver, falharam com você ou a pedir perdão para si mesmo ou para uma situação mundial.

O **Quartzo Espírito Aura Chama,** criado a partir de titânio (Rutilo) e nióbio alquimicamente colocados sobre o quartzo, é um poderoso instrumento de iniciação, promovendo uma profunda alteração da energia multidimensional, levando a energia kundalini* ao longo da coluna vertebral e através dos corpos sutis*. Ele ajusta seus efeitos para promover aquilo de que cada alma necessita para sua evolução e harmoniza todos os raios e planetas no mapa astrológico. Esta pedra ajuda a "ler" as pessoas num nível energético e sutil. (*Ver também* Rutilo, páginas 318-319.)

*"Citrino" (ponta natural)*

O **Quartzo Espírito Enfumaçado (cinza)** ativa e alinha o chakra da base com o do terceiro olho, ancorando vislumbres espirituais na vida diária. Extremamente protetor e com uma grande capacidade de purificação, esta pedra é uma poderosa aliada na tarefa de integração. Um eficiente psicopompo*, que conduz a alma com segurança no mundo extrafísico, ela purifica os corpos sutis, eliminando detritos cármicos e emocionais, e reprograma a memória celular, assegurando um bom renascimento. Benéfica para qualquer tipo de trabalho que requeira uma visita ao mundo subterrâneo ou a exploração da mente subconsciente, esta pedra purifica e libera emoções profundamente reprimidas e indisposições* ou memórias traumáticas, incluindo aquelas que foram transmitidas pela linhagem ancestral*. Esse trabalho deve ser realizado com a orientação de alguém experiente, pois pode provocar uma catarse. Esta pedra estabiliza e purifica o desequilíbrio ou a poluição ambiental, não importa qual seja a causa.

*"Enfumaçado" (ponta natural)*

## QUARTZO: **QUARTZO HOLANDITA ESTRELA**

*Ponta natural*

| COR | Branco |
|---|---|
| APARÊNCIA | Inclusões de minúsculas estrelas de seis pontas dentro de uma ponta de quartzo |
| RARIDADE | Rara |
| ORIGEM | África do Sul e mundo todo |

**ATRIBUTOS** Do ponto de vista espiritual, o Holandita Estrela leva você a sentir a unidade de todas as coisas e o silêncio absoluto. Pedra para entrar em contato com seres ou doutrinas estelares, ou com a sabedoria universal, o Holandita Estrela guarda as origens do Egito antigo e informações sobre a intervenção dos povos estelares no desenvolvimento dessa civilização – bem como o seu lugar dentro dessa experiência –, dissolvendo qualquer carma* que ainda possa ter restado.

Do ponto de vista psicológico, o Holandita Estrela ajuda a dispersar a tensão e a ansiedade, e aguça o pensamento racional. Dissipando a energia negativa nos níveis físico e mental, esta pedra estimula uma calma aceitação e um estado de atenção interior. Ela também ajuda a aumentar a tolerância e lhe dá o consolo de saber que você não está sozinho no universo. Segure esta pedra na mão, caso queira evocar um guia ou auxiliador espiritual, ou deseje viajar a outras estrelas em busca de conforto ou orientação.

As estrelas dentro do cristal são de Goethita, um mineral que está em sintonia com a vibração da Terra e das estrelas e proporciona um contato profundo com as energias terrenas. Ressoando com o número 44, o número da metamorfose, a Goethita facilita a clariaudiência* e outras capacidades metafísicas*. Extremamente sintonizada com o poder de cura da natureza, esta pedra melhora o desempenho do praticante de radiestesia. Em contato com devas* e com a *anima terra*, a alma da Terra, esta pedra torna você mais sensível às energias sutis e às correntes energéticas da Terra e do corpo humano.

Do ponto de vista ambiental, o Holandita Estrela facilita o ajuste da "sintonia fina" com a energia dos meridianos* do planeta e reativa os pontos de poder fixados pelos antigos.

**CURA** Atua principalmente além do nível físico do ser. (*ver* Goethita, páginas 142-143)

**POSIÇÃO** Segure-o ou use-o no gradeamento (*ver* páginas 28-31) como for mais apropriado.

(*ver também* Goethita, páginas 142-143)

## QUARTZO: **QUARTZO SEMENTE ESTELAR**

*Ponta natural*

| COR | Branco |
|---|---|
| APARÊNCIA | Entalhes profundos em faces alternadas ou pode ter incrustações de quartzo drúsico em faces alternadas |
| RARIDADE | Rara |
| ORIGEM | Mundo todo |

**ATRIBUTOS** Acessando a sabedoria das antigas civilizações da Lemúria, Atlântida e do Egito, e suas conexões com os povos estelares, o Quartzo Semente Estelar é o cristal perfeito para a comunicação estelar ou interdimensional. Entalhado com denteações que funcionam como um mapa estelar, o Quartzo Semente Estelar ajuda você, durante a meditação, a descobrir a que estrela o seu espírito está associado e a sua missão na Terra. Esta pedra volta a sintonizar você com o seu grupo estelar e com o seu propósito coletivo, amenizando a saudade de casa. Ela pode romper com os padrões* da sua linhagem ancestral que o escravizam, permitindo que você se entregue totalmente ao seu Eu.

Do ponto de vista espiritual, este cristal carrega a energia de Tara Verde, deusa budista da compaixão, e leva você a um estado semelhante ao de Shamballa, incorporando excepcional lucidez e uma forma pura à infinitude do ser. Não há nada a fazer nesse estado que não seja simplesmente *ser*.

Do ponto de vista psicológico, este cristal destaca as bifurcações do seu caminho e mostra que os seus supostos erros trazem com eles as sementes do crescimento espiritual, desviando a sua atenção da perspectiva da personalidade e voltando-a para a perspectiva da alma. Como todos os cristais entalhados, o Quartzo Semente Estelar pode ser "lido" caso você queira redescobrir conhecimentos antigos e o propósito de uma alma na atual encarnação.

Na cura cármica* ou física, o Semente Estelar conecta você com o esquema* que controla o esquema etérico e realinha você com o seu padrão ótimo.

Em conjunto com o Quartzo Lâmina de Açúcar, o Quartzo Semente Estelar desperta os chakras do terceiro olho, do soma, da estrela da alma e do portal estelar e ativa o não manifesto, transformando o seu coração e a sua alma numa só unidade. Esta pedra proporciona uma cura profunda para as capacidades metafísicas* bloqueadas em vidas passadas.

**CURA** Atua além dos níveis físico do ser, realinhando o esquema etérico* com a sua versão original, o esquema puro, de modo que ele possa manifestar a perfeição física.

**POSIÇÃO** Segure-o ou use-o no gradeamento (*ver* páginas 28-31) como for mais apropriado.

**NOTA** Combine o Quartzo Semente Estelar com o Quartzo Lâmina de Açúcar para maximizar os seus efeitos.

LISTA DE CRISTAIS

## QUARTZO: **QUARTZO MORANGO**

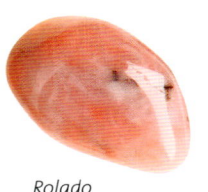

*Bruto*

*Rolado*

| COR | Cor-de-rosa |
|---|---|
| APARÊNCIA | Quartzo transparente ou opaco ou inclusões no interior de um quartzo |
| RARIDADE | Rara (pode ser feito artificialmente) |
| ORIGEM | Rússia |

**ATRIBUTOS** Ajudando você a viver o presente de modo consciente e feliz, o Quartzo Morango ensina-o a manter o bom humor em todas as situações e incorporar o amor divino a tudo o que faz. O Quartzo Morango natural é matéria-prima para uma excelente essência de pedras (*ver* página 361), pois irradia amor para o coração. Borrifado na forma de essência ou usado para gradear\* um cômodo, este quartzo cria um ambiente harmônico e amoroso e envolve você num manto de amor, esteja onde estiver.

De grande perspicácia espiritual, esta pedra ajuda a descobrir, durante a meditação, por que você escolheu viver as circunstâncias da sua atual encarnação e as dádivas cármicas\* que elas oferecem.

Do ponto de vista psicológico, o Quartzo Morango ameniza as restrições que você impôs a si mesmo e ajuda-o a reprogramar falsas crenças, levando-o a ver as coisas de modo mais positivo. Esta pedra tem uma energia intensa que ajuda você tanto a recordar os sonhos quanto a compreender a mensagem que eles transmitem. Estabilizando as conexões entre o corpo físico e os sutis*, o Quartzo Morango lança luz sobre as causas ocultas das situações que você está vivendo, especialmente quando elas foram causadas por você mesmo. Ele intensifica a autoestima e reduz a ansiedade, substituindo-a por tranquilidade.

Do ponto de vista mental, facilitando o raciocínio claro, este quartzo acalma a mente agitada e lhe dá uma perspectiva mais objetiva.

Do ponto de vista emocional, esta pedra promove a alegria e a felicidade na sua vida, ensinando você a não esperar que as outras pessoas lhe inspirem sentimentos positivos. Aliviando tensões nos relacionamentos do presente, ela incentiva o romance.

Do ponto de vista físico, o Quartzo Morango facilita o fluxo de amor divino por todas as células do corpo, levando-as ao equilíbrio e propiciando um senso de bem-estar.

**CURA** Cura a ansiedade e beneficia o coração.

**POSIÇÃO** Segure-o, posicione-o ou use-o no gradeamento (*ver* páginas 28-31) como for mais apropriado.

**NOTA** O Quartzo Morango pode ser produzido artificialmente, o que diminui, mas não elimina completamente a intensidade dos seus efeitos.

LISTA DE CRISTAIS

# QUARTZO: **QUARTZO LÂMINA DE AÇÚCAR**

*Bruto*

| COR | Branco |
|---|---|
| **APARÊNCIA** | Lâminas longas na lateral de um quartzo drusiforme |
| **RARIDADE** | Rara |
| **ORIGEM** | África do Sul |

**ATRIBUTOS** Por ter uma forte ressonância com os chakras do soma e estrela da alma, e com o Eu Superior*, este Quartzo ajuda a entrar em sintonia com a amplitude extraordinária da identidade espiritual essencial e a reflete para o mundo.

Do ponto de vista espiritual, esta formação carrega a energia vital do Tudo O Que É* e um holograma do seu eu multidimensional. Esta pedra sintoniza o Eu Superior e ajuda você a se envolver com ele e com a infinitude do ser, além de auxiliá-lo a escolher que direção tomar na vida, mostrando que portas do passado você deve fechar e que portas para o futuro deve abrir.

Pedra para contato extraterrestre, o Quartzo Lâmina de Açúcar põe você em comunicação mental com os entes estelares para acessar os ensinamentos dos nossos vizinhos no universo. Para saber de que estrela você proveio, coloque este quartzo sobre o chakra do soma ou portal estelar para que ele o acompanhe na sua viagem astral até em casa e o ajude a voltar consciente de tudo o que descobriu.

Usado em conjunto com o Semente Estelar, o Quartzo Lâmina de Açúcar desperta os chakras do terceiro olho e do soma e ativa o não manifesto, levando a alma e o coração a formar uma unidade. Esta pedra rompe bloqueios de vidas passadas que impedem o desenvolvimento das capacidades metafísicas*, abrindo a clarividência e a visão psíquica.

Do ponto de vista psicológico, esta pedra é particularmente útil para aqueles que sentem que a Terra não é o seu planeta natal e cujas fronteiras pessoais não estão bem definidas, pois torna a encarnação física mais confortável e protegida pelo ancoramento do corpo de luz* no físico.

**CURA** Atua além do nível físico do ser, curando o corpo de luz.

**POSIÇÃO** Posicione-o ou segure-o como for mais apropriado. Para aumentar as suas chances de ver espaçonaves aterrissando, use-o para gradear* um local apropriado.

### PEDRA ADICIONAL

O **Quartzo Varinha de Condão**, originário do México e similar ao Quartzo Espírito, tem uma forte ligação com o reino das fadas e é útil para viagens interdimensionais. O cetro de Quartzo invertido mostrado aqui transmite energia de cura, purifica-a e faz com que ela volte para o agente de cura. O cetro de Quartzo Varinha de Condão liberta a mente de falsas ilusões e devolve-lhe a tranquilidade. Usado com cautela por alguém que já passou por uma iniciação espiritual, este Quartzo cura iniciações incompletas ou conclui uma pela qual você não conseguiu passar em vidas anteriores. Ajudando você a encontrar a dádiva oferecida em cada experiência, este cristal invoca um grupo anímico* para concluir a sua missão. (*Ver também* Quartzo das Fadas, página 257.)

*Quartzo Varinha de Condão (cetro invertido)*

LISTA DE CRISTAIS

# QUARTZO: QUARTZO AURA DA TANZÂNIA

*Ponta natural*

| COR | Lilás azulado (ver abaixo) |
|---|---|
| APARÊNCIA | Ponta de quartzo revestido |
| RARIDADE | Cada vez mais fácil de obter |
| ORIGEM | Quartzo aperfeiçoado artificialmente |

**ATRIBUTOS** Produzido alquimicamente a partir do ouro e do índio, este Quartzo traz equilíbrio multidimensional e profunda interconexão espiritual. Sintonizado com a chama violeta da transformação, ele abre e alinha os chakras da estrela da alma e da coroa superior e atrai energia cósmica para o corpo físico e para a Terra. Esta pedra leva você ao estado centrado de "não mente", que aumenta o seu prazer sensorial neste mundo.

Do ponto de vista emocional, o Quartzo Aura da Tanzânia transmite uma sensação de profundo conforto espiritual, dissipando bloqueios emocionais e substituindo-os por amor incondicional e a sensação de fazer parte de um grupo anímico* mais amplo, cujos integrantes apoiam-se mutuamente, enquanto aprendem com os desafios da vida – um grupo escolhido antes da encarnação, pelas dádivas que eles trazem. Do ponto de vista físico, o Quartzo Aura da Tanzânia tem um poderoso efeito regulador sobre a glândula pituitária, o hipotálamo e a glândula pineal, proporcionando equilíbrio ao corpo físico. O índio ajuda na assimilação de minerais, propiciando um metabolismo ótimo e equilíbrio hormonal, que resultam em bem-estar físico e mental. Com a reputação de ser anticancerígena, esta pedra reativa energeticamente a tireoide inativa.

**CURA** Benéfico para o metabolismo, para a assimilação de minerais, para o sistema imunológico, para a tireoide, para a visão, para o sistema urinário, para a pressão sanguínea, para a circulação, para o pâncreas, para o baço e para o fígado; ajuda no tratamento de enxaquecas, insônia, déficit de atenção, pneumonia, depressão, inflamações, fibromialgia, glaucoma, lúpus e diabetes. Acelera a recuperação de convalescentes.

**POSIÇÃO** Use-o na garganta constantemente. Segure-o, posicione-o ou use-o no gradeamento (*ver* páginas 28-31) como for mais apropriado.

### QUARTZOS AURA ESPECÍFICOS

O **Quartzo Aura Maçã**, formado de níquel sobre quartzo, protege o baço quando usado sobre a base do esterno ou quando fixado com fita adesiva sobre o chakra esplênico. Esta pedra elimina vazamentos de energia em várias dimensões diferentes e combate o vampirismo psíquico*. Ela também corta as amarras com ex-parceiros ou mentores que conservam uma poderosa influência mental ou emocional apesar da separação física.

O **Quartzo Aura Chama**, formado de titânio (Rutilo) e nióbio sobre quartzo, é um poderoso instrumento de iniciação. Ele provoca mudanças energéticas multidimensionais e a subida da energia kundalini* pela coluna vertebral e através dos corpos sutis*, ajustando o seu efeito para proporcionar justamente o que a alma precisa para a sua evolução. Harmonizando os planetas de um mapa astrológico, esta pedra ajuda a analisar uma pessoa no nível energético e sutil.

O **Quartzo Aura Opala**, formado de platina sobre quartzo, facilita a união total com o divino e com a consciência* cósmica. Representando a espe-

*Quartzo Aura Maçã (ponta natural)*

*Quartzo Aura Chama (ponta natural)*

*Quartzo Aura Opala (ponta natural)*

## LISTA DE CRISTAIS

rança e o otimismo, esta pedra é considerada o cristal da alegria. Ao purificar e equilibrar todos os chakras, o Aura Opala abre caminho para um profundo estado meditativo. Integrando o corpo de luz* nas dimensões físicas, ele ancora* novas vibrações.

O **Quartzo Aura Rosa**, formado de platina sobre quartzo, estabelece uma poderosa conexão com o amor universal e produz uma energia dinâmica que age sobre a glândula pineal e o chakra do coração, transmutando dúvidas profundas sobre o próprio valor e fazendo-o sentir a dádiva do amor incondicional do seu Eu. Esta pedra envolve todo o seu corpo com amor, restaurando as células de modo a levá-lo ao equilíbrio perfeito, e liga os chakras da base, do sacro, do coração e do terceiro olho, para encher o seu coração de paixão.

*Quartzo Aura Rosa (ponta natural)*

O **Quartzo Aura Sol Tangerina**, formado de ferro e ouro sobre quartzo, abre o terceiro olho que foi bloqueado ou está adormecido, especialmente por se tratar de uma pedra de seis faces. Ele cura os chakras do terceiro olho e do soma, depois de um trauma psíquico ou alguma restrição. Ele serve de sustentação durante a exploração espiritual e facilita a visualização e os vislumbres intuitivos profundos. Por estabelecer o contato com forças espirituais superiores, esta pedra ancora a visão espiritual e a manifesta no dia a dia.

Do ponto de vista psicológico, o Sol Tangerina torna você mais compreensivo, eleva o seu espírito e aumenta a sua capacidade de enfrentar os desafios da vida com equanimidade e alegria. Ele ajuda a aumentar o seu poder de análise e alia lucidez, intuição e perspectiva com força. Do ponto de vista emocional, o Sol Tangerina dissipa estados de espírito sombrios e alivia vazios emocionais. Esta pedra une os chakras da base, do sacro e do plexo solar, desobstruindo o fluxo energético e estimulando a criatividade, particularmente quando bloqueada pelo criticismo ou pela desaprovação.

*Quartzo Aura Sol Tangerina (rolado)*

Do ponto de vista físico, o Sol Tangerina proporciona uma energia abundante e estabiliza a ligação entre o corpo físico e os sutis. Esta pedra penetra em todas as células do corpo, recarregando-as e revigorando a função celular, conferindo grande força física e mental, além de aumentar a libido. Este Quartzo também beneficia e oxigena o sangue, o fígado e o baço.

## QUARTZO: **AMETISTA VERA CRUZ**

*Pontas naturais em formação dupla*

| COR | Lilás claríssimo |
|---|---|
| APARÊNCIA | Claro e transparente; pode ter fantasmas |
| RARIDADE | Rara |
| ORIGEM | México |

**ATRIBUTOS** Pedra de vibração* extremamente elevada e sintonizada com a chama violeta da transmutação, a Ametista Vera Cruz atua sobre o esquema etérico* e o DNA* sutil, propiciando uma profunda cura celular interdimensional. Pedra eficaz para a purificação, particularmente no nível espiritual, ela remove da aura impressões e energias de todos os tipos. Pedra considerada de proteção, ela facilita as experiências fora do corpo e as viagens astrais*.

Do ponto de vista espiritual, esta Ametista em particular instantaneamente gera uma combinação de ondas beta e teta no cérebro, facilitando a meditação, o transe e as capacidades divinatórias. Sobre os chakras do soma ou do terceiro olho, esta pedra ajuda você a sonhar com a manifestação de um novo mundo. Instrumento poderoso para trabalhos xamânicos em níveis superiores, quando colocada sobre o chakra da estrela da alma, esta pedra franqueia o acesso a planos vibratórios onde as almas se encontram e se fundem num estado de completa unidade. Esta ametista ativa e purifica todos os chakras, especialmente os chakras do terceiro olho e da coroa ou da coroa superior, e os alinha com o corpo de luz* por meio da estrela da alma.

Do ponto de vista psicológico, ela é útil para a compreensão e enquadramento* das causas dos vícios e para tratar obsessões espirituais, especialmente nos corpos sutis* ou quando se originam de vidas passadas. A Ametista Vera Cruz é útil para romper o ciclo de codependência que ocorre quando a pessoa tem um vício. Esta pedra ajuda os responsáveis por cuidar de pessoas viciadas, ajudando-os a perceber que não podem fazer nada por elas. Esta Ametista os ajuda a manter uma distância saudável, amando incondicionalmente e deixando que a outra alma trilhe o seu caminho. Ela elimina a dependência tanto de quem cuida do viciado – a ânsia por ser necessário –, quanto de quem recebe cuidados, uma dinâmica cármica que está por trás dos relacionamentos de codependência. O cristal Vera Cruz ensina que os vícios são uma busca por integridade e pela imersão no espírito propiciada pela comunicação com o divino. Ajudando o viciado a expandir o seu Eu, algo que ele tanto anseia, mas de maneira mais construtiva do que se entregando a drogas, ao álcool ou a outro tipo de substância química, esta pedra ajuda a alma a expressar os seus dons integralmente.

**CURA** Atua além do nível físico do ser, curando o corpo de luz, mas propicia uma profunda cura celular e ajuda viciados a abandonar o vício.

**POSIÇÃO** Segure-o ou use-o no gradeamento (*ver* páginas 28-31) como for mais apropriado.

# FELDSPATO VERMELHO COM FENACITA

*Bruto*

| COR | Vermelho e branco |
|---|---|
| APARÊNCIA | Pedra opaca com inclusões transparentes e cristais |
| RARIDADE | Combinação rara |
| ORIGEM | Madagascar, Rússia, Zimbábue, Estados Unidos, Brasil |

**ATRIBUTOS** Esta pedra, considerada um verdadeiro "chute no traseiro", faz com que as coisas progridam e nos lembra que não precisamos levar a evolução espiritual tão a sério. Aumentando a consciência de si mesmo e a sua capacidade de amar incondicionalmente, esta pedra muda a sua realidade, ajudando você a expressar fisicamente os seus vislumbres intuitivos. Ela dá acesso aos Mestres Ascensionados* e aos Registros Akáshiccs*. No trabalho com sonhos, esta pedra explora as implicações mais profundas de uma decisão e possibilita um resultado profícuo. Do ponto de vista psicológico, ela ajuda você a deixar o passado e os padrões arraigados para trás e assim reprograma a sua memória celular*, possibilitando um modo de ser mais dinâmico.

**CURA** Útil para reprogramar o esquema etérico* e a memória celular; benéfica para problemas de pele ou musculares.

**POSIÇÃO** Segure-o sobre o terceiro olho ou use-o no gradeamento.

# RUTILO

Também conhecido como Titânio

*Rutilo no Quartzo com cristais de Rutilo no centro*

| COR | Marrom com laranja avermelhado |
|---|---|
| APARÊNCIA | Inclusões muitas vezes em forma de agulhas muito finas, metálicas e cristalinas |
| RARIDADE | Fácil de obter |
| ORIGEM | África e Austrália |

**ATRIBUTOS** O Rutilo irradia vibrações etéricas para qualquer cristal no qual esteja incluído*, intensificando as viagens astrais fora do corpo e o contato com os anjos por meio da sintonia com o divino. Apesar disso, este não é um cristal delicado quando se trata de acelerar o crescimento espiritual; ele afeta diretamente o cerne da questão e força você a enfrentá-la.

Do ponto de vista espiritual, o Rutilo aguça a intuição, apontando possíveis armadilhas no seu caminho antes que você as encontre e destacando as escolhas mais produtivas a fazer. Encontrado muitas vezes na forma de inclusões dentro do quartzo (Cabelo de Anjo), esta pedra integra vibrações* superiores no corpo de luz*.

Do ponto de vista psicológico, o Rutilo cura a indisposição* psicossomática, atacando diretamente a raiz de um problema. Ele aponta as causas cármicas* das doenças crônicas e reprograma a memória celular*. Colocado sobre os chakras do sacro ou dan-tien*, o Rutilo impede problemas sexuais cuja origem está em vidas passadas, trazendo à tona as razões por que aconteceram, para que sejam reenquadrados* e liberados. (A orientação de um terapeuta qualificado ajuda nesse processo.)

Do ponto de vista emocional, o Rutilo estabiliza os relacionamentos de todos os tipos, propiciando a fidelidade emocional e ancorando* as ligações com os chakras superiores.

Do ponto de vista ambiental, o Rutilo mantém a grade da Terra estável, restaura a memória celular* e é extremamente útil nas grades* de cura. Ele irradia poder para as linhas sonoras da Terra. Esta pedra ativa com vigor a extremidade terrena da âncora cósmica*, mantendo você alinhado entre o centro da Terra e o centro galáctico* e possibilitando que ancore energias de vibração elevada e transmita-as à Terra. Quando o Rutilo * está incluído no quartzo, esta pedra também abre a porção galáctica da âncora cósmica.

Poderoso cristal de limpeza, o Rutilo protege e purifica o revestimento biomagnético*, levando-o a entrar em equilíbrio com o corpo físico.

**CURA** Benéfico para a lactação, a memória celular, a elasticidade dos vasos sanguíneos, a regeneração celular e para o tratamento da bronquite, da ejaculação precoce, da impotência, da frigidez e da inorgasmia.

**POSIÇÃO** Segure-o, use-o (*ver* páginas 28-31) ou posicione-o como for mais apropriado. Coloque-a a uma distância de um palmo do umbigo para curar problemas sexuais e sobre o chakra da Terra para ativar a âncora cósmica.

# ESCAPOLITA

*Azul (facetada)*

| COR | Azul, cinza, amarelo, roxo, violeta |
|---|---|
| APARÊNCIA | Cristal opaco ou translúcido, brilhante e estriado |
| RARIDADE | Certas cores são raras |
| ORIGEM | Madagascar, Estados Unidos, Noruega, Itália, México |

**ATRIBUTOS** Pedra para autodisciplina, a Escapolita estimula a independência e a vontade de atingir metas estabelecidas mais por um planejamento mental objetivo do que pelo desejo de autorrealização. Esta pedra também combate a inércia e a autossabotagem, induz a transformação e propicia a lucidez imprescindível para ver o que é necessário.

Do ponto de vista psicológico, esta pedra ajuda você a combater o hábito de se punir pelos erros dos outros, não importa o quanto esse hábito seja sutil, bloqueando qualquer influência externa que sabote a sua vida. Também ajuda você a falar com o seu sabotador ou bode expiatório interior e descobrir que papel ele acha que ocupa na sua vida – geralmente trata-se de algo que não tem mais serventia – e adapta esse papel ao seu atual planejamento de vida. A Escapolita então tira você da inércia espiritual e o estimula a agir.

Do ponto de vista mental, a Escapolita é útil para provocar uma mudança consciente eficaz. Ela libera o lado esquerdo do cérebro, aumentando a sua capacidade analítica. Esta é a pedra perfeita para carregar consigo caso tenha dislexia. Do ponto de vista emocional, a Escapolita elimina a culpa. Ela reorganiza o seu esquema* emocional, eliminando os efeitos dos antigos traumas.

Do ponto de vista físico, a Escapolita é um eficaz desbloqueador, que facilita a liberação das placas de energia acumuladas no corpo, especialmente nas pernas e nas veias.

**CURA** Ajuda na recuperação após cirurgias e estimula a memória celular* e a assimilação do cálcio. Dizem que esta pedra desobstrui veias, cura catarata e glaucoma, além de ajudar no tratamento de problemas ósseos e dos ombros, acalmar a vista cansada e combater a incontinência urinária.

**POSIÇÃO** Segure-a ou posicione-a como for mais apropriado.

### CORES ESPECÍFICAS

A **Escapolita azul** é uma pedra extremamente calmante, que dissipa a confusão e ajuda você a mergulhar fundo no Eu para encontrar a fonte dos problemas desta ou de outra vida.

A **Escapolita roxa** é uma pedra de vibração* elevada que leva você de volta ao estado de unidade que levanta o véu da memória anímica relacionada a padrões de alienação, autossabotagem e bode expiatório, removendo padrões de vidas passadas e vozes interiores que podem sabotá-lo nesta vida. Esta poderosa pedra o ajuda a elevar a sua percepção e acelera a sua evolução.

*Roxa (bruta)*

A **Escapolita amarela** deixa clara a sua sabotagem mental, a manipulação e os pensamentos do tipo "Não sou bom o suficiente", que impedem você de atingir todo o seu potencial, e o ajuda a tomar decisões com base numa perspectiva objetiva. Do ponto de vista físico, esta pedra acalma a hiperatividade.

*Amarela (bruta)*

# SEPTARIANA

*Facetada em forma de ovo*

| COR | Amarelo e cinza |
|---|---|
| APARÊNCIA | Pedra com rachaduras, fissuras preenchidas de terra e nódulos riscados com areia |
| RARIDADE | Fácil de obter |
| ORIGEM | Austrália, Estados Unidos, Canadá, Espanha, Inglaterra, Nova Zelândia, Madagascar |

**ATRIBUTOS** Unindo as qualidades da Calcita, da Aragonita e da Calcedônia, a Septariana estimula a vontade de cuidar da Terra – as concreções acinzentadas da pedra então em contato com a energia dévica*. Esta pedra concentra vibrações terapêuticas nos círculos xamânicos de cura e intensifica a coesão de qualquer grupo espiritual. Útil para a Programação Neurolinguística (PNL), a Septariana ajuda a pessoa a renovar os seus padrões e a sua programação, e o terapeuta a selecionar os instrumentos mais apropriados.

Do ponto de vista espiritual, a Septariana harmoniza as emoções e o intelecto com a mente superior, para facilitar a iluminação.

Do ponto de vista mental, esta pedra jubilosa o apoia enquanto você incuba ideias e ajuda a manifestá-las, estimulando a paciência, a tolerância e a resistência. Por outro lado, se você tem ideias, mas nunca as põe em prática, ela o ajuda a ancorar a sua criatividade no plano terreno. A Septariana é um instrumento útil durante as palestras proferidas em público, pois ajuda a fazer com que cada indivíduo da plateia sinta que as palavras se dirigem especialmente a ele. A Septariana também aumenta a sua capacidade de se comunicar dentro de um grupo.

Do ponto de vista emocional, esta pedra calmante e nutriz é um instrumento útil para ajudá-lo a cuidar melhor de si mesmo e das outras pessoas. Agentes de cura podem meditar com esta pedra para encontrar a causa de indisposições*. Ela é extremamente útil também para concentrar a capacidade de cura do corpo e facilitar a flexibilidade do movimento físico.

Do ponto de vista físico, a Septariana detecta e elimina bloqueios no corpo – ela é frequentemente encontrada na forma de nódulos ovais que confinam e moldam a energia fisicamente. Se a pedra tem uma extremidade pontuda, ela pode ser um instrumento muito útil na reflexologia ou na acupressão. Se você estiver estressado, recupere a calma segurando um ovo da Septariana na mão e brincando com ele.

**CURA** Benéfica em casos de depressão relacionados ao inverno e para autocura e problemas de pele, melhora a memória celular* e o metabolismo; reduz inchaços e tumores. Favorece os intestinos, os rins, o sangue e o coração.

**POSIÇÃO** Segure-a, posicione-a ou use-a no gradeamento (*ver* páginas 28-31) como for mais apropriado.

# LINGAM DE SHIVA

*Facetada*

| COR | Vermelho e bege ou cinza |
|---:|---|
| APARÊNCIA | Formato fálico opaco e liso |
| RARIDADE | As naturais são raras |
| ORIGEM | Índia; pode ser facetada e polida artificialmente |

**ATRIBUTOS** Simbolizando a união do deus hindu Shiva com a sua consorte Kali e ativando os chakras da base e do sacro, o Lingam de Shiva faz subir a energia kundalini* e a controla. Esta pedra é perfeita para facilitar a evolução espiritual por meio do tantra ou da magia sexual. Símbolo da sexualidade e da potente energia masculina, o Lingam de Shiva é uma pedra sagrada há milhares de anos. Ela facilita a união dos opostos, como o masculino e o feminino ou o corpo e a alma, e é excelente para a cura sexual.

Propiciando o insight psicológico, o Lingam de Shiva faz com que fique mais fácil olhar para dentro e liberar tudo o que ficou obsoleto e não serve mais. Esta pedra é particularmente útil para a dor emocional que se origina na primeira infância, causada especialmente pelo abuso sexual, pois restaura a confiança na energia masculina e nas suas próprias qualidades masculinas, além de poder atrair para você um parceiro capaz de curar os seus traumas relacionados à sexualidade.

Programada corretamente (*ver* página 358), o Lingam de Shiva rompe conexões sexuais etéricas sutis depois do fim de um relacionamento e retira energias acumuladas na vagina e no útero, reenergizando o chakra da base e abrindo caminho para um novo relacionamento. É a pedra perfeita para criar um ritual de amor por si mesmo, no qual você reivindica a sua feminilidade e poder feminino.

**CURA** Benéfico para ajudar na superação de humilhação ou abuso sexual e em casos de infertilidade, impotência, falta de orgasmo e cólicas menstruais. Ele estimula o fluxo elétrico nos sistemas do corpo e dos meridianos sutis.

**POSIÇÃO** Segure-o, posicione-o ou use-o no gradeamento (*ver* páginas 28-31) como for mais apropriado.

# ESPECTROLITA

*Polida*

*Polida (brilho vermelho)*

| COR | Brilhos esverdeados e vívidos de azul-claro, laranja, amarelo, verde e vermelho |
|---|---|
| APARÊNCIA | Iridescência realçada pela luz |
| RARIDADE | Fácil de obter mas cara |
| ORIGEM | Finlândia, Canadá, Rússia, México, Portugal, Nova Zelândia |

**ATRIBUTOS** Uma ressonância* superior da Labradorita, a Espectrolita envolve a alma numa capa de proteção em qualquer reino.

Do ponto de vista espiritual, esta pedra extremamente mítica eleva a consciência e facilita a viagem multi e interdimensional. Contendo uma profunda sabedoria esotérica, a Espectrolita leva você a outras vidas, removendo detritos psíquicos resultantes de decepções passadas ou mau-olhado* e fortalecendo a confiança no universo. Pedra de transformação, ela prepara o corpo e a alma para a ascensão*. Usada em contato com o corpo ela impede a perda de energia ou a vampirização do revestimento biomagnético* ou do chakra esplênico, especialmente por um espírito desencarnado. Intensificando a visão psíquica, esta pedra filtra o terceiro olho e desvia energias ou informações indesejáveis que lhe foram infligidas. A Espectrolita elimina projeções* de outras pessoas, incluindo formas-pensamento* coladas ao revestimento biomagnético, ao chakra do soma ou ao do terceiro olho.

Do ponto de vista psicológico, a Espectrolita bane inseguranças e medos, e ressalta os seus pontos fortes. Do ponto de vista mental, a Espectrolita equilibra o espírito de análise e a racionalidade com a visão interior. Do ponto emocional, esta pedra aumenta a empatia e a aceitação das diferenças individuais e mostra por que as pessoas preferem evoluir por meio de desafios.

**CURA** Útil contra a insônia causada pela agitação psíquica ou mental.

*Bytownita (rolada)*

**POSIÇÃO** Segure-a, posicione-a ou use-a no corpo como for mais apropriado. (A Labradorita bruta é mais apropriada para gradeamento.)

**FORMAS ADICIONAIS**

A **Bytownita (Labradorita amarelo-dourado)** permite o acesso aos mais altos níveis de consciência e facilita os dons metafísicos* e a visualização, abrindo o terceiro olho bloqueado. Expandindo o corpo mental e sintonizando a sabedoria superior, a Bytownita faz com que você se liberte de influências indevidas de outras pessoas e da codependência – ou ensinando a outra pessoa a deixar você aprender com as suas lições ou a deixar de querer prolongar a dependência. Útil para superar a indecisão, esta pedra age sobre o esquema etérico*, beneficiando o estômago, o baço, o fígado, a vesícula biliar e as glândulas adrenais.

*Bytownita (bruta)*

O **Hiperstênio violeta (Labradorita de Veludo)** tem uma energia suave que protege, ancora* e fortalece, atraindo força espiritual para que você fique cercado de luz. É a pedra perfeita para acompanhá-lo em viagens astrais aos mundos inferiores* na roda medicinal de cristais (*ver* páginas 368-375). O Hiperstênio pode vir a causar uma profunda desintoxicação catártica de energia negativa ou fazer você enfrentar os seus medos mais profundos.

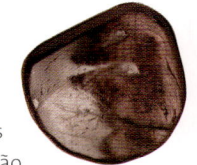

*Hiperstênio violeta (polido)*

## ESPECULARITA

TAMBÉM CONHECIDA COMO HEMATITA ESPECULAR

*Facetada e polida*

| COR | Azul prateado |
|---|---|
| APARÊNCIA | Pontos cintilantes sobre fundo negro, como o céu noturno |
| RARIDADE | Fácil de obter |
| ORIGEM | Estados Unidos, Canadá, Itália, Brasil, Suíça, Suécia, Venezuela, África |

**ATRIBUTOS** Ressonância* superior da Hematita, a Especularita ajuda você a manifestar o seu espírito especial na Terra, identificando onde os seus talentos podem ser usados com mais eficiência. Com uma energia que protege e ancora*, esta pedra ativa uma âncora cósmica*, aterrando energias espirituais de alta frequência na realidade funcional do mundo diário e elevando as vibrações dos corpos sutis* e físico, de modo que eles recebam essas energias com mais facilidade. Útil na cura da Terra*, a Especularita combate as energias eletromagnéticas.

**CURA** Benéfica para a hemoglobina, a anemia e o sangue.

**POSIÇÃO** Segure-a, use-a no gradeamento (*ver* páginas 28-31) ou posicione-a perto do computador, para harmonizá-lo, e ao corpo físico.

# ESTIBNITA

*Varinha natural*

| COR | Prateado |
|---|---|
| APARÊNCIA | Leques em forma de agulha e lâminas metálicas que perdem o lustro, muitas vezes como uma varinha |
| RARIDADE | Fácil de obter |
| ORIGEM | Japão, Romênia, Estados Unidos, China |

**ATRIBUTOS** Unindo os chakras da base, do sacro, do soma e do plexo solar e formando um espaço seguro, a Estibnita cria um campo energético em volta do corpo físico e é uma pedra útil para viagens astrais*, pois protege durante a viagem e depois traz a alma de volta para o corpo físico.

Do ponto de vista espiritual, quando usado como varinha com intenção concentrada, a Estibnita separa o puro do impuro e é um instrumento eficiente para encaminhar possessões de entidades* ou energia negativa. Usada com sabedoria, ela pode concretizar todos os seus desejos, mas convém se assegurar de que eles são de fato o que você precisa para o seu bem maior.

Do ponto de vista psicológico, esta pedra mostra o ouro que você tem dentro de si, reconhecendo os seus talentos, e ajudando-o a encontrar o valor das experiências mais difíceis. Do ponto de vista xamânico, a Estibnita carrega a energia do Lobo, facilitando as jornadas com esse animal de poder perceptivo para explorar o norte da roda medicinal (*ver* páginas 368-375).

Do ponto de vista emocional, a Estibnita ajuda você a eliminar os tentáculos dos relacionamentos "pegajosos", que afetam negativamente o corpo físico ou os sutis*, especialmente depois da separação física. Esta pedra ajuda a neutralizar rituais e traumas de vidas passadas, e é particularmente útil nas situações em que você acha difícil dizer não para um antigo parceiro – embora o rompimento de amarras possa desencadear uma situação que teste se o rompimento está realmente completo e você consegue de fato se firmar nas próprias pernas. Se conseguir, segure o cristal e concentre-se para ser bem-sucedido.

**CURA** Útil para a memória celular*, o esôfago e o estômago e para dissipar a rigidez, as feridas causadas pelo frio e as infecções.

**POSIÇÃO** Segure-a, posicione-a ou use-a no gradeamento (*ver* páginas 28-31) como for mais apropriado.

**NOTA** Ver também o portal sem volta na página 208. Como a Estibnita é tóxica, lave as mãos cuidadosamente depois de usá-la e faça a essência de gemas pelo método indireto (*ver* página 361).

# ESTICHTITA

*Bruta*

| COR | Lilás, roxo |
|---|---|
| APARÊNCIA | Camadas cerosas e opacas |
| RARIDADE | Fácil de obter |
| ORIGEM | Estados Unidos, Tasmânia, Canadá, África do Sul |

**ATRIBUTOS** Encorajando você a manifestar o seu verdadeiro eu e a viver de acordo com o seu contrato anímico para esta vida, a Estichtita facilita a subida da energia kundalini* pela coluna vertebral, até o coração. Esta é uma poderosa pedra de proteção.

Do ponto de vista psicológico, mantendo a sua mente, as suas opiniões e a sua percepção emocional em sintonia, a Estichtita ensina como as emoções negativas e as atitudes arraigadas afetam o seu bem-estar, ao mesmo tempo em que apoia você enquanto as reenquadra. Esta pedra pode melhorar e lançar luz sobre as questões emocionais que estão por trás dos distúrbios, compulsões ou alergias alimentares.

Do ponto de vista físico, a Estichtita é uma pedra de restauração e recuperação, que apoia você durante a convalescença e reprograma os caminhos neurais no cérebro para combater a indisposição* degenerativa.

Se você ou uma criança precisa tomar um caminho diferente, a Estichtita é o instrumento perfeito, além de ser útil para crianças índigo* com hiperatividade, com transtorno do déficit de atenção com hiperatividade ou indisposições* semelhantes. Uma pedra apropriada para se deixar no bolso se você morar sozinho, pois ela diminui a solidão e tem uma influência calmante sobre o ambiente.

**CURA** Benéfica para o transtorno do déficit de atenção com hiperatividade, para melhorar a elasticidade da pele e amenizar estrias; combate a dor de cabeça e a hérnia e protege as gengivas e os dentes. Benéfica no tratamento do mal de Parkinson e da demência; acalma os sistemas digestivo e nervoso, além de estabilizar a pressão sanguínea e a química do cérebro.

**POSIÇÃO** Segure-a, posicione-a ou use-a no gradeamento (*ver* páginas 28-31) como for mais apropriado. Para transtorno do déficit de atenção com hiperatividade, mantenha-a no bolso.

(*Ver também* a Atlantasita, páginas 59-60)

# SUPER SETE

Também conhecida como Pedra da Melodia, Sete Sagrado

*Bruta*

| COR | Roxo escuro, laranja, vermelho e marrom |
|---|---|
| APARÊNCIA | Cristal retorcido de transparente a opaco com várias cores visíveis |
| RARIDADE | Rara. Embora as atuais minas aparentemente estejam esgotadas, novas jazidas estão sendo prospectadas (podem ser Super Cinco ou Super Seis) |
| ORIGEM | Brasil (Espírito Santo), Estados Unidos |

**ATRIBUTOS** A Super Sete combina as qualidades espirituais e protetoras da Ametista, a capacidade de purificar e ancorar do Quartzo Enfumaçado e as propriedades amplificadoras de energia do Quartzo com Rutilo, da Goethita, da Lepidocrocita e da Cacoxenita. Os menores fragmentos da Super Sete carregam a vibração do todo, estejam todos os minerais presentes ou não, lembrando-o de que você é um filho da Terra e das estrelas.

Do ponto de vista espiritual, esta pedra de vibração* elevada é uma usina de força espiritual de clareza excepcional. Dizem que por alterar o nível vibra-

LISTA DE CRISTAIS

cional do planeta e de tudo o que há na sua superfície, ela anuncia a Era de Aquário. Muitos pedaços da Super Sete contêm um ser espiritual sintonizado com as fontes mais elevadas de orientação e inspiração, tornando desnecessária a busca de orientação em qualquer outro lugar. Meditar com a Super Sete é uma experiência celestial, e ela também é muito útil para carregar ou para servir de ingrediente para essências de flores ou de pedras (*ver* página 361) usadas em cura a distância.

*Lâmina natural*

Esta pedra sustenta e eleva a vibração de outros cristais que estão nas suas proximidades. Ativando todos os chakras e os corpos sutis*, e alinhando-os com vibrações espirituais elevadíssimas, ela ativa dons espirituais e intensifica trabalhos metafísicos de todos os tipos. A Super Sete cura indisposições* físicas, intelectuais e espirituais e faz com que a alma volte a se comunicar com o divino, lembrando-nos de que também somos parte de um todo que é muito mais do que a fraternidade entre os seres humanos. Do ponto de vista emocional, este é um cristal que conforta e dá força.

Do ponto de vista ambiental, as pontas pequenas da Super Sete são extremamente eficazes para a cura da grade* planetária, estimulando a autocura ou a abertura para novas realidades espirituais. Particularmente eficazes para grades*, essas pontas eliminam energia estagnada do corpo ou removem áreas de energia terrena ou comunitária com perturbações. Também são úteis para combater o medo de atividades terroristas ou de conflitos raciais, pois elas instilam paz e um senso de segurança e interconexão entre as pessoas.

**CURA** Extremamente útil para harmonizar o corpo, estimulando o sistema de cura natural do corpo e a cura da memória celular*. Esta pedra fortalece o sistema imunológico, a pele e os ossos.

*Ponta pequena*

**POSIÇÃO** Segure-a, posicione-a ou use-a no gradeamento (*ver* páginas 28-31) como for mais apropriado. Para a cura da Terra*, gradeie-a no chão.

## TANZANITA

*Natural*

*Facetada*

*Polida*

| COR | Lilás azulado |
|---|---|
| APARÊNCIA | Gema facetada brilhante ou pedra levemente opaca |
| RARIDADE | Fácil de obter mas cara |
| ORIGEM | Tanzânia (pode ser criada artificialmente) |

**ATRIBUTOS** Pedra de transmutação em sintonia com a chama* violeta, a Tanzanita tem vibrações* extremamente elevadas, fazendo conexão com os reinos angélicos, os guias espirituais, os Mestres Ascensionados* e a consciência crística. Ela ajuda a entrar com facilidade em estados alterados de consciência e a viver conscientemente no eterno agora.

Do ponto de vista espiritual, a Tanzanita facilita a viagem astral* interior e exterior, estimula as capacidades metafísicas* e torna a meditação mais profunda. A Tanzanita abre os chakras sutis do revestimento biomagnético*, ligando-se com o da estrela da alma a fim de acessar e ancorar o nível seguinte da evolução espiritual no plano físico. Conectada ao Registro Akáshico*, esta pedra facilita a cura celular e cármica* multidimensional, de modo que a alma esteja pronta para a ascensão*.

Do ponto de vista psicológico, ao ajudar você a descobrir qual é a sua verdadeira vocação, a Tanzanita é benéfica para pessoas que trabalham demais, pois estabiliza as flutuações de energia e ajuda você a ter mais tempo para si mesmo.

Do ponto de vista emocional, esta pedra combate a depressão e a ansiedade, devolvendo a sua autoconfiança e o equilíbrio. É a pedra perfeita para resolver o dilema cabeça-coração, ensinando como viver com um coração compassivo e uma mente iluminada.

A joia de Tanzanita deve ser usada com cuidado, pois pode superestimular pessoas sensíveis. Caso ela induza experiências psíquicas descontroladas ou que sobrecarreguem o corpo mental com telepatia indesejada, remova-a e substitua esta pedra por uma que proporcione uma proteção apropriada, como a Hematita, a Ágata com Bandas ou o Quartzo Enfumaçado.

*Facetada*

**CURA** Benéfica para reprogramar a memória* celular, para a cura de vidas passadas, a audição e para acalmar a mente, fortalecer o cabelo, a pele, a cabeça, a garganta, o peito, os rins e os nervos.

**POSIÇÃO** Use-a no corpo, segure-a, posicione-a ou use-a no gradeamento (*ver* páginas 28-31) como for mais apropriado.

# PEDRA TIFFANY

TAMBÉM CONHECIDA COMO BERTRANDITA, PAIXÃO PÚRPURA,
FLUORITA OPALIZADA, OPALA PÚRPURA

*Lâmina*

| | |
|---:|:---|
| **COR** | Roxo escuro, azul, cor-de-rosa, verde, laranja e amarelo |
| **APARÊNCIA** | Turbilhões de rachaduras coloridas |
| **RARIDADE** | Extremamente rara |
| **ORIGEM** | Uma jazida em Utah (Estados Unidos) |

**ATRIBUTOS** A Pedra Tiffany é uma gema extremamente rara e complexa do berilo e de outros minerais, formada de cinzas vulcânicas pressurizadas durante mais de dois milhões de anos. O mineral não é mais extraído, por isso está ficando cada vez mais caro à medida que os estoques diminuem. Mesmo assim, ainda existem joias à venda com esta pedra. O berilo é um dos minerais mais leves e resistentes que existem, e, espiritualmente, a Pedra Tiffany, de vibração* e energia elevadíssimas, aumenta a intuição e os dons metafísicos*, abrindo os chakras da coroa superiores para dimensões extrafísicas e fontes superiores de orientação espiritual. Ajudando na interpretação de material canalizado*, esta pedra colabora para a integração do corpo de luz* no reino físico e desse modo beneficia a alma.

Do ponto de vista psicológico, a Pedra Tiffany estimula a sua persistência e o ajuda a seguir o caminho da sua alma, aonde quer que ele o leve. Do ponto de vista emocional, esta pedra estimula você a se tornar mais aberto e receptivo. A Pedra Tiffany elimina bloqueios e, incitando força emocional, ajuda em qualquer tipo de transição. Esta pedra preenche os chakras do coração e do coração superior com amor incondicional. Ela também estimula a eliminação da desordem em todos os níveis.

Do ponto de vista mental, a Pedra Tiffany aumenta a lucidez e a acuidade mental, favorecendo os estudos acadêmicos. Ela facilita a comunicação e elimina sentimentos que você escondeu ou dos quais se sentiu envergonhado.

Do ponto de vista físico, esta pedra é um excelente condutor elétrico e térmico, que permite que as energias fluam livremente. Ela ajuda o fluxo de energia nos meridianos*, eliminando bloqueios, energizando e purificando o sistema de chakras. Estimula a libido e o fluxo de energia sexual, por isso é útil nas práticas tântricas, nas quais é conhecida como Paixão Púrpura.

**CURA** Com o seu alto teor de fluorita, a Pedra Tiffany fortalece os ossos e os ligamentos; é benéfica no tratamento da tendinite, da artrite e da osteoartrite.

**POSIÇÃO** Use-a no gradeamento (*ver* páginas 28-31) como for mais apropriado. Se a usar em contato com a pele, opte pela forma polida.

**NOTA** O berilo é tóxico; use a pedra na forma polida e prepare a essência de pedras pelo método indireto (*ver* página 361).

## TUGTUPITA

Conhecida também como Sangue de Rena

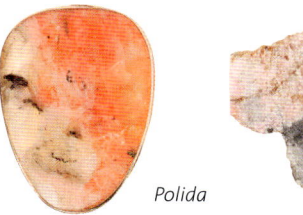

*Polida*

*Bruta*

| COR | Cor-de-rosa, branco, carmesim (quando exposta ao calor ou à luz ultravioleta) com preto |
|---|---|
| APARÊNCIA | Translúcida ou opaca, manchada e com veios |
| RARIDADE | Rara mas disponível em joias |
| ORIGEM | Groenlândia, Canadá, Rússia |

**ATRIBUTOS** Pedra de integração, a Tugtupita serve de ponte entre o coração compassivo e a mente iluminada e ancora o amor incondicional no mundo. Ela ensina a força de amar a si mesmo – sem a qual não é possível valorizar-se ou valorizar as outras pessoas, dar ou receber amor ou descobrir o que é intimidade. Pedra extremamente protetora, alinhada com a chama rosa do puro amor, a Tugtupita, de tonalidade branca, rosa pálida ou rosa-choque, tem a rara qualidade de adquirir um tom carmesim quando exposta à luz do Sol ou ultravioleta, ou quando é usada sobre a pele ou envolvida com a mão. Ela adquire uma fluorescência vermelho brilhante sob a luz ultravioleta.

Segundo as lendas inuit, Tutu, uma rena, foi para as montanhas dar à luz e, no lugar onde o seu precioso sangue caiu, formou-se a Tugtupita. Os inuits também dizem que esta pedra desperta o amor esquecido e intensifica a libido e a paixão dos amantes, levando a pedra a adquirir um brilho ígneo. Uma

LISTA DE CRISTAIS

das melhores pedras para abrir e purificar os chakras do coração, especialmente o da semente do coração, esta pedra significa romance, paixão e fertilidade. Ela aprofunda e expande o amor, inspirando amor incondicional em todos os relacionamentos e alinhando e integrando todos os chakras com os chakras do coração e do coração superior, de modo que o amor seja expresso por meio de cada ato e pensamento.

Do ponto de vista espiritual, quando colocado sobre o chakra do coração superior de alguém cujas vibrações foram suficientemente elevadas, a Tugtupita atua como um xamã que sopra o seu alento sobre o chakra para despertar o canal adormecido que conecta o coração compassivo aos estados superiores de consciência. Esta pedra literalmente acessa um novo nível de amor para facilitar uma mudança vibracional e o nascimento do corpo de luz* na vida diária.

*Facetada*

Uma pedra extremamente protetora, que prepara você para enfrentar situações difíceis com equanimidade e destemor, a Tugtupita protege o fígado, bloqueando-o contra a raiva ou o ressentimento de outras pessoas (basta colocá-la um pouco abaixo da axila direita), pois ela neutraliza a raiva e impede que o seu coração seja afetado (use-a sobre o coração). Ela absorve a sua raiva e a transforma em energia criativa e é a pedra perfeita para ajudar na sua recuperação, caso alguém tenha "roubado" a sua energia psíquica. Esta pedra também rompe bloqueios de qualquer órgão do corpo (especialmente do pâncreas e do estômago), atribuídos a uma fonte externa carente, e é particularmente eficaz quando usada com a Nuumita, para cortar amarras com o passado. A Tugtupita elimina os efeitos de relacionamentos do passado e purifica o revestimento biomagnético* de efeitos residuais do abuso psicológico ou físico. Usada para libertar o espírito em casos de apego emocional, esta pedra encoraja o perdão com relação a si mesmo e a outras pessoas.

Do ponto de vista psicológico, a Tugtupita promove o perdão, a compaixão e o amor incondicional, especialmente por si mesmo, e promove a capacidade de dar de si sem fazer sacrifícios ou o papel de mártir. Ela também fortalece a consciência e ajuda a resolver os dilemas éticos. A energia suave da Tugtupita é perfeita para amenizar a ansiedade e o estresse e combate a consciência de pobreza*, trazendo abundância em todos os níveis.

Do ponto de vista mental, esta pedra facilita a sintonia com a consciência universal, aumentando a lucidez e o raio de visão da mente iluminada. A Tugtupita ensina a independência emocional e a autonomia, ajudando você a perceber que é o único responsável por criar e manter o seu bem-estar e felicidade, e que isso não depende de nenhuma fonte externa, incluindo um parceiro ou ente querido. Esta pedra protege você de chantagem emocional, dando-lhe força para eliminar e superar interferências externas. Mantenha esta pedra próxima ao coração, para ajudá-lo a ser sincero nos relacionamento e a não temer a intimidade. Esta pedra pode levá-lo a uma catarse emocional profunda, para liberar a dor que você reprime há muitas eras, pelo planeta e por si mesmo. A Tugtupita o faz relembrar como amar, amenizando suavemente quaisquer bloqueios, abrindo o seu coração e envolvendo-o em amor universal e incondicional. O amor então floresce na sua vida.

Do ponto de vista ambiental, esta é a pedra perfeita para enviar amor incondicional para o mundo, pacificando zonas de guerra ou locais onde haja conflitos raciais.

**CURA** Purifica o sangue, estabiliza a pressão sanguínea e cura o coração; regula o metabolismo e a produção de hormônios; aumenta a fertilidade. Alivia a depressão ou casos de depressão provocados pelo inverno.

**POSIÇÃO** Coloque-a sobre o coração ou um pouco abaixo da axila direita para proteção, ou como for mais apropriado. A Tugtupita é particularmente eficaz quando usada constantemente sobre o chakra do coração.

**NOTA** Evite abrasivos fortes ou sal. A Tugtupita é agora manufaturada artificialmente, mas as pedras artificiais têm poucas propriedades terapêuticas.

*Polida*

# TUGTUPITA COM NUUMITA

*Pedra combinada (bruta)*

| COR | Matriz de tom amarelo pálido, com brilhos cor-de-rosa, vermelhos e pretos |
|---|---|
| APARÊNCIA | Manchada e pintada |
| RARIDADE | Rara |
| ORIGEM | Groenlândia |

**ATRIBUTOS** Esta poderosa combinação reúne a força amorosa da Tugtupita com a impressionante capacidade de proteção da Nuumita, criando um escudo impenetrável que, paradoxalmente, tanto facilita quanto assimila a mudança vibracional. Dando-lhe a certeza de que "ficará com você aconteça o que acontecer", esta combinação de pedras oferece força psicológica e proteção a partir do seu coração contra influências externas de qualquer tipo e ajuda a curar a dor provocada por abandono ou rompimentos.

Do ponto de vista psicológico, esta combinação é particularmente útil para reverter os efeitos de uma infância vivida com privações ou insegurança, devido a abusos físicos, emocionais ou mentais ou a uma negligência não intencional. Oferecendo um sentimento de segurança paternal que ajuda você a aprender a cuidar de si mesmo, e ancorando esse sentimento no cerne do seu ser, esta combinação ajuda você a se manter centrado no seu coração compassivo, imbuído de amor incondicional e perdão por todos os envolvidos.

Instrumento extremamente eficaz para a libertação espiritual, quando um espírito desencarnado ou um parente encarnado está lhe causando mágoa ao tentar prendê-lo emocionalmente com a desculpa de que é para o seu "bem", esta combinação de pedras também é útil contra orações de terceiros que podem interferir no seu livre-arbítrio. A Tugtupita estimula o perdão e a comunicação aberta e a Nuumita rompe ligações do passado para que o amor incondicional possa fluir para o seu coração e servir como um escudo. Útil principalmente quando você costuma se fazer de vítima, esta combinação de pedras ensina como se tornar alguém mais forte e explica por que o apego e a manipulação não são mais relevantes para você, além de assegurar a outra pessoa que agora você é forte o suficiente para se manter sobre as próprias pernas. Esta combinação está em contato com o amor do centro do universo e expressa esse amor para tudo aquilo que existe dentro dele. Ela dissipa os efeitos da feitiçaria no presente ou em qualquer outra vida, criando um escudo protetor ao redor do coração.

**CURA** Funciona melhor nos níveis sutis do ser, cicatrizando feridas emocionais e eliminando os efeitos negativos de rompimentos do passado. Segure-a na mão para sentir um profundo senso de segurança e capacidade para agir.

**POSIÇÃO** Segure-a ou posicione-a como for mais apropriado. Use-a junto ao coração pelo maior tempo possível. Use-a no gradeamento ao ar livre em forma de estrela de Davi (*ver* página 31) para facilitar a mudança vibracional no campo de energia da Terra.

**NOTA** Se você não encontrar a combinação de Tugtupita (*ver* páginas 339-341) com Nuumita (*ver* páginas 198-200), use uma pedra de cada em conjunto.

# URANOFANO

*Bruta*

| COR | Laranja amarelado |
|---|---|
| APARÊNCIA | Cristais semelhantes a fios de cabelo, sobre matriz |
| RARIDADE | Rara |
| ORIGEM | Zaire, Alemanha, Estados Unidos, República Tcheca, Austrália, França, Itália |

**ATRIBUTOS** Este cristal radiativo não serve para cura em geral nem para uso prolongado. Sob a supervisão de um profissional qualificado, ele pode ser usada na medicina nuclear e na radioterapia, além de servir como catalisador homeopático, combatendo lesões cármicas*, ambientais e anímicas causadas por radiação. O Uranofano realinha sutilmente as vibrações do revestimento biomagnético*, de modo que as mudanças energéticas sejam assimiladas nos corpos etéricos* e no corpo físico.

**CURA** Dizem que esta pedra é útil para tumores e lesões causadas por radiação.

**POSIÇÃO** Use-o no gradeamento (*ver* páginas 28-31) e posicione-o com cautela em torno dos corpos sutis*. Mantenha-o embrulhado em papel laminado junto com uma Malaquita.

## USSINGITA

*Lilás-violeta (bruta)*

| COR | Lilás-violeta, roxa, bege rosado, vermelho escuro |
|---|---|
| APARÊNCIA | Pedra opaca sarapintada |
| RARIDADE | Rara |
| ORIGEM | Groenlândia, Rússia, Canadá |

**ATRIBUTOS** As propriedades da Ussingita dependem da sua cor. A pedra de tonalidade violeta clara e roxa carrega vibrações* elevadíssimas, enquanto as de um tom triste de bege rosado carregam uma vibração muito mais densa, cujos efeitos são completamente diferentes.

Do ponto de vista espiritual, a etérica Ussingita violeta emana serenidade e vibra na frequência da purificação espiritual. Conduzindo a um estado expandido de consciência e proporcionando um ponto de acesso para cristais celestiais em outras dimensões, a Ussingita violeta provoca instantaneamente uma mudança vibracional na frequência dos corpos sutis*, despertando o corpo de luz* e levando-o a sintonizar o Eu Superior*. Essa cor abre os chakras da coroa superiores e a visão espiritual. E serve como um veículo de comunicação com os reinos angélicos e guias espirituais, permitindo que as ações sejam orientadas pela sabedoria espiritual e as pessoas sejam irresistível-

LISTA DE CRISTAIS

mente atraídas para você. A Ussingita roxa da Rússia, mais densa e profunda, leva você numa viagem astral a outras dimensões e, embora não alcance as frequências mais elevadas da etérica Ussingita violeta, mesmo assim carrega frequências elevadas.

A Ussingita de tonalidade bege rosada desperta a alma adormecida. Por outro lado, ela faz com que aqueles que fizeram a mudança vibracional sejam atraídos de volta para vibrações mais densas e fecha a conexão com frequências mais elevadas. As pessoas cuja alma ainda não despertou são levadas, por esta pedra, a perceber que precisam se esforçar para retificar deficiências cármicas*, crenças arraigadas (sejam elas espirituais ou não) e comportamentos que estão impedindo o seu progresso espiritual. Contudo, a Ussingita bege rosada não é capaz de ajudar a alma a fazer uma mudança instantânea rumo a vibrações mais elevadas.

*Roxo (pedra bruta russa)*

Esta Ussingita facilita a independência emocional e a autonomia, estimulando o reconhecimento de que você é o único responsável por criar e manter o seu bem-estar e a sua felicidade. Todas as cores de Ussingita ajudam-no a romper relacionamentos de dependência ou codependência.

A Ussingita de tom vermelho escuro dissipa bloqueios nos chakras da base e do sacro, neutralizando a raiva antiga, e desperta esses chakras para um influxo de energia kundalini*, que leva a um nível profundo de interação sexual e criatividade pessoal, às quais antes a alma não tinha acesso. Se uma pedra que combina o violeta e o vermelho é colocada sobre o dan-tien*, ela purifica, reenergiza e sintoniza a força kundalini universal.

*Bege rosado (facetada)*

**CURA** Funciona melhor além da vibração física para curar a alma e o corpo de luz*; favorece o fígado e facilita a purificação do sangue, além de estabilizar a pressão sanguínea.

*Vermelho escuro (pedra rolada russa)*

**POSIÇÃO** Use-a no corpo ou posicione-a como for mais apropriado.

## COMBINAÇÃO DE PEDRAS

A **Ussingita com Tugtupita** é uma combinação útil para abrir e proteger o chakra da semente do coração, que fica na base do esterno. Ela rompe ligações de vidas passadas e contratos anímicos que não têm mais validade, facilitando a sintonia com as energias do Eu Superior* dentro do coração e ligando-o com a chama rosa do coração universal. Use-a para ajudar a alma a se ancorar plenamente nesta encarnação.

*Ussingita com Tugtupita (bruta)*

A **Ussingita na Sodalita** aumenta a capacidade da Sodalita de submeter a lógica à intuição e ancorar a mente superior no físico, ajudando você a ver questões da perspectiva da mente iluminada. Esta pedra aponta e remove crenças espirituais arraigadas que não lhe servem mais.

*Ussingita na Sodalita (bruta)*

# VIVIANITA

*Bruta*

| COR | Verde ou azul profundos (em contato com o ar esta pedra perde o brilho) |
|---|---|
| APARÊNCIA | Cachos ou lâminas pequenas, transparentes ou metálicas na matriz; os cristais às vezes são recurvados |
| RARIDADE | Pode ser cara |
| ORIGEM | Alemanha, Estados Unidos, Brasil |

**ATRIBUTOS** A Vivianita age sobre o terceiro olho, aguçando a intuição e servindo como guia durante viagens astrais* pelos vários planos da realidade. Do ponto de vista espiritual, ela acessa o principal propósito da sua alma e ajuda você a ver o que antes não era tão claro. Uma pedra estratificada, ela é útil para trabalhar em vários níveis de uma vez, pois a energia se propaga em ondas. Se alguém estiver obstruindo a sua visão, a Vivianita levanta os véus dos seus olhos e ajuda você a ver a verdade. Use-a para reconhecer o que você estava se recusando a ver em si mesmo ou em outras pessoas e para clarear a sua visão interior. Esta pedra também pode ajudá-lo a aceitar o invisível ou algo que parece inaceitável.

## LISTA DE CRISTAIS

A vibrante Vivianita é um purificador de auras muito útil, pois elimina o excesso de estímulo e de energia negativa, substituindo-os por paz e tranquilidade. Esta pedra faz com que o chakra da coroa passe a girar ao contrário, se preciso, criando uma nota básica e conectando-o ao corpo sutil da Terra para ancorá-lo suavemente nesta encarnação. Esta pedra é o complemento perfeito em visualizações de cura e trabalhos rituais a distância, pois faz com que as almas se congreguem, intensificando o efeito dos trabalhos.

Do ponto de vista psicológico, a Vivianita o ajuda no trabalho com sonhos, no qual você pode reformular um sonho de maneira mais criativa, de modo que ele propicie uma cura ou lampejos intuitivos. Esta pedra ajuda você a estabelecer e atingir objetivos realistas e lhe dá força para vencer as adversidades, fazendo a vida parecer mais estimulante e desafiadora e não monótona. Se você costuma fazer projeções* emocionais ou cultivar ilusões acerca do futuro, a Vivianita o encoraja a viver o momento.

Do ponto de vista emocional, a Vivianita é útil para trazer à tona seus sentimentos mais profundos e coisas que você insiste em negar em si mesmo, integrando a sua sombra*. Se o seu relacionamento precisa de uma dose de estímulo, a Vivianita possibilita a sua revitalização.

Do ponto de vista físico, ela é um excelente agente de cura para problemas crônicos nos olhos. Do ponto de vista ambiental, por ser a pedra dos círculos nas plantações, ela nos liga às energias da Terra e nos ajuda a interpretar os padrões desses círculos e a contatar a energia por trás desses padrões. Para integrar a energia dos círculos das plantações na sua vida, medite com uma Vivianita no centro de um círculo ou fitando fotografia de um círculo.

**CURA** Benéfica para os olhos, especialmente no tratamento de inflamações na íris, conjuntivite ou catarata; ajuda a alinhar a espinha, o coração, o fígado, a memória, a vitalidade, a memória celular*, além de remover radicais livres e ajudar na assimilação do ferro.

**POSIÇÃO** Segure-a, posicione-a ou use-a no gradeamento (*ver* páginas 28-31) como for mais apropriado. Para curar os olhos, certifique-se de que o olho está fechado e coloque a pedra sobre um pano esterilizado.

# WAVELLITA

*Bruta na matriz*

| | |
|---:|:---|
| **COR** | Verde |
| **APARÊNCIA** | Agulhas cristalinas peroladas, vítreas, rosáceas ou radiais |
| **RARIDADE** | Não é fácil de obter |
| **ORIGEM** | Estados Unidos, Bolívia, Grã-Bretanha |

**ATRIBUTOS** A Wavellita franqueia o acesso a questões profundas ou a um ponto de vista diferente, permitindo que as respostas venham à tona suavemente na consciência. Ajudando a lidar com situações desafiadoras, esta pedra purifica do corpo emocional os traumas ou os abusos ocorridos nesta vida ou em vidas passadas, facilitando a cura profunda da alma, e proporciona uma visão panorâmica das atitudes que levam a indisposições*, reenquadrando a memória celular*. Do ponto de vista físico, esta pedra conserva a saúde e o bem-estar.

**CURA** Benéfica para o fluxo energético entre o revestimento biomagnético* e o corpo físico e a memória celular; favorece a circulação do sangue, a contagem de células brancas e o tratamento da dermatite.

**POSIÇÃO** Segure-a, posicione-a ou use-a no gradeamento (*ver* páginas 28-31) como for mais apropriado.

# YOUNGITA

*Bruta*

| COR | Marrom alaranjado e branco |
|---|---|
| APARÊNCIA | Minúsculos cristais drusiformes sobre uma matriz de jaspe |
| RARIDADE | Quase não existem mais jazidas |
| ORIGEM | Estados Unidos |

**ATRIBUTOS** Uma combinação de Jaspe Brechiforme e Quartzo Drusiforme, a Youngita é uma pedra xamânica que dá acesso a diferentes planos de consciência, levando você para um espaço sem pensamento onde as almas podem se encontrar e se fundir.

Do ponto de vista espiritual, esta pedra liga as várias dimensões, a supraconsciência e o Tudo O Que É*. Por tradição, a Youngita era considerada a pedra perfeita para os guerreiros e líderes espirituais, pois ela ilumina o caminho à frente e oferece a coragem para defender as próprias ideias e argumentar.

O Jaspe Brechiforme contido nesta pedra ameniza o estresse mental, centra a mente e aumenta a agilidade mental e o pensamento racional, fortalecendo a capacidade intelectual em circunstâncias difíceis, enquanto o Quartzo Drusiforme intensifica a capacidade de rir até dos acontecimentos mais traumáticos.

Do ponto de vista psicológico, a Youngita é eficaz para trabalhos com a criança interior*, pois entra em contato com a criança inocente e feliz que mora dentro de todos nós e libera as possibilidades criativas que ela oferece. Por curar feridas da infância e até da idade adulta, especialmente as localizadas nos chakras da base e do sacro, esta pedra é útil nos trabalhos de resgate da alma*, pois reintegra suavemente partes anímicas infantis que se fragmentaram devido a traumas, arrebatamentos, projeções futuras ou autoenganos.

**CURA** Funciona melhor além do nível físico do ser; excelente para cura da criança interior e para amenizar o estresse mental.

**POSIÇÃO** Segure-a, posicione-a ou use-a no gradeamento (*ver* páginas 28-31) como for mais apropriado.

## PEDRA ZEBRA

*Lâmina polida*　　　　　　*Bruta*

| COR | Preto, branco, marrom, cor-de-rosa, verde |
|---|---|
| APARÊNCIA | Contornos espiralados e bandas de pedra opaca |
| RARIDADE | Razoavelmente rara |
| ORIGEM | Madagascar, África do Sul, Índia, Brasil |

**ATRIBUTOS** Eficiente para gradeamentos*, a Pedra Zebra mantém você em contato com a Terra durante o trabalho espiritual. Ela ensina como habitar plenamente no seu corpo, com os pés firmes no chão. Eliminando a apatia e o desinteresse, esta pedra enche você de entusiasmo pela vida e renova a sua motivação para alcançar os seus objetivos.

Do ponto de vista emocional, esta pedra combate a depressão e a ansiedade. Ela propicia um poderoso estímulo para a criatividade artística.

**CURA** Trazendo vitalidade ao corpo e fortalecendo o sangue, esta pedra é benéfica para os ossos e o fluxo linfático.

**POSIÇÃO** Segure-a, posicione-a ou use-a no gradeamento (*ver* páginas 28-31) como for mais apropriado.

# ZIRCÔNIO

*Laranja (bruta)*

| COR | Amarelo, verde, marrom, vermelho, laranja |
|---|---|
| APARÊNCIA | Gema facetada ou translúcida, muitas vezes de forma piramidal |
| RARIDADE | Nem todas as cores são fáceis de encontrar |
| ORIGEM | Austrália, Estados Unidos, Sri Lanka, Ucrânia, Canadá (pode receber tratamento térmico para intensificar a cor ou ser produzido artificialmente) |

**ATRIBUTOS** Nos tempos antigos, o Zircônio era usado para proteger contra roubos, raios, lesões físicas e doenças. Cada cor ressoa com um chakra diferente. Promovendo o amor incondicional por si mesmo e pelas outras pessoas, esta pedra harmoniza a sua natureza espiritual com a Terra e alinha os corpos físico e sutis*. Ela ajuda você a reconhecer que somos seres espirituais numa jornada humana, e realça a unidade da qual todas as almas se originaram. Esta pedra de percepção psicológica reúne opostos e instila persistência e tenacidade de propósito.

Do ponto de vista mental, o Zircônio intensifica a lucidez e ajuda a separar o que é importante do que não o é. Combatendo o racismo e o preconceito, ele ensina a fraternidade entre os seres humanos e elimina do corpo emocional as impressões de discriminação, vitimização, homofobia e misoginia desta ou de outras vidas.

Do ponto de vista emocional, o Zircônio ensina a constância. Conhecida como a pedra da virtude, por tradição ela era um teste de celibato. Combatendo o ciúme e a possessividade, ela ajuda você a deixar para trás um amor do passado e a se abrir para um novo.

**CURA** Benéfico para promover sinergias; combate a ciática, as cãimbras, a insônia, a depressão, os problemas ósseos e musculares, as vertigens, problemas hepáticos e a menstruação irregular.

**POSIÇÃO** Segure-o, posicione-o ou use-o no gradeamento (*ver* páginas 28-31) como for mais apropriado.

**NOTA** O Zircônio pode causar vertigem em pessoas que usam marca-passo ou que são epilépticas. O Zircônio em forma de cubo tem poderes consideravelmente mais fracos.

*Marrom (bruto)*

### CORES ESPECÍFICAS
O **Zircônio marrom** é útil para centramentos e ancoramentos*, pois abre o chakra da Terra.

O **Zircônio vermelho** confere vitalidade ao corpo, principalmente durante períodos de estresse. Conferindo mais poder aos rituais de prosperidade, esta pedra ativa o chakra da base e aumenta a libido.

*Vermelho (bruto)*

O **Zircônio laranja** é um talismã eficiente para usar durante viagens, pois protege contra ferimentos. Esta pedra aumenta a beleza e protege contra o ciúme. Ela estimula o chakra do sacro e a criatividade.

O **Zircônio amarelo** ajuda a atrair o sucesso nos negócios e no amor, e intensifica a energia sexual. Ele ameniza a depressão e torna você mais alerta. Esta cor ativa e limpa o chakra do plexo solar.

O **Zircônio verde** atrai a abundância e estimula o chakra do coração.

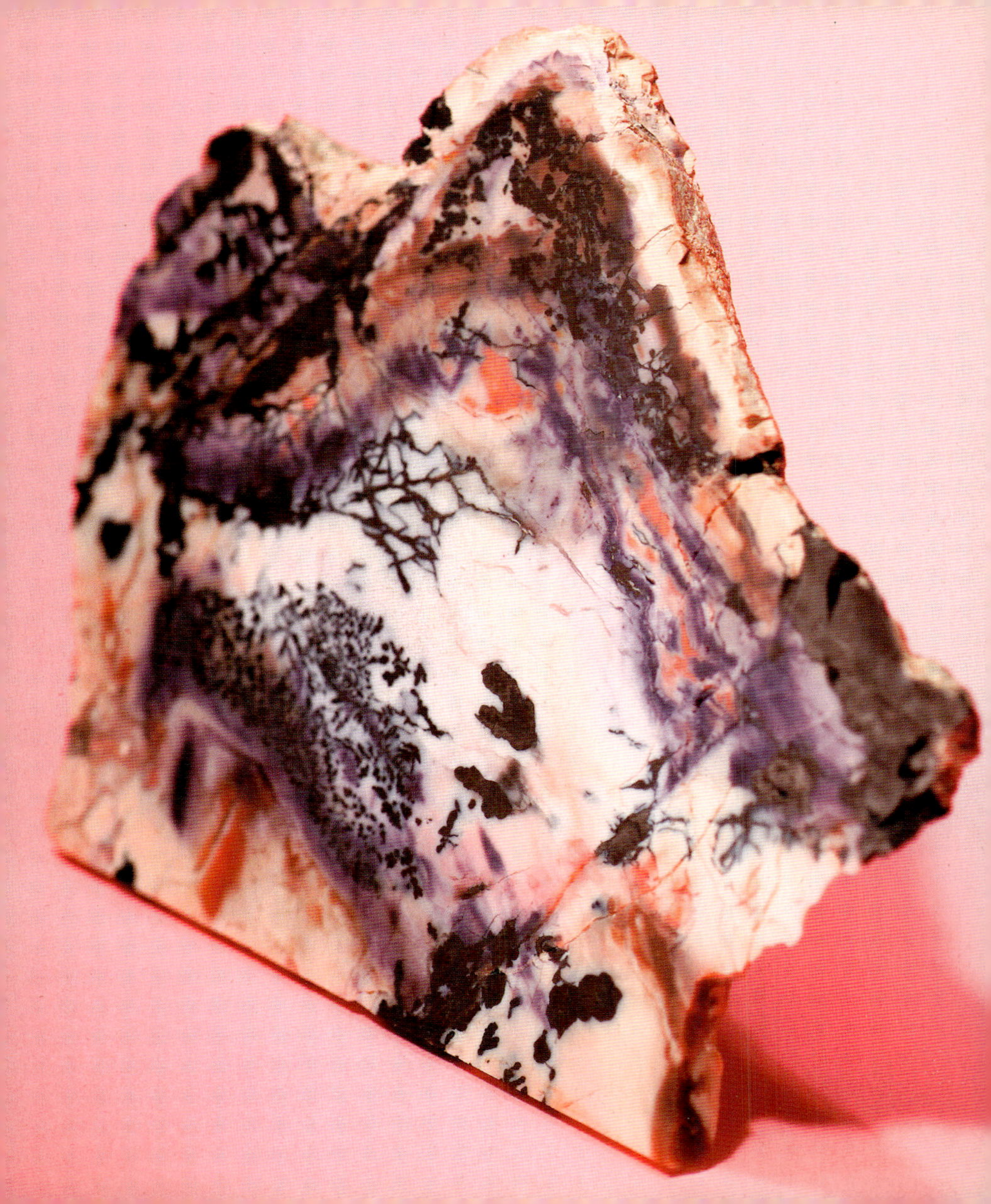

# GUIA DE REFERÊNCIA RÁPIDA

Nesta seção você encontrará informações básicas para utilizar os seus cristais, incluindo o modo de limpá-los e ativá-los, as associações com os chakras e os diagramas da anatomia física e sutil, para posicionar os cristais de maneira eficiente, além de detalhes acerca da roda medicinal com cristais. O Glossário ajuda você a se familiarizar com os termos usados neste livro, incluindo os formatos dos cristais. Também é apresentado um índice remissivo para ajudá-lo a encontrar a pedra adequada às suas necessidades. Instruções sobre como manejar a radiestesia com os dedos também o ajudarão a selecionar as pedras apropriadas.

Nestas páginas você também aprenderá como fazer uma essência de pedras, caso ainda não tenha aprendido. As essências de pedras são um modo excelente de usar a energia dos cristais. Borrife-as num cômodo, massageie com elas os pulsos ou o local de um órgão; ou use-as de acordo com as instruções de um especialista em essências ou em terapia com cristais. Essas essências energéticas atuam de maneira sutil para causar mudanças, geralmente no nível emocional ou psicológico, mas também são purificadores de ambiente eficientes e intensificadores da energia.

## COMO DESPERTAR OS CRISTAIS

Os cristais só funcionam quando são ativados. Mas antes eles precisam ser purificados — e posteriormente vão exigir limpeza habitual para que continuem a atuar com máxima eficácia.

### COMO LIMPAR O SEU CRISTAL

Se o seu cristal não é solúvel em água, não esfarela nem é estratificado (formado por camadas), segure-o sob a água corrente durante alguns minutos e então coloque-o sob a luz do Sol ou da Lua por algumas horas para reenergizá-lo e recarregá-lo. Cristais delicados podem ser limpos com arroz integral, sons, luz ou fumaça de incenso. Você também pode usar sal para purificá-lo, caso o cristal não seja estratificado, não corra o risco de esfarelar nem seja muito delicado. Ou então pode guardar os seus cristais com uma Cornalina, pois essa pedra limpa e recarrega os outros cristais. Também existem no mercado produtos próprios para a limpeza de cristais.

### COMO ATIVAR O SEU CRISTAL

Segure o cristal nas mãos, concentre-se nele e diga em voz alta, "Eu dedico este cristal ao bem maior de todos que entrarem em contato com ele". Se você quiser "programar" o cristal para atingir um propósito específico, afirme com clareza o que você quer.

### COMO GUARDAR O SEU CRISTAL

Como pedras delicadas podem se danificar com facilidade, convém guardá-las num saquinho quando não estiverem em uso ou exposição. Se você costuma deixar os seus cristais expostos, lembre-se de que a luz solar forte desbota as cores das pedras.

### COMO ESCOLHER OS SEUS CRISTAIS

Você pode escolher um cristal que atraia a sua atenção, pode escolhê-lo de acordo com as suas propriedades, para se certificar de que ele servirá aos seus propósitos, ou pode usar a radiestesia com um pêndulo ou com os dedos (*ver* página 360).

GUIA DE REFERÊNCIA RÁPIDA

*O jeito mais rápido de limpar um cristal é lavá-lo sob água corrente durante alguns instantes.*

COMO ESCOLHER O SEU CRISTAL POR MEIO DA RADIESTESIA COM OS DEDOS
Este método estimula a sua intuição corporal, ajudando-o a escolher com precisão o cristal certo para as suas necessidades ou para responder às suas perguntas.

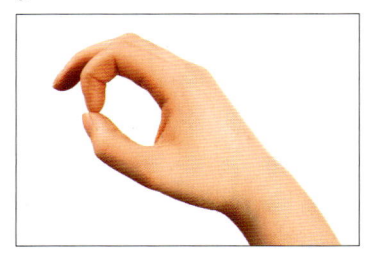

**1** *Comece fazendo um elo com o dedo indicador e o polegar, conforme a ilustração.*

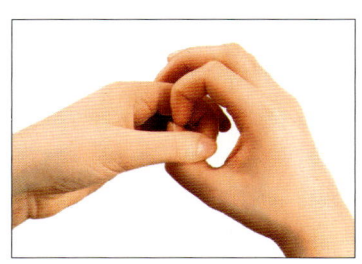

**2** *Faça outro elo com os dedos indicador e o polegar da outra mão, transpassado no primeiro. Então contemple um cristal ou a fotografia de um cristal. Faça a sua pergunta.*

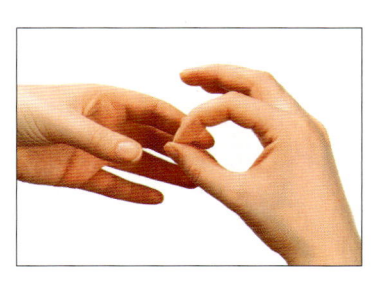

**3** *Puxe com firmeza. Se os elos se abrirem, a resposta para a sua pergunta é não. Se eles se mantiverem fechados, a resposta para a sua pergunta é sim.*

## COMO FAZER UMA ESSÊNCIA DE PEDRAS

Como os cristais funcionam com base na ressonância, a vibração deles é facilmente transferida para a água. Purifique o cristal (*ver* página 358), depois coloque-o numa tigela de vidro limpa. Cubra o cristal com água mineral. (Se o cristal for tóxico, estratificado, solúvel ou frágil, use o método indireto, colocando-o numa tigela de vidro limpa e depois colocando essa tigela dentro de outra maior, com água.) Deixe a tigela no sol ou à luz da Lua durante seis a oito horas. Retire o cristal da água. Adicione dois terços de conhaque ou vinagre de maçã para preservar a essência. Engarrafe a essência num frasco de vidro limpo – essa é a tintura-mãe, que precisará ser diluída posteriormente.

## COMO USAR A ESSÊNCIA DE PEDRAS

Para diluir a tintura-mãe antes de usar a essência, adicione sete gotas da tintura num frasco de vidro com conta-gotas e complete com um terço de conhaque e dois terços de água, caso a intenção seja tomar por via oral ou esfregar na pele. Se desejar destilar as gotas nos olhos, não acrescente álcool em nenhuma das etapas. Beba em pequenos goles a intervalos regulares, massageie a pele com ele ou banhe com a essência as regiões afetadas do corpo. Algumas gotas da essência podem ser adicionadas a um frasco de água em *spray* e borrifadas pela casa ou pelo local de trabalho ou adicionadas à água do banho.

*Coloque o cristal numa tigela de vidro limpa com água mineral*

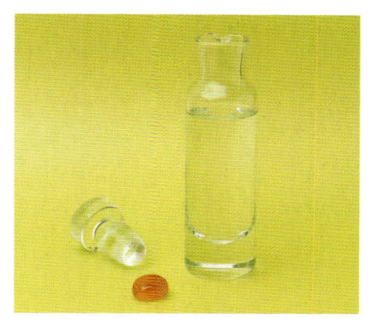

*Misture a essência com dois terços de conhaque ou vinagre de maçã.*

## ANATOMIA DO CORPO FÍSICO E DOS CORPOS SUTIS

Conheça o local exato dos órgãos internos e dos chakras sutis, dos esquemas etéricos* e dos meridianos de energia do corpo para saber como posicionar os cristais de modo a obter o seu efeito máximo.

### ANATOMIA DO CORPO FÍSICO

*Labels on left figure:* Cérebro, Olhos, Dentes, Orelhas, Pescoço, Ombros, Tecido muscular, Pulmões, Estômago, Baço, Braço, Intestinos, Apêndice, Próstata, Testículos, Mão, Sistema ósseo, Sistema nervoso, Medula óssea

*Labels on right figure:* Glândula pineal, Glândula pituitária, Maxilares, Garganta, Tireoide, Timo, Coração, Fígado, Vesícula biliar, Rins, Pâncreas, Coluna vertebral, Tubas de Falópio, Sistema reprodutor, Bexiga, Sistema circulatório, Veias, Joelho, Pele, Pés

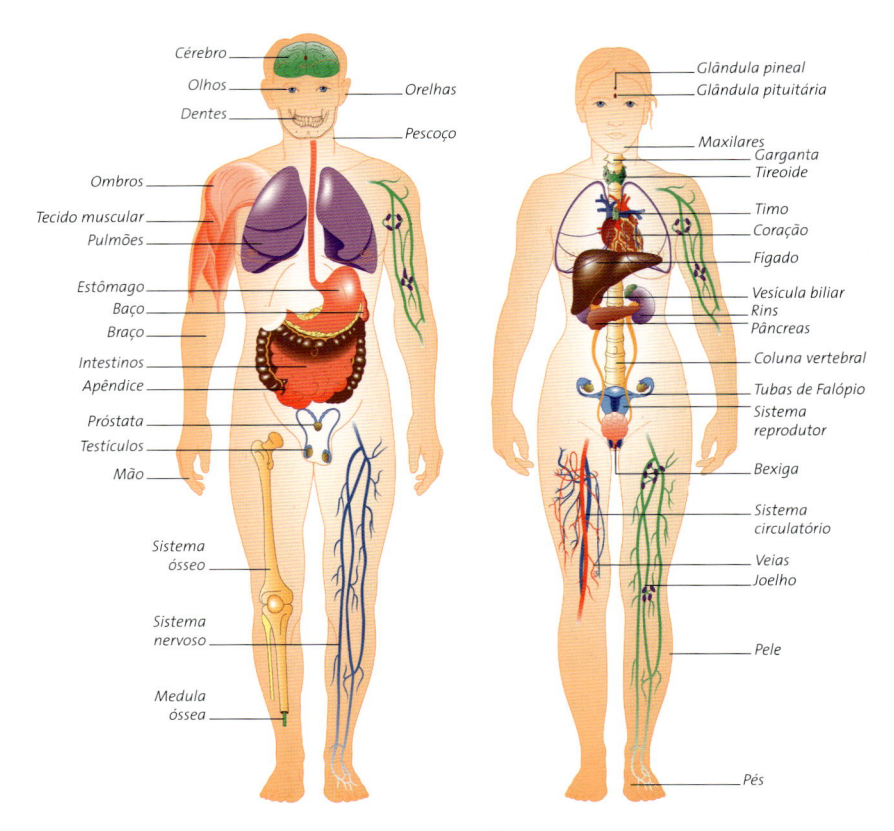

GUIA DE REFERÊNCIA RÁPIDA

## ANATOMIA SUTIL: CHAKRAS E ESQUEMAS ETÉRICOS

1. CHAKRA DA TERRA SUPERIOR Acima dos pés: ponto de ligação com o campo etérico da Terra
2. CHAKRA DA TERRA Entre os pés: ponto de ligação com a Terra
3. CHAKRA DA BASE No períneo: centro sexual e criativo
4. CHAKRA DO SACRO Um pouco abaixo do umbigo: o outro centro sexual e criativo
5. CHAKRA DO PLEXO SOLAR No plexo solar: centro emocional
6. CHAKRA DA SEMENTE DO CORAÇÃO Na base do esterno; local da lembrança da alma
7. CHAKRA ESPLÊNICO Sob a axila esquerda; local onde pode haver vazamento de energia
8. CHAKRA DO CORAÇÃO Sobre o coração físico; o centro do amor
9. CHAKRA DO CORAÇÃO SUPERIOR Sobre o timo; centro da imunidade
10. CHAKRA DA GARGANTA Sobre a garganta; centro da verdade
11. CHAKRA DAS VIDAS PASSADAS OU ALTA-MAIOR Bem atrás das orelhas; guarda informações de vidas passadas
12. CHAKRA DO TERCEIRO OLHO Entre as sobrancelhas e a linha do cabelo; centro da visão interior
13. CHAKRA DO SOMA na linha do cabelo, sobre o terceiro olho; centro da identidade espiritual e da ativação da consciência
14. CHAKRA DA COROA No topo da cabeça; ponto de conexão espiritual
15. CHAKRA DA COROA SUPERIOR Acima do topo da cabeça; ponto de ligação para o espírito
16. CHAKRA DA ESTRELA DA ALMA Uns trinta centímetros acima do topo da cabeça; ponto de ligação para os corpos espiritual e sutis*, por meio do qual as energias podem ser ancoradas ou as vibrações físicas podem se elevar
17. CHAKRA DO PORTAL ESTELAR Acima do chakra da estrela da alma; portal cósmico para outros mundos

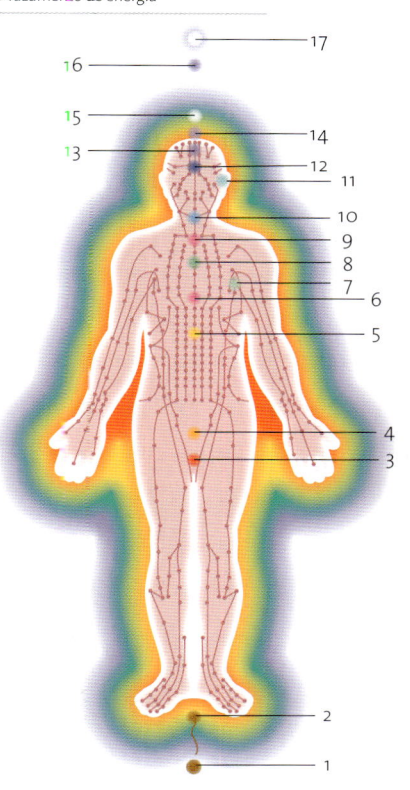

## ASSOCIAÇÕES COM OS CHAKRAS

| CHAKRA | COR | POSIÇÃO | QUESTÕES RELACIONADAS |
|---|---|---|---|
| TERRA SUPERIOR E TERRA | Marrom | Abaixo dos pés | Conexão material |
| BASE | Vermelho | Base da coluna vertebral | Instintos de sobrevivência |
| SACRO | Laranja | Abaixo do umbigo | Criatividade e procriação |
| PLEXO SOLAR | Amarelo | Abaixo do umbigo | Conexão emocional e assimilação |
| SEMENTE DO CORAÇÃO | Cor-de-rosa | Base do esterno | Lembranças da alma |
| ESPLÊNICO | Verde-claro | Sob o braço esquerdo | Filtragem de energia |
| CORAÇÃO | Verde | Sobre o coração | Amor |
| CORAÇÃO SUPERIOR | Cor-de-rosa | Sobre o timo | Amor incondicional |

| QUALIDADES POSITIVAS | QUALIDADES NEGATIVAS |
|---|---|
| Ancorado, prático, funciona bem na realidade diária | Não ancorado, sem senso de poder, incapaz de operar na realidade diária, capaz de absorver negatividade |
| Segurança básica, sendo de poder pessoal, liderança espontânea; ativo, independente | Impaciência, medo da aniquilação, desejo de morte, violência, raiva; obsessivo pelo sexo ou impotente, vingativo, hiperativo, impulsivo, manipulativo |
| Assertivo, confiante; fertilidade, coragem, alegria, sexualidade, prazer sensual, aceitação da identidade sexual | Baixa autoestima, infertilidade, crueldade, inferioridade, preguiça, "tentações" emocionais ou formas-pensamento; pretensão |
| Empatia; boa utilização da energia, organização, lógica, inteligência ativa | Má utilização da energia, bagagem emocional, filtragem de energia; ociosidade, sentimentalismo ou frieza, ceticismo, costume de assumir a responsabilidade pelos problemas ou sentimentos dos outros |
| Lembrança da razão para a encarnação, conexão com o plano divino, instrumentos disponíveis para manifestar o potencial | Desarraigado, sem propósito, perdido |
| Independência, poder | Exausto e fácil de manipular |
| Amoroso, generoso, compassivo, carinhoso, flexível, autoconfiante, tolerante | Desligado dos sentimentos, incapaz de demonstrar amor, ciumento, possessivo, inseguro, mesquinho ou resistente à mudança |
| Compassivo, empático, carinhoso, disposto a perdoar, espiritualmente conectado | Desinteresse pelo espiritual, magoado, carente; incapacidade de expressar sentimentos |

## ASSOCIAÇÕES COM OS CHAKRAS (CONTINUAÇÃO)

| CHAKRA | COR | POSIÇÃO | QUESTÕES RELACIONADAS |
|---|---|---|---|
| DA GARGANTA | Azul | Garganta | Comunicação |
| VIDAS PASSADAS | Turquesa-verde claros | Atrás das orelhas | Qualquer coisa trazida de vidas passadas |
| TERCEIRO OLHO | Azul-escuro | Testa | Intuição e conexão mental |
| SOMA | Lavanda | Centro da linha do cabelo | Conexão espiritual |
| COROA | Violeta | Topo da cabeça | Conexão espiritual |
| COROA SUPERIOR | Branco | Acima da cabeça | Iluminação espiritual |
| ESTRELA DA ALMA | Lavanda/branco | 30cm acima da cabeça | Conexão anímica e iluminação do eu mais elevado |
| PORTAL ESTELAR | Branco | Acima do chakra da estrela | Passagem cósmica para outros mundos |

## GUIA DE REFERÊNCIA RÁPIDA

| QUALIDADES POSITIVAS | QUALIDADES NEGATIVAS |
|---|---|
| Capaz de falar a própria verdade, receptivo, idealista, leal | Incapaz de verbalizar pensamentos ou sentimentos, sensação de estar impedido de progredir, dogmático, desleal |
| Sabedoria, perspicácia na vida, conhecimento instintivo | Bagagem emocional, insegurança, questões inacabadas |
| Intuitivo, perceptivo, visionário, vive o momento | Confuso ou desorientado, medroso, apegado ao passado, supersticioso, bombardeado pelos pensamentos de outras pessoas |
| Espiritualmente atento e plenamente consciente | Afastado da fonte de sustentação espiritual e do sentimento de conexão interior |
| Místico, criativo, humanitário, prestativo | Imaginação doentia, cheio de ilusões, arrogante, usa o poder para controlar os outros |
| Sintonia espiritual com temas maiores, iluminado; verdadeira humildade | Desorientado e aberto à invasão, ilusões e autoenganos |
| Conexão suprema com a alma, alma e corpo físico interconectados e com uma elevada frequência de luz; comunicação com a intenção anímica, perspectiva objetiva com relação a vidas passadas | Fragmentação da alma, abertura para invasão extraterrestre, complexo de messias; resgata em vez de fortalecer outras pessoas |
| Conectado com as mais elevadas energias do cosmo e além dele, comunicação com seres iluminados | Desintegração; abertura para informação cósmica equivocada, incapacidade de viver bem no plano material |

## A RODA MEDICINAL DE CRISTAIS

Por tradição, a roda medicinal ensina uma maneira de equilibrar a sua vida. Ela funciona no sentido horário, começando pelo sul, o lugar que representa o início da encarnação. Embora a orientação de um terapeuta qualificado seja sempre aconselhável, a roda pode ser usada para a cura pessoal. Se estiver trabalhando sozinho, o mais indicado é que você se sente diante de cada direção da roda, segurando na mão o cristal mais apropriado e meditando sobre uma questão relacionada com as energias da direção em questão e sobre o modo como ela afeta a sua vida.

Você também pode cruzar os espaços entre direções opostas para integrar as qualidades associadas com essas direções, como a linha entre o sudoeste (o sonho e o jeito como a sua vida é) e o nordeste (que ajuda você a entender as escolhas que faz e como pode facilitá-las). Os cristais servem como usinas de força para a informação e facilitam a sua jornada para os pontos cardeais e secundários.

*Se colocar os cristais sobre as cores apropriadas será mais fácil se lembrar das associações ligadas a cada direção.*

## OS PONTOS CARDEAIS E AS DIREÇÕES

Os pontos cardeais são o sul, o oeste, o norte e o leste; e os pontos secundários são o sudoeste, o noroeste, o nordeste e o sudeste. Cada direção tem uma energia específica e suas próprias associações.

*Quartzo Vela Enfumaçado*

### SUL
O lugar da aproximação

| | |
|---|---|
| SEXO | Mais feminino que masculino |
| ESTAÇÃO | Verão |
| ELEMENTO | Água-chuva, rio, oceano, lago, sangue |
| MUNDO | Plantas, árvores |
| TEMPO | Passado |
| COR | Vermelho (sangue) |
| ASPECTO HUMANO | Emoções, coração, sentimento |
| ESCUDO HUMANO | Criança interior-criança ferida, visão de criança |
| ALIADO | Confiança e inocência |
| INIMIGO | Medo |
| CONEXÃO PLANETÁRIA | Lua |
| TOTENS | Camundongo, coiote, cobra |
| CRISTAL | Quartzo Vela Enfumaçado |

O sul é o lugar onde você nasceu. Quando posicionado no Sul, o Quartzo Vela faz você se sentir bem com relação a si mesmo e ao seu corpo. Ele é útil para as pessoas que acham a encarnação física um verdadeiro desafio, pois restaura a confiança e a inocência, curando a criança interior ferida e ajudando-a a viver mais plenamente a encarnação, cercada por uma aura de amor incondicional. Esta pedra cura a linhagem ancestral* e a herança cármica*. Ressaltando o propósito da alma e focando a sua atenção no caminho que deve seguir na vida, o Quartzo Vela torna mais fácil a tarefa de colocar em prática conhecimentos antigos e de aproximar os totens. Ele ajuda a entender como o corpo físico pode ser prejudicado pelo estresse emocional e mental.

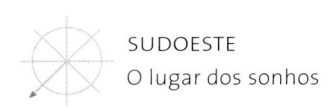

## SUDOESTE
O lugar dos sonhos

| CRISTAL | Selenita |
|---|---|

No sudoeste, a Selenita leva você ao lugar dos sonhos e a sonhar. Esta pedra abarca outras vidas e é útil para verificar o progresso que você já fez e para acessar o seu plano de vida* para a vida presente, que foi feito no estado entrevidas*. Ela aponta as lições e questões que ainda estão sendo trabalhadas e mostra como elas podem ser mais bem resolvidas.

*Selenita Fantasma*

## OESTE
O lugar de olhar para dentro

| SEXO | Feminino |
|---|---|
| ESTAÇÃO | Outono |
| ELEMENTO | Terra – cristal, pedra etc. |
| MUNDO | Mineral |
| TEMPO | Presente |
| COR | Preta |

| | |
|---|---|
| ASPECTO HUMANO | Corpo |
| ESCUDO HUMANO | Espírito adulto (manifestação) |
| ALIADO | Intuição, mudança, morte e renascimento |
| INIMIGO | Inércia, morte, envelhecimento |
| CONEXÃO PLANETÁRIA | Terra |
| TOTENS | Pantera/jaguar, coruja, galo |
| CRISTAL | Quartzo Enfumaçado |

O oeste é o lugar da morte e do mergulho no mundo interior. O Quartzo Enfumaçado ensina como deixar para trás qualquer coisa que não sirva mais. Esta pedra também acompanha você através dos portais da morte, rumo ao outro mundo e ao renascimento. Uma das pedras mais eficazes para ancoramento* e purificação, o protetor Quartzo Enfumaçado tem uma forte ligação com a Terra, promovendo a preocupação com o meio ambiente e sugerindo soluções para os problemas ecológicos. Amenizando a ambivalência com relação à encarnação física, esta pedra ajuda a enfrentar os tempos difíceis com equanimidade, fortalecendo o poder de resolução. Ela ajuda você a aceitar o corpo físico e a sua natureza sexual, aumentando a virilidade e purificando o chakra da base, de modo que a paixão flua naturalmente.

*Quartzo Enfumaçado*

## NOROESTE
O lugar dos hábitos, padrões e rotinas

| | |
|---|---|
| CRISTAL | Quartzo Fantasma com Clorita (Quartzo Xamã) |

Este é o lugar onde os hábitos do passado precisam ser questionados. O Quartzo Xamã ajuda a purificar a memória celular* e a corrigir a linhagem ancestral* da vida presente, abrindo caminho para que as mudanças ocorram. Absorvendo a negatividade e as substâncias que poluem o meio ambien-

*Quartzo Xamã*

te, este cristal elimina energia estagnada e acumulada em qualquer lugar do corpo ou do ambiente. Esta pedra também ajuda a remover implantes* energéticos, acessando a fonte do implante nesta ou em qualquer outra vida. A Clorita tem fortes associações com a natureza e com a Mãe Terra.

## NORTE
### O lugar do conhecimento

| SEXO | Mais masculino do que feminino |
|---|---|
| ESTAÇÃO | Inverno |
| ELEMENTO | Ar – os quatro ventos |
| MUNDO | Animal |
| TEMPO | Futuro |
| COR | Branca |
| ASPECTO HUMANO | Mente; mente do coração, raciocínio, funcionamento da mente, mente menor |
| ESCUDO HUMANO | Adulto – visão de mundo |
| ALIADO | Equilíbrio, conhecimento, sabedoria |
| INIMIGO | Conhecimento sem sabedoria |
| CONEXÃO PLANETÁRIA | As estrelas |
| TOTENS | Lobo, cavalo, búfalo |
| CRISTAL | Quartzo |

No norte, o Quartzo ajuda a enfocar e a integrar diferentes níveis mentais, facilitando a sabedoria interior e ampliando a visão da vida. Esta pedra intensifica as capacidades metafísicas* e sintoniza você com o seu propósito espiritual, propiciando o equilíbrio entre o coração, a mente, o corpo e a alma. Um ótimo agente de cura para qualquer tipo de mal, o Quartzo também corrige a memória celular em várias dimensões e é um excelente receptor para progra-

*Ponta de Quartzo Transparente com cracas e ponte*

mações (ver página 358). O Quartzo Transparente funciona em todos os níveis do ser e tem a capacidade de dissolver sementes cármicas (os padrões e impressões de vidas passadas que podem ser ativados e resultar em indisposições*, relacionamentos ou acontecimentos na vida presente).

## NORDESTE
O lugar das escolhas

| CRISTAL | Ametista |
| --- | --- |

No nordeste, a Ametista facilita o processo de tomada de decisões, inspirando bom senso e lampejos intuitivos, e também aumentando a motivação, a capacidade de estabelecer objetivos realistas e de colocar em prática decisões e intuições. Esta pedra ajuda na assimilação de novas ideias e conecta causa e efeito. A Ametista equilibra os altos e baixos da vida, ajudando no centramento emocional e espiritual.

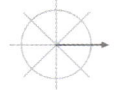

## LESTE
O lugar da visão mais ampla

*Ametista*

| SEXO | Masculino |
| --- | --- |
| ESTAÇÃO | Primavera |
| ELEMENTO | Fogo |
| MUNDO | Humano |
| TEMPO | Além do tempo |
| COR | Amarelo/dourado – a estrela da manhã |

| ASPECTO HUMANO | Espírito |
|---|---|
| ESCUDO HUMANO | Criança mágica – inspiração |
| ALIADO | Iluminação, esclarecimento, beleza, puro prazer |
| INIMIGO | Abuso do poder |
| CONEXÃO PLANETÁRIA | Sol |
| TOTENS | Águia, falcão, condor |
| CRISTAL | Citrino |

O leste é o lugar da concepção. O Citrino carrega o poder do Sol nascente para iluminar a sua vida e tocar a centelha do puro espírito dentro do seu eu. As tonalidades mais claras do Citrino regem o corpo físico e as suas funções, e as tonalidades mais escuras regem os aspectos espirituais da vida. O Citrino ajuda a desobstruir o fluxo de sentimentos e propicia o equilíbrio emocional. Ele absorve, transmuta e ancora a energia negativa e protege o ambiente. No leste da roda medicinal de cristais, esta pedra é especialmente benéfica para atrair abundância e aumentar a criatividade.

*Citrino natural*

## SUDESTE
O lugar dos ancestrais

| CRISTAL | Quartzo Espírito |
|---|---|

No sudeste, o Quartzo Espírito é útil principalmente para propiciar lampejos intuitivos com relação a problemas familiares. Este cristal enfoca a cura multidimensional e reprograma a memória celular, ajudando você a perdoar a si mesmo. O Quartzo Espírito leva você a se encontrar com os espíritos dos seus ancestrais e com os do planeta, e pode ser programado para a cura ancestral (*ver* página 358), especialmente para reenquadrar* o passado. Na cura de vidas passadas, esta pedra corrige o esquema etérico* para a vida presente, enfocando as conexões cármicas significativas e as dádivas e a justiça cármica em situações traumáticas.

*Quartzo Espírito Branco*

## CENTRO
O lugar das direções Acima e Abaixo e do Tudo O Que É

CRISTAL                     Quartzo Elestial Enfumaçado

*Quartzo Elestial Enfumaçado*

O centro da roda medicinal representa as direções Abaixo (Mãe Terra) e Acima (Pai Sol) e o Tudo O Que É*. Quando posicionado no centro da roda medicinal, o Quartzo Elestial Enfumaçado serve como uma ponte entre as direções Acima e Abaixo, trazendo a luz e a sabedoria do Tudo O Que É para o círculo, imbuído com o poder criativo do Pai Sol e com a energia nutriz da Mãe Terra para criar um espaço sagrado de infinitas possibilidades e cura profunda.

# GLOSSÁRIO

ACOMPANHADO, FORMATO Dois cristais geminados, que cresceram parcialmente a partir um do outro, ou um cristal menor que cresce a partir de um cristal principal. Há casos em que um cristal circunda totalmente o outro. Proporcionando um grande apoio, estes cristais ajudam a entender melhor um relacionamento e a reconhecer como um parceiro pode apoiar melhor o outro, sem sufocá-lo ou tirar-lhe a autonomia. *Ver* Ametista Vera Cruz, página 315.

AGENTE DE AUTOCURA, CRISTAL Várias terminações pequenas onde o cristal se partiu na base e corrigiu essa fissura, formando novos cristais. Essa formação tem um impressionante conhecimento de autocura e ensina a recuperar a integridade, independentemente da lesão ou ferimento que possamos ter sofrido. *Ver* Semente Lemuriana, página 263.

ALMA, FRAGMENTOS DA *Ver* ALMA, PARTES

ALMA, IMPERATIVOS DA Questões não resolvidas de vidas passadas que exercem influência inconscientemente sobre a vida presente. Inclui promessas e propósitos de vidas passadas que motivam a alma ao longo das vidas e atraem parceiros de vidas passadas para a nossa órbita no papel de amantes ou inimigos.

ALMA, PARTES DA A alma é o veículo do espírito eterno. As partes da alma são fragmentos anímicos não presentes nesta encarnação, que incluem, mas não são limitadas por fragmentos que se dividiram. *Ver também* RESGATE DA ALMA.

ALMA/ANÍMICO, PLANO DA Intenções e planos de aprendizado da alma para a vida presente que podem ter sido revisados com cuidado no estado entrevidas ou podem ter sido uma reação impulsiva a causas cármicas.

ÂNCORA CÓSMICA Condutor de energia sutil que a transmite pela linha central do corpo, por meio do CHAKRA da Terra, até o centro da Terra, e até o CENTRO GALÁCTICO, por meio do chakra da estrela da alma, acima da cabeça. Estabiliza a energia e proporciona um cabo de ancoragem para o CORPO DE LUZ, de modo que ele possa lidar com as mudanças energéticas da Terra, assimilar energias de vibração elevada e, se preciso, ancorá-las no planeta.

ÂNCORA XAMÂNICA Conduto que ajuda a trazer as energias da Terra ou da galáxia para o corpo físico durante as viagens astrais ao mundo inferior ou superior; cordão que nos ajuda a voltar ao corpo.

ANCORAMENTO (1) Criar uma forte conexão entre a alma de uma pessoa, seu corpo físico e a Terra. (2) Ancorar energias na Terra.

ANÍMICOS, VÍNCULOS Ligações entre os membros de um GRUPO ANÍMICO.

ASCENSÃO, PROCESSO DE Meio pelo qual as pessoas procuram elevar as suas vibrações físicas e espirituais.

## GLOSSÁRIO

ATAQUE PSÍQUICO Pensamentos ou sentimentos malevolentes, dirigidos consciente ou inconscientemente a outra pessoa, e que podem provocar INDISPOSIÇÃO ou perturbações na vida dessa pessoa.

CAMPOS ENERGÉTICOS SUTIS Campo de energia invisível, mas detectável que cerca todos os seres vivos.

CANALIZAÇÃO Processo pelo qual a informação é transmitida de um espírito desencarnado para ou por meio de um ser encarnado.

CAPACIDADES/DONS METAFÍSICOS Capacidades como CLARIVIDÊNCIA, telepatia e cura.

CARMA Processo dinâmico e contínuo de aprendizado e resgate de créditos e débitos de ações do passado e da vida presente.

CARMA, RESGATE DO Quando já se fez o suficiente, o carma pode ser resgatado e deixa de afetar a vida da pessoa.

CÁRMICO Experiências ou lições originárias de encarnações passadas ou pertencentes a elas. Débitos, crenças e emoções como culpa são trazidas para a vida presente e criam INDISPOSIÇÕES, mas também é possível ter acesso aos créditos e à sabedoria de outras vidas para sanar esses débitos e emoções do passado. As sementes cármicas são padrões e impressões de vidas anteriores que podem ser ativados e resultam em indisposições, relacionamentos ou acontecimentos na vida presente.

CÁRMICO, COMPROMETIMENTO Relacionamento com outra alma cujas raízes pertencem ao passado e no qual o carma ou as atitudes são renitentes.

CENTRO GALÁCTICO Centro astrológico zodiacal em torno do qual a galáxia gira. Ela está agora no final de Sagitário

CETRO Haste central em torno da qual outro cristal se formou. O cetro invertido é uma ponta de cristal menor que emerge de uma base de pedra mais larga. O cetro dirige a energia para o cerne de um problema ou para os corpos sutis. A INDISPOSIÇÃO se dissolve e as energias se reestruturam em todos os níveis do ser. Os cetros são excelentes para recuperar o poder. *Ver* Quartzo Rio Laranja, página 272; Ametista Brandenberg Enfumaçada, página 234.

CHAKRA Ponto de ligação energético entre o corpo físico e os CORPOS SUTIS. O mau funcionamento dos chakras causa INDISPOSIÇÕES ou distúrbios físicos, emocionais, mentais ou espirituais. *Ver* páginas 363-367.

CHAMA Campo de energia que faz parte do seu ser maior e que pode transmutar ou transformar as suas vibrações.

CHAMA GÊMEA/ALMA GÊMEA, CONFIGURAÇÃO DA Dois cristais do mesmo tamanho, que crescem da mesma base (a diferença está na programação). Uma chama gêmea liga duas pessoas num relacionamento próximo e íntimo, ensinando como podem ser um único ser sem per-

## GLOSSÁRIO

der a individualidade, enquanto mantêm uma parceria em que haja interdependência e intimidade profunda, e ambos tenham os mesmos direitos. Quanto mais parecidos eles forem em tamanho, mais harmonioso é o relacionamento. Os almas gêmeas compartilham lições CÁRMICAS; os chamas gêmeas, apoio mútuo e amor incondicional. Sem uma base comum, a união tenderá a ser mais mental e espiritual do que emocional e física. Os chamas gêmeas de cristais de tamanhos desiguais trazem amor incondicional em relacionamentos entre pai e filho, patrão e empregado, pois promove o alinhamento e uma harmonia maior. Coloque cristais gêmeos no canto direito mais distante da porta. *Ver* Quartzo Rio Laranja, página 272.

CLARIAUDIÊNCIA Dom de ouvir com a audição psíquica em vez da física; ouvir o que não é audível aos ouvidos físicos.

CLARIVIDÊNCIA Capacidade de ver os espíritos e de se comunicar com eles.

COMANDOS HIPNÓTICOS Programas inconscientes incutidos por uma fonte externa, que fazem com que a pessoa os reproduza automaticamente.

CONFIGURAÇÃO DE ALMA GÊMEA *Ver* CHAMA GÊMEA, CONFIGURAÇÃO

CONSCIÊNCIA CÓSMICA Estado elevado de consciência em que você faz parte da energia universal.

CONSCIÊNCIA CRÍSTICA Estado em que todos os seres vivos do universo estão unidos no amor e na consciência universal; a manifestação mais elevada da energia divina.

CONSCIÊNCIA DE POBREZA Crença arraigada segundo a qual a pobreza e a escassez são, de algum modo, certas e meritórias.

CORDÃO DE PRATA Elo entre o corpo físico e o CORPO ETÉRICO que liga o CHAKRA soma e o corpo etérico.

CORPO DE LUZ Corpo energético sutil que vibra em elevada frequência. Veículo para o espírito.

CORPO ETÉRICO REVESTIMENTO BIOMAGNÉTICO sutil que cerca o corpo físico.

CORPOS SUTIS Camadas do REVESTIMENTO BIOMAGNÉTICO.

CORRENTES TELÚRICAS Poderosas correntes energéticas da Terra localizadas ao redor do planeta, sob o manto.

CRACA, FORMATO DE Cristais pequenos que cobrem parcialmente um cristal maior. Ajuda em problemas familiares ou comunitários, fortalece a energia de grupos e conforta depois da perda de um ente querido. *Ver* Quartzo Espírito, páginas 300-303; Quartzo Morion, página 268.

CRIANÇA INTERIOR Parte da personalidade que permanece inocente e infantil (mas não infantilizada), ou que pode ter sido vítima de abusos e traumas que requerem cura.

CRISE DE CURA Sinal positivo de que os sintomas de uma enfermidade logo vão desaparecer; a crise de cura é marcada por uma breve intensificação dos sintomas.

## GLOSSÁRIO

CRISTAL AMORFO Cristal sem uma organização ou estrutura interna rígida, dentro do qual a energia flui rapidamente; os seus efeitos são poderosos e instantâneos. *Ver* Pedra Gaia, página 138.

CRISTAL DE PONTA LONGA Cristal que concentra a energia numa linha reta. Direcionada para o corpo, essa ponta transmite rapidamente a energia ou a absorve do corpo, se estiver na posição inversa. *Ver* Semente Lemuriana, páginas 263-265.

CROSTA BOTRIOIDAL Cobertura drusiforme de quartzo ou outros minerais. *Ver* Hemimorfita, página 154.

DAN-TIEN Pequena esfera rotatória geradora de força, localizada sobre o chakra do sacro. Quando essa esfera está exaurida ou vazia, a energia criativa não flui apropriadamente e cria um desequilíbrio. A drenagem dessa energia acontece por meio do ato sexual sem amor, do excesso de trabalho e do vampirismo psíquico.

DENDRÍTICO Marcações em forma de musgo ou folhagem, visíveis dentro de um cristal. *Ver* Calcedônia Dendrítica, página 118.

DESCARGAS ENERGÉTICAS VIBRACIONAIS Influxos de energia que elevam a consciência da humanidade e são infundidos no nível físico do ser, mas podem demorar um pouco para serem processados e emergirem na consciência.

DEVAS/REINO DÉVICO Espíritos da natureza, que segundo a tradição regem as árvores, os rios e as montanhas.

DIMENSÕES/VIBRAÇÕES SUPERIORES Espaço ou estado vibracional com vibração mais rápida e elevada. Essas dimensões não estão necessariamente localizadas num determinado lugar. Os estados vibracionais elevados podem existir tanto na Terra quanto nos cristais.

DNA, CURA DO Acredita-se que o DNA humano tivesse originalmente doze fitas, que são reativadas à medida que a humanidade evolui.

ENTIDADE Espírito desencarnado que vaga pela Terra e pode se prender a um ser encarnado.

ENTIDADES PRESAS À AURA Espíritos ou formas alienígenas presas ao REVESTIMENTO BIOMAGNÉTICO de uma pessoa viva.

ENTIDADES, ENCAMINHAMENTO DE Ato de afastar um espírito desencarnado ou outro ser e encaminhá-lo para a dimensão extrafísica a que ele pertence.

ESCRIAÇÃO Uso do cristal para sondar o futuro ou o passado.

ESCUDO ÁURICO As bordas do REVESTIMENTO BIOMAGNÉTICO quando fortalecidas para garantir a proteção.

ESFERA, FORMATO DE O cristal esférico emite energia em todas as direções igualmente. Uma janela para o passado e para o futuro, a esfera emite energia através do tempo e propicia um vislumbre do que está por vir ou do que já aconteceu. *Ver* Gaspeíta, página 140.

## GLOSSÁRIO

ESQUEMA ETÉRICO Programa energético sutil a partir do qual o corpo físico é construido. Ele carrega impressões, INDISPOSIÇÕES ou lesões, traumas emocionais e constructos mentais de vidas passadas, que podem resultar em doenças ou deficiências na vida presente.

ESTADO ENTREVIDAS Estado vibratório em que a alma se mantém entre as encarnações. *Ver também* ESTADO PRÉ-NASCIMENTO.

ESTADO PRÉ-NASCIMENTO Dimensão habitada pela alma antes do nascimento.

ESTRESSE GEOPÁTICO Todo estresse telúrico causado por distúrbios energéticos provocados por correntes de água subterrâneas, linhas de força e linhas *ley*.

EU SUPERIOR A parte da alma desencarnada que conhece o plano anímico da vida presente e de outras vidas e contém a sabedoria e os dons acumulados em encarnações anteriores.

EXPERIÊNCIA FORA DO CORPO *Ver* VIAGEM ASTRAL.

FILHOS DAS ESTRELAS Seres de outros sistemas planetários que encarnaram na Terra para ajudar na evolução espiritual.

FORMAS-PENSAMENTO Formas criadas por fortes pensamentos positivos ou negativos que existem no nível etérico ou espiritual e afetam o funcionamento mental de uma pessoa.

GÊMEO TÂNTRICO Dois cristais idênticos alinhados lado a lado, mas que não compartilham a mesma base. Ideal para duas pessoas que trabalham juntas, em pé de igualdade, seja espiritual ou materialmente. Os gêmeos tântricos harmonizam e integram os diferentes niveis do ser. O gêmeo tântrico de terminação dupla é perfeito para o PROCESSO DE ASCENSÃO.

GEODO Cristal em forma de gruta, que amplifica, conserva e libera energia lentamente. Benéfico para personalidades dadas a vícios ou demasiadamente indulgentes. *Ver* Avalonita, página 61.

GERADOR Aglomerado com várias pontas ou seis facetas. Este cristal, ao promover a coesão de grupos e restaurar a harmonia, gera uma poderosa energia de cura. Seis facetas que convergem para uma ponta afiada é um ótimo formato para gerar energia, pois concentra energia de cura e clareza de intenções. *Ver* Quartzo Espírito Aqua Aura, página 302.

GRADE PLANETÁRIA Linhas de energia da Terra, sutis e invisíveis, que cobrem o planeta como uma teia de aranha.

GRADEAMENTO/GRADES Cristais posicionados em torno de um edifício, pessoa ou lugar para intensificação das energias ou proteção – a posição dos cristais é identificada com mais precisão por meio da radiestesia.

GRUPO ANÍMICO Agrupamento de almas que viajaram juntas através do tempo; todas ou algumas delas estão encarnadas.

IMPLANTE ENERGÉTICO Vibração, pensamento ou emoções negativas implantadas no corpo sutil por fontes externas.

## GLOSSÁRIO

INCISÕES EMPÁTICAS Pequenas lascas no cristal, que não diminuem o seu poder de cura e podem significar que ele tem uma empatia maior com a dor.

INCLUSÃO/OCLUSÃO Depósito de cristais ou outros minerais disseminados no interior de um cristal de quartzo ou presos à sua face externa. As inclusões irradiam a energia do cristal do mineral concentrada e amplificada pelo quartzo que o envolve.

ÍNDIGO, CRIANÇAS Crianças nascidas com uma vibração mais elevada do que a das crianças que já estão na Terra. Essas crianças muitas vezes têm dificuldade para se ajustar às atuais vibrações do planeta.

INDISPOSIÇÃO Estado causado por desequilíbrios físicos, sentimentos bloqueados, emoções reprimidas, carma e pensamentos negativos que, se não revertido, pode causar doenças.

INFLUÊNCIAS MENTAIS Efeito dos pensamentos e opiniões fortes de terceiros sobre a mente de uma pessoa.

ÍSIS, FACE DE Coloca você em contato com a deusa interior. Por promover a cura em todos os níveis – físico, mental, emocional ou espiritual –, ela integra as energias espirituais no corpo emocional e ameniza a identificação excessiva com o sofrimento das outras pessoas. Útil para homens que querem entrar em contato com os próprios sentimentos; ajuda crianças sensíveis a se estabilizarem. Benéfica para qualquer um que esteja passando por uma transição. *Ver* Quartzo Anfíbola, página 227.

KUNDALINI Energia interior espiritual, sutil e sexual, que reside na base da coluna vertebral e, desperta, sobe até os chakras da coroa.

LÂMINA, FORMATO DE Cristal plano, útil para eliminar padrões do passado e bloqueios psíquicos; a ponta cura e sela com luz. *Ver* Lemuriano Enfumaçado, página 254.

LIBERTAÇÃO DE ESPÍRITOS *Ver* ENCAMINHAMENTO DE ENTIDADES

LIMPEZA DA CASA Remoção de entidades e energias negativas de uma casa.

LINHAGEM ANCESTRAL, PADRÕES DE Padrões e crenças familiares que passaram de geração em geração até o presente.

MATRIZ Leito de pedra sobre o qual se formam cristais.

MAU-OLHADO *Ver* ATAQUE PSÍQUICO

MEMÓRIA CELULAR Memória de vidas passadas referentes a atitudes, traumas e padrões ancestrais profundamente arraigados na forma de programas negativos ativos, como a CONSCIÊNCIA DE POBREZA, que provoca INDISPOSIÇÃO.

MENTOR, FORMATO DE Cristal que atua como um mestre e transmite sabedoria antiga e informações dos REGISTROS AKÁSHICOS, compartilhando conhecimentos e trazendo a dimensão superior para o trabalho.

## GLOSSÁRIO

MERIDIANO Canal de energia sutil localizado logo abaixo da superfície da pele ou do planeta, e no primeiro caso contém pontos de acupuntura.

MERIDIANO TRIPLO-AQUECEDOR Meridiano relacionado ao controle da temperatura do corpo.

MERKABÁ Forma geométrica complexa que supostamente ajuda na evolução da consciência e na ativação do CORPO DE LUZ.

MESTRES ASCENSIONADOS Seres altamente evoluídos que conduzem a evolução espiritual da Terra e o processo de ascensão.

MIASMA Impressão sutil de uma doença infecciosa ou acontecimento traumático do passado, transmitidos por uma família ou lugar.

MUNDO INFERIOR No xamanismo, mundo existente na Terra e na mente subconsciente. *Ver também* MUNDO SUPERIOR.

MUNDO SUPERIOR No xamanismo, o mundo superior é o mundo das estrelas e da mente consciente e superior. *Ver também* MUNDO INFERIOR.

NEBLINA ELETROMAGNÉTICA Campo eletromagnético sutil, mas detectável, formado por linhas de força e equipamentos elétricos que causam um efeito adverso nas pessoas sensíveis.

NÍVEIS/DIMENSÕES INTERIORES Níveis de existência que abrangem a intuição, a percepção psíquica, as emoções, os sentimentos, a mente subconsciente e as energias sutis.

PIRÂMIDE Amplificando e concentrando a energia por meio do vértice, a pirâmide retira as energias negativas e os bloqueios dos chakras, substituindo-a por energia vibrante. *Ver* Heulandita, página 158.

PLANO DE VIDA *Ver* PLANO DA ALMA/PLANO ANÍMICO

PONTE, FORMATO DE Cristal ligando dois outros ou cristal transversal sobre outro cristal, que ajudam na confluência de dois pontos de vista. *Ver* Quartzo Transparente, página 372.

PROGRAMAÇÃO EMOCIONAL NEGATIVA Deveres, obrigações e emoções como a culpa, instiladas na infância ou em outras vidas, que permanecem no subconsciente e influenciam o comportamento atual da pessoa, sabotando a sua evolução enquanto não são superados.

PROJEÇÃO Atitudes que vemos e não gostamos em outras pessoas e que não aceitamos, na verdade fazem parte da nossa própria personalidade.

PSICOPOMPO Ente que guia ou conduz as almas para o outro mundo.

QI Força vital que energiza o corpo físico e os CORPOS SUTIS.

RADIÔNICA Método de diagnóstico e tratamento à distância.

REENQUADRAMENTO Prática de considerar um acontecimento do passado de um ponto de vista diferente e mais positivo, com o objetivo de curar INDISPOSIÇÕES que ele tenha criado.

## GLOSSÁRIO

REGISTRO AKÁSHICO Registro que existe além do tempo e do espaço, contendo informações sobre tudo o que já ocorreu e ocorrerá no universo.

REIKI Método natural de cura por meio da imposição de mãos. A energia de cura passa pelo praticante e é transmitida ao recipiente ou enviada a distância.

RESGATE/RECUPERAÇÃO DA ALMA Trauma, choque ou maus-tratos, e até a alegria extrema, podem fazer com que uma parte da energia da alma se afaste e fique presa num certo ponto da vida ou ao momento da morte, numa vida passada. O praticante do resgate da alma ou xamã recupera a alma trazendo essa parte de volta ao corpo físico.

RESSONÂNCIA SUPERIOR A ressonância é como o Eu Superior para a pedra básica, que eleva as suas vibrações para o próximo nível.

REVESTIMENTO BIOMAGNÉTICO Corpo (corpos) de energia sutil ao redor do corpo físico, formado de camadas físicas, emocionais, mentais, CÁRMICAS e espirituais.

SOMBRA, QUALIDADES/ENERGIAS DA Características reprimidas ou deturpadas que existem na mente subconsciente e fora da percepção consciente.

TABULAR, FORMATO Duas laterais largas que resultam num cristal achatado no qual a energia flui livremente. Esse cristal elimina a confusão, as interpretações equivocadas e os malentendidos, e ajuda a comunicação em todos os níveis. Liga dois pontos, propiciando perfeito equilíbrio. *Ver* "Citrino" Lemuriano, página 264.

TERMINAÇÕES DUPLAS Cristais com terminações duplas têm duas extremidades em forma de ponta; rompe antigos padrões. *Ver* Quartzo Sichuan, página 293.

TERRA, CURA DA Correção de distorções no campo energético da Terra, causadas por poluição e destruição dos recursos do planeta.

TRABALHADOR DA LUZ A ma que se dispôs a ajudar na mudança vibracional da Terra prestando serviços e, desse modo, estimulando outros a evoluir.

TUDO O QUE É O Espírito, a Fonte, o divino; a soma total de tudo o que existe.

VAMPIRISMO PSÍQUICO Capacidade de absorver a energia de outras pessoas ou de "sugá-la".

VIAGEM ASTRAL Processo em que a alma deixa o corpo e viaja a lugares distantes. Também conhecida como experiência fora do corpo.

VIBRAÇÕES, ELEVAR Sintonizar o EU SUPERIOR com o propósito da alma e alinhar o corpo físico e o CORPO DE LUZ.

# ÍNDICE

## A

abandono 95, 148, 207, 220
   medo do 105
abdominal, dor 162
abnegação/altruísmo 131
abuso 175
   álcool 252, 254
   cura 88, 299
   de poder 151, 199, 273
   drogas 92, 252, 254
   emocional 280, 281, 299
   físico 281
   mental 281
   sexual 325
acamadas, pessoas 251
ação positiva 79
acidez 131, 218
ácidos graxos 66
acupressão 58, 101, 139
acupuntura 101, 149, 213
adolescentes 75-6
Afonso, o Sábio da Espanha 68
Afrodite 14
afta 118
agente de autocura, cristal de 382
água, retenção de 149, 151, 202
alcalinidade, excesso de 49, 78
alcoolismo 252, 254
alegria de viver 44, 120, 122
alegria de viver 51, 118, 165
alergias 105, 115, 145, 147, 166, 274
Alexandria, biblioteca de 50
alienação 95, 207
alienígena, invasão 233, 296
alimentares, distúrbios 95, 266
alma
   acessando a 114, 172
   caminhos da 58, 76, 92, 171, 177, 252, 289
   codificando a 54
   companhias da 129, 170
   comunicação com 293
   conhecimento da 226, 258-9
   contratos da 162, 170, 218
   crescimento da 49, 65, 235, 249
   cura da 70, 95, 130, 224, 232, 233, 252, 295-6, 350
   evolução 264
   fragmentos da 115, 124, 136-7
   fragmentos da ver partes da alma
   iluminação da 247
   imperativos da 55, 114, 170, 254, 258-9, 264, 271, 275, 382
   integridade da 75
   memória da 124, 228
   parceiros da 61, 123
   partes da 136, 255, 382
   planos da 72, 166, 175, 177, 179, 193, 205, 233, 237, 275, 382
   purificação da 114, 153, 235, 241
   resgate da 45, 141, 199, 212, 224, 352, 382
   reveações sobre a 230
   vidas passadas da 55
   vínculos da 382
almas gêmeas
   atração das 122
   configuração das ver chama gêmea, configuração da
alquimistas 188
alta-maior chakra ver vidas passadas, chakra das
Alzheimer, mal de 129
amarras
   cortar 196
   espirituais 149, 151
   mentais 149

ambidestria 57
ambiental
   cura 40, 42, 172, 202, 243, 344
   desequilíbrio 22, 25-6, 303
   gradeamento 53
   poluição 70, 139, 145, 165, 172, 204, 288
   proteção 62
amizades 64
amor
   atração do 70
   canalização do 80
   compassivo 66, 85
   firme 95
   incapacidade de amar 62
   incondicional 85, 108, 139, 179, 196, 200, 234, 235, 239, 254, 265, 280-1, 299, 354
   laços de 127
   mútuo 92
   platônico 74
   por si 122, 129, 339
   que apoia 43
   romântico 74
   universal 115, 222
anatomia 362-3
   física 362
ancestral, cura da linhagem 90, 116, 239, 253, 283, 288, 375-6
ancestral, padrões da linhagem 283, 370, 376
   desequilíbrio no DNA 90
ancianidade, cerimônia de 105
ancoramento 80
   ancorando 27, 78, 87, 88, 112, 133, 149, 165, 181, 182, 269, 279, 282, 294, 297, 328, 353, 355, 371, 379
   energia de 176, 216
   energias espirituais 219

## ÍNDICE

espiritualidade 209, 212
âncoras *ver* cósmica, âncora; xamânica, âncora
anemia 143
angélico arquetípico, eu 121
angélicos, reinos 79, 114, 196, 204, 263, 279, 318, 335, 345
  anjos da guarda 227-8, 238
  arcanjos 115
  guias 121
angústia 141
*anima terra* (alma da terra) 138-9, 143, 305
animais 113, 161, 162
  alergias a 166
  cura de 176
  de poder 99, 102, 176, 330
anímicos
  corpos 148
  grupos 92, 129, 170, 203, 278-9, 311, 312, 382
animosidade 129, 170
anjos da guarda 227-8, 238
anorexia 193
ansiedade 108, 126, 148, 304, 308, 309, 336, 353
Antigo Testamento 17
Apetite
  regularização do 210
  supressão do 179
Apocalipse de São João 17
aproveitadores 166
aranhas, repelindo 43
arcanjos 115
armazenamento de cristais 358
arraigados, padrões de pensamento 97
arrepios 197
arrogância, eliminação da 108
artérias 72, 103
arteriosclerose 145
artesãos 283
articulações, flexibilidade das 97, 105, 207
artística, expressão 43

artrite 84, 101, 205, 221, 247, 261
árvores 47-8
ascensão, processo de 81, 81-2, 279, 300, 376
assimilação do potássio 74
astrologia 94
astronomia 94
ataque de raiva 195
ataque psíquico (mau-olhado) 77, 132, 134, 148, 198, 217, 228, 233, 295-6, 379, 381
  proteção contra 40, 44, 130, 151, 183, 216, 217, 295-6
ataques de pânico 276
ativação de cristais 358
Atlântida 28, 59, 75, 150, 158, 163, 265, 306
atletas 113
auditivos
  distúrbios 46, 296
  problemas 279, 281
aura 312-14
  escudo da 37, 198, 376
  limpeza da 172
  proteção da 26
aurora boreal 32
autoaceitação 147
autoconfiança 78, 122, 147, 231
autocontrole 78, 79, 112
autocriticismo 126
autocura 87, 129, 139, 256
  apoio à 88
  desencadeamento da 41
  promoção da 66
autodescoberta 85
autodisciplina 122, 229
autoengano 203
autoestima 36, 47, 48, 147, 308
autoexpressão 283
  emocional 124
autoimunes, doenças 205, 247, 279
automerecimento 51, 53
autonomia emocional 131, 239, 256, 346
  aumento da 63-4

psicológica 218
autopiedade 126
autorrealização 276
autorreflexo 97
autorrespeito 51
  apoio ao 49
azia 218

## B

baço 41, 51, 80, 131, 185, 229, 283
  proteção do 26-7
base, chakra da 66, 128, 167, 169, 182, 253, 276, 314, 329, 363, 364-5, 371
  abertura do 112, 160
  alinhamento do 128, 225, 251, 303
  assimilação de influxos de energia no 87
  ativação do 166, 303, 355
  cura de buracos no 352
  e a energia kundalini 262
  eliminação de bloqueios no 346
  estímulo no 66, 237
  fortalecimento do 45
  limpeza do 251
  purificação do 143
  recarregamento dos 44, 247, 272, 324, 325
  superestimulação do 165
bem-estar 65, 69, 145
  emocional 148
bexiga 97, 106, 181
bíblicos, cristais 16-19
biomagnético, escudo 166, 193, 204, 207, 250, 266, 271, 319, 326-7, 335, 340, 344, 376
  alinhamento do 57, 199
  cura do 277-8, 294
  expansão do 36
  fluxo de energia do 350
  fortalecimento do 57
  harmonização do 202
  limpeza do 179

# ÍNDICE

proteção do 146, 225
proteção do 204
purificação do 88, 256
reparo do 41
selagem do 191, 215, 295
bipolar, transtorno 149, 179, 276-7
bloqueios mentais 191
boca 108
bode expiatório 320
botriodial, crosta 377
bronquite 101
búdica, energia 115
Budismo 307

## C

cabelo 80
    crescimento do 101
    perda de 203
cãibras 78, 122, 355
caixas d'água, colocação de cristais em 276
cálcio
    deficiências de 80, 97
    depósitos de 74, 84
canalização 79, 83-4, 96, 109, 219, 251, 271, 377
capacidades organizacionais 122, 166
cardiotorácico, sistema 217
cardiovasculares, distúrbios 105
carisma 55
carma/cármico 40, 55, 147, 172, 185, 199, 222, 235, 243, 252, 261, 264, 265, 271, 275, 276, 283, 293, 301, 307, 308, 316, 319, 346, 376, 380
    a purificação da alma 114
    acordos 162
    ciclo de codependência 122
    codependência 221
    compreensão 252
    conflito 66
    criação de 172
    cura do 116, 189, 202, 203, 206-7, 233, 261, 293, 336
    da graça 225, 230, 276, 380

débitos 199
desequilíbrio/estresse 22
distúrbios emocionais 226
doença física 108, 287
e conhecimento esotérico 50
emaranhamentos 207
encarando o 107
enredamento 144, 253, 380
herança 370
informação 116
lições 48
mau uso 273
partido 254
poder de reivindicação 177
processo de aprendizado 122
purificação 246, 253
purificação profunda do 153
purificadores do 55, 206-7
reconexão com o conhecimento antigo 158-9
resgatando o 240
trauma 96
vida passada 199, 203, 204, 214
carros, proteção de 97, 199
carruagem de fogo 19
cartilagem 113
casa
    gradeamento em torno da 42, 70
    limpeza da 184, 379
    venda da 217
catarata 349
catarse 24, 64, 126, 219, 303, 341
    psicológica 138
celestial, energia 42
celta, herança 212
celular
    ativação 55
    cura 57, 65, 66, 97, 129, 252, 254, 279, 300, 316
    distúrbios 57, 82, 296
    estimulação 294
    fortalecimento 57, 82, 97, 120, 133
    liberação 94-5
    melhora 117, 197

memória 39, 41, 43, 57, 60, 70, 101, 103, 122, 126, 149, 151, 153, 159, 162, 168, 173, 197, 202, 207, 214, 215, 217, 231, 253, 256, 281, 288, 300, 319, 321, 323, 330, 372, 377
    multidimensional 234, 253, 276, 290
    purificação 288
    reenquadramento 222, 223, 350
    regeneração 58, 267
    reprogramação 74, 122, 124, 199, 214, 239, 290, 303, 317, 336
células
    células T 135, 221
    energia das 101
    estruturas 74, 127, 197
    membranas 105
    metabolismo das 55
    reestruturação das 243
    reprodução das 66
    taxa de crescimento das 124
centro (roda medicinal) 189, 375
cérebro 126, 189, 200
    dentro do espaço dimensional superior 71
    distúrbios do 101
    epilepsia 58, 92, 355
    função do 64, 114
    harmonização das ondas do 129
    integração 254
certeza 17
cetro 25, 273, 311, 382
chakra 11, 26, 66, 69, 71, 72, 87, 110, 111, 138, 156, 171, 172, 204, 225, 226, 253, 256, 262, 264, 266, 278, 293, 296, 314, 329, 334, 340, 354, 363, 377
    alinhamento dos 52-3, 57, 59, 143, 204
    aumento da energia dos 26
    cortar amarras 146
    corte do cordão 132, 196
    e a energia kundalini 46

## ÍNDICE

e varinhas 28
equilíbrio dos 59, 60, 264
purificação dos 60, 63, 264
sutis 199
chakra da estrela da alma 152, 157, 169, 226, 233, 252, 253, 262, 271, 272, 285, 307, 310, 312, 316, 363, 366
gradeamento do 133
viagem astral do 99
chakra da coroa 169, 194, 216, 226, 256 262, 272, 277, 282, 284, 290, 291, 292, 293, 300, 312, 315, 363, 366
abertura do 91, 196
ativando 81, 228
*ver também* chakra da coroa superior
chakra da coroa superior 216, 226, 228, 252, 254, 267, 284, 290, 291, 300, 315, 337, 345, 363, 366
abrindo o 91
ativando o 52
portal sem volta 208
chakra da semente do coração 233, 286, 347, 363, 364-5
chakra da garganta 38, 69, 93, 123, 205, 213, 229, 292, 363, 366-7
chakra da raiz 120
chakra das vidas passadas 93, 116, 121, 130, 150, 152, 181, 212, 213, 256, 277, 278, 363, 366-7
abertura do 112, 160, 355
alinhamento 297
ativação do 199
contato com 199
cura de 283
e trauma 233
em Atlântida 59
experiências de 110
exploração de 96, 203
feridas de 132
gradeamento do 133
imperativos da alma de 55
imperativos de 199

jornada pelo 99
maldições de 220
memórias de 121
parceiros de 43
protegendo o 221
purificação 57, 143
regressão a 81, 255
superior 363, 364-5
terapia de 96, 135, 263
traumas de 253
chakra da Terra 60, 120, 128, 138, 151, 167, 169, 175, 182, 225, 234, 253, 272, 276, 282, 363, 364-5
chakra da Terra superior 363, 364-5
chakra do coração 38, 69, 123, 138, 141, 169, 213, 220, 225, 239, 265, 271, 276, 277, 290, 292, 298, 314, 338, 340, 355, 363, 364
abertura do 128
corpo de luz 265
e almas perdidas/ partes infantis 136
e jornadas xamânicas 136
proteção do 144
*ver também* chakra do coração superior
chakra do coração superior 71, 123, 220, 225, 271, 282, 290, 292, 298-9, 338, 340, 341, 363, 364-5
limpeza do 234
chakra do plexo solar 38, 220, 226, 276, 280, 297, 314, 329, 355, 363, 364-5
chakra do portal estelar 91, 157, 233, 254, 307, 311, 363, 366-7
chakra do sacro 66, 182, 247, 251, 277, 314, 319, 324, 329, 346, 355, 363, 364-5
abrindo o 112
curando feridas no 352
estimulação do 237
fortalecimento do 45
chakra do soma 41, 54, 56, 91, 93, 150, 152, 194, 212, 213, 233, 249, 255, 285, 307, 310, 311, 314, 315,

329, 363, 366
ativação do 199
criando estruturas energéticas no 72
rompendo amarras no 121-2
chakra esplênico 141, 144, 145, 167, 283, 313, 326, 363, 364-5
chamas 378
branca 232, 254, 270, 284, 293
cor-de-rosa 85, 265, 347
dourada 114, 265, 285
turquesa 222
verdadeira 235
vermelha 44
violeta 224, 235, 254, 312, 335
chama gêmea, configuração da 70, 225, 235, 273, 299, 383
China 10, 15-16
choque anafilático 274
chuva, gradeando áreas de seca 60
ciática 255
ciclos vitais 94
cinesiologia 213
circulação da energia 226
circular, respiração 164
circulatório, sistema 80, 120, 131, 166, 189, 191, 274
círculos de plantações, energia dos 349
cirurgia 68
etérica 132, 181, 197, 276, 286
psíquica 199-200
recuperação de 120
cistos 256
ciúme 68, 129, 151, 159, 170, 355
clareza 122
clariaudiência 121, 142, 276, 277, 305, 377
clarividência 184, 205, 258, 311, 377
cobra, medicina da 46
cobre 69
assimilação do 118
codependência 122, 221, 259, 294, 316
colesterol 145

## ÍNDICE

coletivo, inconsciente 62
cólica 122
cólicas menstruais 124
colite 105
cólon, hidroterapia do 215
compaixão 94, 127, 143, 145, 204, 223, 232, 234, 239, 251, 254
  ativação da 115
  aumento da 119
  desenvolvimento da 241
companhia, formação em 377
complexo de salvador 95
comportamento, modificação do 59
compulsivo, comportamento 95
computador, emanações do 53
comunicação 22-3, 143
  alma, com a 293
  auxílio na 106
  espiritual 69, 130
  estelar 306
  interpessoal 64
  melhora da 108, 203
  telepatia 61, 123, 171, 279, 291, 292, 293
concentração 117
concepção 111
concussão 234
confiança 119, 127, 129
conflito 42
  cármico 66
  vidas passadas de 217
conflitos étnicos, locais de 341
conjuntivite 349
consciência 232-3
  chama branca da 232, 254, 270, 284, 293
  cósmica 203, 292, 377
  elevação da 71
  estado puro de 114
  evolução da 241
  expandida 150
  metafísica 96
  níveis elevados de 91, 204
  planetária 284

consideração pelos outros 53
constância 355
contentamento 148
contos de fadas 61-2
controlador, comportamento 49
controle, mecanismos de 261
contusões 49, 217
convalescença 66, 126
coração 39, 50-1, 60, 80, 82, 120, 127, 131, 141, 145, 202
  chakra da semente do 233, 286, 347, 363, 364-5
  chakra do ver chakra do coração
  cura do 239, 254, 283
  em conexão com a mente 85
  energia do 114, 115, 204
  estimulando ligações com 66
  partido 86
  vampirismo da energia do 130
  ver também chakra do coração superior
coragem 66, 122, 131, 213
cordão de prata 74, 255, 382
coroa, chakra da ver chakra da coroa
corpo de luz 153, 205, 270, 300, 311, 313-14, 318, 338, 380
  ativação do 71, 285, 345
  chakra do coração 265
  cura do 346
  energia do 127
  harmonização do sistema nervoso com o 194
  integração do 146, 205, 243, 264
  nascimento do 340
  preparação para a incorporação do 235
corpo físico
  alinhamento com o escudo biomagnético 199
  energia do 127
  integração do 99, 204-5
  liberação da energia negativa do 126
  limpeza do 132

  sintonização do 110
  transmutando a vibração do 202
corpos energéticos 191
corpos etéricos 79, 89, 92, 197, 207, 378
  limpeza dos 132, 148
  reparo dos 92
  cordão de prata dos 255
cortesia 78
cósmica, âncora 72, 84, 91, 99, 142, 146, 160, 169, 174, 187, 255, 264, 319, 377
  abertura da 283
  ativação da 133, 169, 174, 298-9
  extremidade da Terra 84, 137, 139, 187
  extremidade superior da 91-2
  fixação da 232
  purificação e novos pontos de fixação da 234-5
cósmica
  consciência 203, 292, 377
  luz 72
costas, dor nas 133, 269
craca, formato de 376
crânio 55
craniossacral
  fluxo 55
  tratamento 72
crenças, falsas 195, 308
criança
  mau comportamento 59
  nascimento de uma 187, 206
  pesadelos 113, 210
criança interior 70, 112, 151, 183, 220, 257, 278, 280, 352, 379
  cura da 183, 238-9
criatividade 39, 61-2, 66, 120, 124, 228, 265, 289, 323
  artística 52, 353
  ativação da 89, 229, 286
  aumento da 36, 66, 144, 277
  bloqueada 129
  e mitos 61-2

# ÍNDICE

energização do processo criativo 111
estimulação da 44, 203, 278, 281, 355
facilitando a 224-5
fortalecimento da 107
inspirando a 221
melhora da 237
crise 122
cristaloterapeutas 126
cristaloterapia 126
crística, consciência 335, 377
crônicas, doenças 37, 115, 118, 120, 131, 251
culpa 88, 129, 147, 214
cura 22
a distância 74, 86
ambiental 40, 42, 172, 202, 243, 344
ativando o potencial de 57
autocura 41, 66, 87, 88, 129, 139, 256
cármica 116, 189, 202, 203, 206, 206-7, 233, 261, 293, 336
com luz 258
crise de 24, 379
da alma 70, 95, 130, 224, 232, 233, 252, 295-6, 350
da linhagem ancestral 90, 116, 239, 253, 283, 288, 375-6
de velhas feridas 59-60
e o esquema etérico 275
e os cristais de vibração superior 22, 23-4
energia de 257
pessoal 40
*ver também* cura celular, cura da terra, cura emocional, cura multidimensional

## D

dan-tien 319, 346, 378
debilitantes, distúrbios 122
dedicados, cristais 25
dedos, radiestesia com os 360
defesa, padrões de comportamento de 199
degenerativos, distúrbios 55, 200
dente, dor de 234
dentes 66, 97, 191, 205, 269
depressão 45, 55, 112, 122, 124, 129, 133, 143, 197, 229, 253, 292, 313, 336, 353, 355
depressões de inverno 39, 170, 323, 341
derrame, sequelas de 105
desânimo 108
descontentamento 107
desidratação 57, 126, 183
desilusão 62
desintoxicação 41, 64, 106, 108, 114, 124, 126, 131, 149, 151, 160, 164, 215, 221, 225, 229, 250, 253, 257, 269, 301, 302
emocional 115
psíquica 134
despertar, cristais para o 258-61
destruição, reestruturação da energia depois da 60
destrutivo, comportamento 96, 97
padrão mental 43
deusa, energia da 271
devas/reino dévico 62, 138, 143, 144, 145, 257, 305, 322, 378
dharma 240
diabetes 60, 117, 244-5, 313
diarreia 122, 218
digestivo, sistema 44, 53, 80, 108, 162, 166, 183, 193, 296
discernimento 78
discriminação 354
dislexia 321
disputa, harmonizando 60
distância, cura à 74, 86
distensão/torcedura 113
distúrbios/pensamentos obsessivos 43, 55, 64, 133, 134-5, 173, 197, 224-5, 259, 301
diuréticos 149
divinação 142, 186, 202, 315

DNA cura 97, 162, 219, 378
fortalecimento do 219
sutil 116
doenças infecciosas 101, 131
dons metafísicos 38, 65, 75, 143, 171, 202, 231, 252, 267
dor 124, 133, 269
abdominal 162
alívio da 68, 78, 241
dores de parto 55
eliminando uma antiga 80, 84, 214
ovário/ovulação 172
por outras pessoas 86
dor de cabeça 53, 58, 80, 92, 122, 200, 212, 213, 355
dourada, chama 114, 265, 285
drenagem linfática 164
drogas, abuso de 92, 252, 254
dualidades, conciliando 52

## E

Éden, Jardim do 16-17
Egito 13, 14, 14-5, 67, 68, 180-1, 212, 306
ejaculação precoce 229
eletromagnética, energia 132, 197, 211, 328
neblina 25, 145, 147, 223, 269, 378
onda 13
poluição 147, 165, 225
radiação 33, 93
elevação das vibrações 381
elfos 62
emocional
abuso 280, 281, 299
alívio 114
angústia 22
autonomia 131, 239, 256, 346
bem-estar 148
bloqueio 85-6
campo 88
chantagem 341
conhecimento 62

# ÍNDICE

corpo 41, 128, 139, 145, 162, 350, 354
cura 85-6, 89-90, 95, 105, 134, 203, 220, 252, 261, 263-4, 269, 342-3 recuperação de violência 123-4
desequilíbrio-estresse 22, 90
desintoxicação 115
dor 253, 257, 324-5
eliminando ganchos ou amarras 53
energia 80, 236-7
equilíbrio 52
esquema 126, 321
expressão 70
ferida 139, 202
fortalecimento 24-5
independência 141, 239, 280-1
limpeza 203
nutrição 27
padrão 64
purificação 126, 142-3
reestruturação 64
repressão 43
emoções
controle das 110
harmonização das 113, 123
*ver também* emoções negativas
emoções negativas 25-6, 73-4, 77, 80, 107, 125-6, 129, 139, 148, 210, 220, 247, 299
acalmando as 68
liberação das 129, 135, 158-9
programação das 208, 381
purificação das 237
reposição das 108
empatia 53, 145
empáticas, incisões 378
encantamentos 77
encarnação 45, 112, 209, 237, 239, 243
encarnações da mulher sábia interior 62
endócrino, sistema 39, 60, 80, 97, 229, 278, 286
endorfinas, liberação de 97
energia
amplificação da 89
assimilação do influxo de 87
condutos 100, 106
da deusa 271
das pedras 11, 13
de carinho 86
disso vendo bloqueios de 101
dos círculos das plantações 349
eletromagnética 132, 197, 211, 328
emocional 80, 236-7
esgotamento da 112, 129, 283
física 236-7
fragmentada ou esgotada 64
Ísis 67
masculina 78, 285
mental 251
nutrindo 86
purificação da 200
radiação da 110
remoção da energia estagnada 108
*ver também* energia kundalini
energia negativa 41, 62, 134, 148, 160, 217, 264, 266, 304-5, 327
absorção de 62, 214, 215, 219, 276
conversão para positiva 55
expulsão da 93, 137
liberação da 126
proteção da 198
purificação da 215
receptáculos para a 42
remoção da 134
repelir a 233
repositório para 95
transmutação de 62, 122-13, 298
enfisema 103
entidades 207, 219, 278, 295, 378
afastamento de 295
coladas à aura 148, 149, 376
descolamento de 149
porta: sem volta para 208
presas à aura 41, 148, 149, 234, 295, 376
remoção de 133, 254, 271, 278-9, 378
entrevidas, estado 92, 136-7, 172, 233, 255, 275, 370, 376
envenenamento 42
enxaqueca 80, 97, 139, 145, 173, 221
enzimas, processos de 66
epilepsia 58, 92, 122, 143, 355
equilíbrio
ácido-alcalino 120
psicológico 52
Era de Aquário 334
erros, aprendendo com os 129
ervas/herbalismo 167-8, 213
esclerose múltipla 103, 129
escolha dos cristais 358-60
escriação 238, 382
escritor, bloqueio de 49
esfera, formato de 376
esôfago 143
esotérico, conhecimento 50
espaço sagrado 206, 243, 252, 261
seguro 27, 79
purificação de 25-6
espasmos 70, 74, 120
espinha 127, 160, 189
espinhal, alinhamento 58, 207, 349
espírito, consciência do 184
espirituais, guias 121
espiritual
alquimia 238
comunicação 69, 130
consciência 80, 275
cura 72
debilidade 130-1
desenvolvimento 100, 128, 130, 149, 192, 216, 224, 226, 229, 240, 250, 265, 274, 281, 285, 289
desequilíbrio/estresse 22
despertar 125
determinação 44, 55, 75

# ÍNDICE

dom 72, 146
energia 140, 212
evolução 59, 81, 110, 204
fortalecimento 59
harmonização 62
libertação (afastamento de entidades) 133, 254, 271, 378
nível mais elevado 227-8
orientação 89, 199
poder 59
proteção 251
purificação 67, 72
revelação 191
sintonização 125
visão 69
esplênico, chakra *ver* chakra esplênico
esquelético, sistema 210
esquema 65, 307, 321, 363, 376
    emocional 126, 321 *ver também* etérico, esquema
estados pré-nascimento 276/381
estagnação, energia de 108
    nos corpos sutis 288
estelar, chakra do portal *ver* chakra do portal estelar
estelar, comunicação 306
estômago 46, 53, 64, 205
estrela da alma, chakra *ver* chakra da estrela da alma
estrela de cinco pontas 30
estrela de Davi 27, 31, 78, 151, 343
estrelas, filhos das 383
estresse 37, 53, 59, 60, 70, 78, 88, 120, 122, 166, 200
    doenças relacionadas ao 80, 223
    eliminação do 81, 126
    emocional 90
    geopático 25, 145, 253, 296, 379
    recuperação após estresse prolongado 131
estrutura dos cristais 20-1
estudos
    acadêmicos 120
    capacidades para os 117

estupro 123
etérica, cirurgia 132, 181, 197, 276, 286
etéricos, esquemas 103, 153, 157, 189, 223, 233-4, 253, 283, 315,376
    cirurgia psíquica nos 200
    cura dos 92, 171, 294
    dissolvendo implantes nos 203
    feridas nos 286
    limpando 132
    purificação dos 297
    reconstrução dos 252
    repadronização 317
    reparando 275
    restauração dos 233-4
Eu Superior 107, 148, 155, 190, 204, 237, 240, 255, 273, 277, 282, 310, 345, 379
    conexão com o 228
    facilitando o contato com o 281
    harmonia com o 56, 81-2
Exaustão 44, 78, 131, 217
excentricidades 231
excreção 101, 162
extraterrestres 91, 143, 199, 310-11
Ezequiel 16-7, 19

# F

facetadas, pedras 11
fadas 62
fadiga 44, 203
    crônica 39, 64, 78, 103, 234
fala, problemas de 281
falando com cristais 22-3
fator de bem-estar 97
febre do feno 205
febres 101, 124, 131, 183
feitiçaria 196, 198, 199
felicidade 55, 73, 245, 280
feminilidade 325
    divino feminino 138, 139, 175, 271
    encarnação/poder da sacerdotisa 62, 133, 206
    energia da deusa 271

energia de Ísis 67
energias femininas 285
fases da mulher 104-5, 186
poder feminino 83, 150
sabedoria 62, 68, 105, 133, 186
*ver também* Mãe Terra
Feng Shui 55
feridas emocionais 139, 202
    de vidas passadas 132
    e esquema etérico 286
ferimento de tensão repetitiva 135
ferro, assimilação de 203
fertilidade 66, 131, 225, 341
    de plantas 47
    infertilidade 68
    perda de 68
fidelidade 113
fígado 37, 41, 51, 66, 115, 118, 124, 159, 160, 166, 170, 173, 179, 183, 221, 346
    chakra do 141
firme, amor 95
fluidos, retenção de 80
fluorescentes, pedras 33
fluxo de energia 76
fobias 122, 147, 203
fogo 43
fora do corpo, experiências 42, 58, 109, 230, 255, 300, 315, 318, 381
    *ver também* viagem astral
força
    emocional 76
    vital 44, 131
formas-pensamento 40, 383
    dissolvendo 41
fortalecimento pessoal 54-5, 106, 125, 127, 129
    crescimento pessoal 256
    esquema energético pessoal 156
fracasso, medo do 62
fraquezas físicas 120
fraturas 110, 173, 201, 256, 269
frio, sensibilidade ao 64
fumaça 43

## ÍNDICE

fumar 118
fungo, infecção por 108
futuro, planejamento do 131

## G

gagueira 145
galáctico, centro 84, 91, 142, 169-70, 211-12, 299, 319, 378
garganta 39, 103, 143, 213, 229
   chakra da ver chakra da garganta
   fortalecimento da 70
   infecções 108
   inflamada 97, 205
gênero/sexo
   equilíbrio masculino/feminino
   energias 145, 251
   harmonização dos 51
   unindo qualidades femininas e masculinas 68
   ver também feminilidade, masculinidade
genéticos, distúrbios 53
geodo 379
geopático
   estresse 25, 145, 253, 296, 379
   poluição 225
geração de energia 40
gerador 378
germinação 47
glândula
   pineal 51, 71, 314
   pituitária 51, 71, 173
glandular, sistema 51
glândulas suprarrenais 60, 82, 126, 131, 145
gordura, depósitos de 58
graça, carma da 225, 230, 276, 380
grade de energia etérica 139
gradeamento 13, 27, 28-31, 42, 47, 145, 151, 254, 256, 263, 308, 343, 379
   em torno do corpo 137
   ambiental 53, 139
   áreas de seca 60

descarregamento vibracional 133
   em torno da casa 42, 70
   em torno de plantações 47
   espaços seguros 79
   formação estrela de Davi 27, 31, 78, 151, 343
   locais de trabalho 88, 110
   para assimilação de energias 101
   para criar um espaço de tranquilidade 203
   para fertilidade 225
   para proteção de carros 97
   varinhas 264
gripe 82, 151, 288
Groenlândia 10, 32-3
grosso, intestino 58
grupo, trabalho em 238
guardiãs, pedras 50
guerra, zonas de 341
guru, ligação com 43

## H

herpes 106, 274
hidroterapia do cólon 215
Himalaia 10, 226, 242
hiperatividade 131, 179, 321
hipersenssibilidade 122
hipnótico, comando 220, 379
hipocampo 71
hipoglicemia 60, 117
hipotálamo 71
História dos cristais 14-19
holística, cura 82
Homem verde 133
homeopatia 46
homofobia 354
hormonal
   equilíbrio do 82, 120
   sistema 58, 341
hormônios, produção 205
hospitalização 166
humildade 119
humor, melhora do 113

## I

icterícia 133
identidade, senso de 125
igualdade 73
implantes energéticos 134, 234, 372, 378
Inanna 14
incesto 123
inchaços 49
inchadas glândulas 205
inclusões 228, 277
incondicional, amor 85, 108, 139, 179, 196, 200, 234, 235, 239, 254, 265, 280-1, 299, 354
inconsciente coletivo 62
independência 49, 141, 245
   emocional 141, 239, 280-1
Índia 15
indigestão 218
indigo, crianças 332
indisposição 65, 82, 108, 164, 231, 378
   causas de 203
   crônica 137
   cura ca 86, 133
   eliminando causas de vidas passadas 121-2
   emocional 207, 241
individualidade 131
infância, experiências de 95
infantis, resgate de partes 136, 199, 233
infecções 48, 49, 57, 221
   psíquicas 134, 135
infertilidade 68
inflamação 51, 101, 103, 120, 151
inibição, combatendo a 82
iniciação 79, 104-5, 175
insônia 122, 131, 162, 200, 231, 313, 327, 355
inspiração 97
insulina, regularização da 200, 239
intelectual, facilitação 183
intensificação da energia 25-6
interdimensional
   comunicação 306

# ÍNDICE

exploração 54
viagem 267
interior, força 133
interior, voz 51
interiores níveis/dimensões 204, 379
interno, ouvido 55
intestinais, problemas 149, 151
intestino grosso 58
intimidade 58, 64, 117
intuição 51, 56, 106, 119, 149, 178, 205, 238, 266, 318, 348
inuit 339-40
inveja 68
iodo, absorção de 149
Ísis
face de 379
sangue de 14, 67-8

## J

Japão 16, 67
Josefo 18-19
Juramentos
reenquadramento de 189
rompimento de 121
jurídicas, questões 183, 237

## K

kundalini, energia 46, 128, 313, 324, 331, 346, 380
ajuda no fluxo de 111
ativação da 251
despertar da 55
reenergização da 243

## L

labirintite 221
lactação 187
lâmina, formação em 376
lealdade 64
Lemúria 28, 150, 158, 265, 279, 306
lendas 61-2
leste (roda medicinal) 373-4
letargia 131, 250
leucemia 51

libido 107, 137, 165, 262, 355
liderança 131, 145
ligamentos, rompimento dos 110
límbico, função do cérebro 234
limites
estabelecer 64, 75
fortalecimento dos 203, 218
desrespeitar 75-6
limpeza, cristais para 259, 358
linfático
drenagem 164
sistema 131, 173, 201
linfonodos 203
línguas, aprendizado de 57
linhas ley 254
longevidade 55
Lua 195
ciclos e fases da 72, 201
rituais da 81, 206
Lua nova, rituais de 81
lúpus 129, 247, 279
luz cósmica 72
emitir 68
purificar a 88

## M

macular, degeneração 266
Madagascar 242
Mãe Terra 83, 133, 138, 139, 174, 187, 208, 212, 222, 234, 269, 283, 287, 298, 372, 375
mágicos, protetores 77
rituais 61-2, 188-9, 253
magma 20, 21
magos-sacerdotes 188
maldições, neutralizar 77, 132, 199, 217
Man, ilha de 16
mártir, mentalidade de 53, 75, 95, 110, 126, 283
masculinidade
energias masculinas 78, 285
masculino divino 271
mistérios da terra masculinos 133

massagem 58
matemática, 120
precisão da 95
matriz 21, 380
maturidade 51, 86
mau-olhado *ver* ataque psíquico
maxilar 133, 191, 205
medicina energética 57
meditação 81, 100, 114, 140, 142, 163, 176, 187, 204, 208, 220, 228, 231, 233, 267, 276, 285, 289, 290, 301, 315, 323, 334
centrando a mente para a 106
conexão com o feminino 67
e companhias anímicas 129
e diabetes 244
estados meditativos profundos 146, 171, 249
medo 117, 122, 205, 229, 252
amenização do 124, 147
de rejeição 148
do abandono 105
superação do 81, 90
membros 55
memória
ajudando a 64, 88
celular 39, 41, 43, 57, 60, 70, 101, 103, 122, 126, 149, 151, 153, 159, 162, 168, 173, 197, 202, 207, 214, 215, 217, 231, 253, 256, 281, 288, 300, 319, 321, 323, 330, 372, 377
da alma 124, 228
de vidas passadas 121
distante 117
fraca 185
processamento de 118
reprimida 275
menopausa 58, 68, 105, 187, 207
menorragia 143
mental, clareza 191, 229
conhecimento 62
cura do estresse 351, 352
desequilíbrio/estresse 22
energia 251

## ÍNDICE

foco 64
imperativos anímicos 114
implantes 199
influências 40, 183, 228, 277, 380
limpeza 172
praticalidade 62
romper amarras 43
mentor, formação de 380
mercúrio 191
meridianos 11, 234, 243, 253, 305, 338, 380
ajustando a sintonia dos 143
aumentando o fluxo de energia nos 57
canal central 103
corpo etérico 79
corpo físico 57, 80
corpos sutis 80, 193
da Terra 197
estimulando os 149
físicos 57, 80
harmonizando os 57
limpeza dos 76
realinhamento dos 273, 294
triplo-aquecedor 44, 200, 383
merkabá 71, 380
Merlin, energia de 212
Mestres Ascensionados 279, 317, 335, 376
metabolismo 37, 41, 66, 71, 145, 149, 151, 193, 203, 205, 210, 278, 341
desequilíbrios 74
regularização do 245
metafísicas, capacidades 149, 297, 300, 372, 381
ativação das 54
estimulando as 107, 184
facilitando as 142
metamórficos, cristais 21
metas, estabelecendo 126, 131
Mianmar 67
miasmas 114, 221, 381
misoginia 124, 354
místico, casamento 234, 296
consciência 149

reinos 61
visões 74
mitologia 14-16
mitos familiares 257
morte 114, 132, 206, 225, 301
jornada através da 239
medo da 299
reestruturação da energia depois da 60
vidas passadas 136
morte no parto 254
motivação 131
motora, função 115
capacidades 266
motores, nervos 80
muco 106, 151, 203
mudança de forma 45, 161, 176-7
mudanças
como lidar com 117, 129, 164
energéticas 243
na vida 104
multidimensional, evolução 150
cura 42, 57, 72, 89, 99, 129, 130, 152, 188, 234, 252, 253, 254, 263, 264, 267, 276, 300, 336
mundo inferior 45, 380
viagens astrais ao 99, 107, 140-1, 165, 170, 176, 199, 327
mundos superiores
viagens astrais a 45, 99, 170, 212, 282, 383
musculoesquelético, sistema 183
músculos 41, 80, 145, 210
dores nos 41, 120
fortalecimento dos 221
função muscular 115
inchaço dos 202
rompimento nos 110
tensão no pescoço 51, 72

## N

nariz 108, 143
nascimento 108, 206
trauma de 55
natureza/espíritos da natureza 47-8, 174, 177
náuseas 122, 141
naves espaciais 91
neblina eletromagnética 25, 145, 147, 223, 269, 378
nervo óptico 129
nervos 113
nervoso, sistema 51, 58, 117, 126, 145, 170, 194
apoio ao 41, 251
estabilização do 129
harmonização do 189
tranquilização do 64
neurolinguística, programação (PNL) 323
neurológico, tecido 51
neurose grave 145
noroeste (roda medicinal) 201, 288, 371-2
norte (roda medicinal) 372-3
Novo Testamento 17

## O

obesidade 126
objetividade 185
objetos perdidos, localização de 101
obsessões 44
oclusão 381
odor corporal 162
oeste (roda medicinal) 139, 161, 176, 370-1
oito, gradeamento da figura do 30-1
olhos, 72, 108, 145, 200, 205, 349
problemas nos 97, 139, 349
*ver também* visão
ombros rígidos 261
ondas de calor 44, 187
oportunidade para a mudança psicológica 56
orações impróprias 295-6
oráculo xamânico 99
órgãos internos 72
órgãos reprodutores masculinos 51
óssea

# ÍNDICE

medula 127, 143
   perda 97
   regeneração 124
ossos 41, 66, 201, 208
   doenças nos 53
osteomielite 55
osteoporose 269
otimismo 69-70, 97
otite 55
ouvidos 108, 143
   interiores 55
ovo de Septariana 323
oxigenação 88
oxigênio 143, 189

## P

paciência 115, 122
pacificadores 355
padrões de pensamento arraigados 97
padrões predadores 87-8
pai celestial 283
Pai Terra/Sol, na roda medicinal 375
pais 53
   de adolescentes 75-6
paixão 66
palco, medo de 122
palpitações 122
pâncreas 41, 51, 160
pânico 122, 203
paratireoide 103
parceiros
   de vidas passadas 43
   ex- 53, 166
Parkinson, doença de 129, 200
parto, dores de 55
paz de espírito 115
pedras específicas para cada pessoa 233
pedras na vesícula 162
pedras, círculo de 16
pedras, essências de 46, 126, 193, 308, 330, 334, 357, 361
   fabricação de 361
   utilização de 361
peitoral do Sumo Sacerdote 17-19, 67, 102
pele 80, 145, 149, 210
   distúrbios de 127
   doenças de 46, 162
   elasticidade da 133, 197
   erupções de 145
pensamento lógico 96, 100
pensamentos negativos 73, 74, 77, 138, 179, 228
   escudo contra 37
   superação dos 179
pensar antes de falar 59
percepção 125
perda de peso 126, 159, 210
perdão 68, 85, 86, 94, 115, 119-20, 129, 151, 159, 170, 196, 204, 207, 223, 246
perigo
   presença do 79, 112
   proteção contra o 79, 112, 130
periodontal, doença 250
pernas 80, 269
Perséfone 206
pés 80
pesadelos 113, 132, 210, 253
pesar (tristeza) 41, 86, 117, 120, 126, 203, 220, 230-1
pescoço, tensão muscular no 51, 72
pesos, treinamento com 143
pirâmide 381
planeta, regeneração do 151
planetário
   consciência 284
   devas 257
   gradeamento 334, 381
   realinhamento 82
plano de vida 72 ver também
plano anímico ou da alma
plantas 47-8, 213
   conversando com as 106
plexo solar 105, 218, 220, 256, 277, 278
   ativação do 52
chakra do ver chakra do plexo solar
   estimulação do 292
   liberando amarras emocionais do 53
Plutão 206
PNL (programação neurolinguística) 323
pobreza, consciência de 225, 241, 381
poder 24-5
   abuso do 151, 199, 273
   aliados de 174, 238
   animais de 99, 102, 176, 330
   dando poder aos outros 179
   das mulheres 83
   de decisão 145
   fortalecimento espiritual 59
   fortalecimento pessoal 54-5, 106, 125, 127, 129
   lutas de 134
   pontos de 305
   reconhecimento do direito de usar o 59
   reivindicando o 177
poderes nucleares 269
poluição eletromagnética 147, 165, 225
   ambiental 70, 139, 145, 165, 172, 204, 288
   por metais pesados 76
   proteção contra 204
ponta longa, cristais de 380
ponte, formação em 377
   pedras que servem de 282-3
pragmática, orientação 89
preconceito 95, 354
preocupação, eliminação da 45
prescrição de medicamentos 92
pressão sanguínea 120, 145, 341, 346
pressão, sensibilidade a mudanças na 62
prestação de serviço 197
previsão 186
processamento de informações 114

# ÍNDICE

projeção 381
prosperidade 100
próstata 80
proteção 22-31, 58, 73, 97, 161, 162, 212, 274, 336, 340, 354
  ambiental 62
  áurica 26
  da família e das posses 130
  da poluição 204
  da radiatividade 274
  das emanações do computador 53
  do baço 26-7
  do chakra esplênico 144, 145
  do perigo 79, 112, 130
  energética 141
  energia de 98-9, 141
  escudo biomagnético 146, 225
  espiritual 251
  imprópria 199
  mágica 77
  psíquica 40, 44, 130, 151, 183, 216, 217, 295-6
proteína, assimilação de 60
psicológica
  condições 119
  desequilíbrio/estresse 22
  limpeza 172
psicometria 213
psicopompo 303, 381
psicossomáticos, efeitos 90, 115, 122, 139, 141, 292, 294
psíquica, consciência 61, 80
  cirurgia 199-200
  escudo 36, 184, 276
  infecções na 134, 135
  invasão 75, 253
  limpeza da 225
  manipulação 198
  vampirismo 26, 137, 144, 381
  visão 219, 220, 268, 291, 292, 311
psoríase 46, 106
puberdade 105, 187, 206, 207
público, falar em 216, 323
pulmões 39, 55, 80, 82, 120, 145, 202, 221
  fortalecimento dos 70
pulmonar, sistema 231
pulso, estabilizador do 55, 97, 110, 217
purificação 50, 96, 129, 138, 148, 150, 183, 233, 253
purificador etérico 235

## Q

qi/força vital 37, 55, 101, 381
queimaduras de sol 122
quimioterapia 49

## R

racional, ponto de vista 51
racismo 354
radiação 268, 269, 344
  doença induzida por 108
  eletromagnética 33, 93
  terapia 57, 253, 269
radiatividade, proteção contra 274
radiativos, cristais 344
radicais livres 349
radiestesia 26, 28, 143, 165, 358-60
  com o dedo 360
raio-x 253, 296
raiva 68, 129, 141, 145, 148, 151, 170, 195, 210
raiz, chakra da ver chakra da raiz
recém-nascidos, bebês 14
reconciliação 124, 246
reenquadramento 90, 155, 163, 257, 275, 278, 297, 301, 319, 376, 381
reflexo de lutar ou fugir 84
reflexos 113
regeneração 46, 51, 74, 96
  do planeta 151
Registros Akáshicos 109, 116, 124, 158, 189, 240, 243, 275, 293, 317, 335-6, 376
regressão 301
Reiki, cura pelo 281, 290, 381
rejeição 95, 105
  medo de 148, 207
rejuvenescimento 216-17
relacionamentos
  duradouros 171
  final dos 53, 129
  que dão apoio 60, 220
renascimento 45, 54, 74, 105, 107, 166, 136, 206, 207, 239
renovadores 50
reprodutivo, sistema 44, 58, 66, 131, 133, 172, 179, 210, 262, 273, 296
  estimulação do 111
  masculino 51
resfriado 82, 288
resistência 60, 66, 126, 217
respeito 199
  pelos outros 66
  por si mesmo 49, 51
respiratório
  dificuldade 151
  distúrbio 82, 149
  sistema 189
  trabalho 70
ressentimento 76, 129, 141, 170, 195, 210, 299
Reynaud, mal de 70, 274
rins 37, 76, 97, 106, 120, 131, 159, 162, 181, 200, 221
riquezas 55
ritual, trabalho 63, 79, 198, 200, 292
RNA/DNA 101
roda medicinal 45, 91, 102, 161, 176, 187, 189, 201, 237, 238, 264, 298, 301, 327, 330, 368-75
  centro 189, 375
  leste 373-4
  norceste 373
  norceste 200, 288, 371-2
  norte 372-3
  oeste 139, 161, 176, 370-1
  pontos cardeais e direções da 369-75
  sudeste 283, 374-5
  sudoeste 370
  sul 46, 99, 243, 369-70

# ÍNDICE

rudes, pessoas 215
rugas 46, 133
Rússia 10

## S

sabedoria 61, 62, 114, 150, 151
   inata 121, 162
   reivindicando a 163
   universal 109
sábia, mulher 62, 68, 105
sacerdotisa poder/encarnação da 62, 133, 206
sacro, chakra do ver chakra do sacro
sagrados
   espaços 206, 243, 252, 261
   lugares 212
   simbolismos 93
sangramento 217
sangue 97, 131, 159, 170, 217
   células do 66, 127, 283
   cura do 68
   distúrbios do 60
   limpeza do 88
   purificação do 346
sanguíneos, vasos 237
sardas 185
saudade de casa 251
saúde 55
seca, áreas de 60
Sedna 260
sem volta, portal 208
senso de humor 112
sentimentos intensos, tranquilização de 86
serenidade 114
serviço aos outros 53
sexuais, órgãos 80, 118, 166
sexual
   abuso 325
   energia 355
   frustração 165
   potência 131
   prazer 166
   repressão 124

sexualidade 43
símbolos, leitura e compreensão de 57, 72
síndrome da fadiga crônica 247
síndrome do edifício doente 27, 147, 269
síndrome do intestino irritável 53, 215
síndrome do ninho vazio 68
síndrome do túnel do carpo 135
sintonização 209, 210
sinusite 108, 124, 145
sistema imune 47, 48, 118, 126, 173, 191, 205, 213, 219, 234, 245, 313
   ajudando o 49, 296
   apoiando o 37, 41, 229, 231, 286
   equilibrando o 135
   estimulando o 41, 111, 131, 273
   revitalizando o 175
sobrevivência, instintos de 55
social, justiça 73
sol, escaravelho do (no peitoral de Tutancâmon) 15
sol, sensibilidade ao 173
solar, energia 181
solidão 210
solução de problemas 69-70, 82
soma, chakra do ver chakra do soma
sombra, qualidades/energias da 107, 133, 146-7, 190-1, 191, 206, 268-9, 275, 382
sonhos 51, 211, 213, 264, 268, 269, 289, 300-1, 308, 317, 349, 370
   compreendendo a imagética dos 57
   estimulação dos 63
   lúcidos 79, 115, 249, 268, 269
   manifestação dos 94, 125, 137
   recordação dos 63, 165, 166
   revelações nos 190
   transformando em realidade os 107
sono 67, 68
   insônia 122, 131, 162, 200, 231,

313, 327, 355
   pesadelos 113, 132, 210, 253
   seguro para as crianças 113
   ver também sonhos
Stonehenge 16, 211
subconsciente, conhecimento 191
sucesso nos negócios 55-355
sudeste (roda medicinal) 283, 374-5
sudoeste (roda medicinal) 370
sul (roda medicinal) 46, 99, 243, 369-70
suores noturnos 187, 231
superior, chakra da coroa ver chakra da coroa superior
superior, chakra da Terra ver chakra da Terra superior
superior, descarregamento de energia de vibração 160
superior, ressonância 379
superiores, dimensões/vibrações 71, 379
   vibrações 379
sutil, anatomia 363
Sutil, DNA 116
   campos de energia 383
sutis, chakras 199
sutis, corpos 26, 42, 143, 149, 153, 154, 193, 197, 225, 253, 288, 291, 292, 297, 303, 308, 314, 330, 334, 345, 349, 354, 383
   bloqueios nos 49
   chakras dos 384
   conexão com o cordão de prata 74
   eliminando a negatividade dos 172
   fluxo de energia entre os 52-3
   harmonização dos 42, 294
   integrando energias nos 92
   liberando a energia negativa dos 126
   meridianos dos 80
   removendo amarras mentais nos 114
   transmutando vibrações nos 202

# ÍNDICE

vórtice de energia nos 137
xamânica, cura 37

## T

tabular, formação 383
Tai Chi 101
tálamo 149
tântrico, amor 111
  gêmeos 273, 383
taquigrafia, aprendizado de 57
tarefas específicas, pedras para 233
tecidos, regeneração dos 51, 124, 133, 200
tecidos conjuntivos 145, 208
teimosia 122
telepatia 61, 123, 171, 279, 291, 292, 293
telúricas, correntes 120, 175, 211, 212, 383
temperatura, sensibilidade a mudanças na 64
tempo do sonho 16
tempo, sensibilidade ao 62
tenebrescência 33, 339
tensão/síndrome pré-menstrual 58, 68
terceiro olho 41, 43, 54, 55, 56, 149, 156, 157, 171, 173, 181, 194, 220, 226, 228, 233, 239, 285, 295, 314, 348
  abertura do 91
  ativação do 81
  bloqueios 74
  chakra do 69, 93, 116, 134, 139, 226, 276, 277, 290, 291, 292, 293, 303, 307, 311, 314, 315, 363, 366
  e canalização 96
  e espaço dimensional superior 71
  infecções psíquicas 134
  limpeza 135
  sintonização 224
Terminação dupla 378
terminais, doenças 120

Terra, chakra da *ver* chakra da Terra
  correntes telúricas da 120, 175, 211, 212, 383
  crosta da 20-1
  cura da 55, 60, 70, 79, 82, 120, 132, 145, 172, 175, 233, 234, 243, 247, 253, 278, 328, 334, 378
  devas da 257
  energia da 42, 84, 254
  purificação da 60
Terra, chakra da *ver* chakra da Terra
terrestre, crosta 20-1
terrores noturnos 113
timidez 64, 122
timo 48, 53, 74, 103, 145, 202, 214
  chakra do 71, 213, 214
  purificação do 124
tireoide 82, 124, 126, 149, 173, 205
Tiro, rei de 16-17
tontura 43
toque, sensibilidade ao 58
tosse 103
totens 238
Tourette, síndrome de 259
toxicidade 42, 245 *ver também* desintoxicação
trabalhadores da luz 263, 380
trabalho, locais de 110, 228
  gradeamento de 88
traição 105
transe hipnótico 202
transições 187
transtorno do déficit de atenção com hiperatividade 53, 179, 313, 332
transtorno obsessivo-compulsivo 253
trauma 37, 73, 96, 122, 200
  de nascimento 55
  de vidas passadas 136, 233, 253
  emocional 126
  libertação de 203
  memórias traumáticas 303

neutralizando traumas do passado 139
recuperação de 120
triangulação 29, 228, 285
triplo-aquecedor, meridiano 44, 200, 383
tronco encefálico 103
tubo digestivo 143
Tudo O Que É 91, 92, 226, 232, 233-4, 243, 263, 283, 310, 351, 375, 376
tumores 57, 101, 108, 124, 179, 274
  relacionados à inalação da poeira de amianto 37
turquesa, chama 222
Tutancâmon 13, 14-15, 180

## U

úlceras 221
unhas 80, 210
universal, amor 115, 222
  mente 114
  sabedoria 109
urogenital, sistema 145, 172

## V

vaidade 108
vampirização energética 26
varinhas 28, 264, 311
  gradeamento 28-31
  portal sem volta 208
vazamento de energia 266
veias 72, 103, 143
  entupidas 101
Vênus 14
verdade, fogo da 100
Verde, Tara 307
verdejante, chama 235
vermelha, chama 44
verrugas 133, 185, 197
vertigem 92, 257
  causadas pela altura 292
vesícula biliar 41, 115, 126, 181
viagem, enjoo de 141
viagem astral 61, 63, 72, 92, 96, 121, 161, 181, 188, 202, 208, 224, 230,

255, 265, 282, 208, 224, 230, 255, 265, 282, 287, 299, 300, 311, 316, 318, 329, 335, 380
a vidas passadas 129
âncora xamânica para 132
consciente 96
cordão de prata 74
e morte 239
espiritual 228
multidimensional 72, 196, 326
mundos xamânicos 99
*ver também* viagem astral a mundos inferiores e superiores
vibracional, descarregamento de energia 133, 383
vibrações 12-33
   estruturas cristalinas 20-1
   gradeamento 13, 27, 28-31
   groenlândia, pedras 32-3
   história dos cristais 14-19
   proteção dos cristais 22-31
vícios 44, 64, 277
   causa dos 173, 231
   e codependência 221, 316
   padrões subjacentes aos 122, 254
   superação dos 259
vidas passadas, chakra das *ver* chakra das vidas passadas
vikings 16
vingança 113, 230
violência, vítimas de 123-4
violeta, chama 224, 235, 254, 312, 335
virtude emprestada 25
visão 64, 203
   espiritual 69
   noturna 44
   psíquica 219, 220, 268, 291, 292, 311
visitações fora do corpo 42
visões
   indução de 181
   místicas 74
visualização 36, 56, 61, 73, 131
vitalidade 64
   estimulação da 44
vitalidade física 131
vitaminas, assimilação de 110
vítima, mentalidade de 75, 185, 261
vitimismo 261, 354
vômito 122
vontade espiritual 44, 55, 75
vontade, força de 51, 66, 185, 213
voz, trabalho com a 70

## X

xamânicas, âncoras 84, 99, 132, 137, 139, 174, 187, 212, 382
   curas 37
   instrumentos anímicos 13, 136-7
   jornadas 282
   oráculos 99
   práticas 141, 174, 188-9
xamãs 33, 188
yang, energia 185

## Y

yin-yang, equilíbrio 69, 113, 123, 165, 189, 268, 301

## Z

ziguezague, gradeamento em 29
zumbido no ouvido 55, 92, 97

# INFORMAÇÕES ÚTEIS

**LEITURAS RECOMENDADAS**

Hall, Judy. *The Crystal Bible*, Godsfield, Londres, 2003. [*A Bíblia dos Cristais*, Editora Pensamento, SP, 2008.]

Hall, Judy. *Crystal Prescriptions*, O Books, Ropley, 2005

Hall, Judy. *The Crystal Zodiac*, Godsfield, Londres, 2005.

Hall, Judy. *Good Vibrations: Energy enhancement, psychic protection and space clearing*. Flying Horse Books, Bournemouth, 2008

**AGRADECIMENTOS DA AUTORA**

A minha mais profunda gratidão a Ray Berry pela experiência com a roda medicinal lemuriana e as informações sobre as direções, que acrescentei ao Guia de Referência Rápida. Aos fornecedores de cristais e vendedores do eBay com os quais eu consegui informações sobre as pedras, agradeço pelos excelentes serviços e me desculpo por não ser possível citar os seus nomes. Como sempre, agradeço a Jacqui Malone pelo seu conhecimento e pedras impressionantes, e a Sue e Simon Lily pela pedra que me deram de presente e pela amizade de longa data. Aos participantes dos meus cursos, Dawn Robins, Jacki Dixon e todos que me ajudaram a estudar as propriedades dessas belíssimas pedras, o meu sincero agradecimento, e à minha agente Chelsey Fox, pela paciência e por fazer este livro dar certo, o meu muito obrigada.

**AGRADECIMENTOS PELAS ILUSTRAÇÕES**

Todas as fotografias © Octopus Publishing Group Limited, com exceção das seguintes:

Alamy/ North Picture Archives 17. Catherine Best Ltd. 24. Corbis/1996-98 AccuSoft Inc., All right/Robert Harding World Imagery 15 parte inferior da página Nasa/GSFC. Jacques Descloitres, MODIS Land Rapid Response Team 33 parte inferior da página.

**Executive Editor:** Sandra Rigby
**Senior Editor:** Fiona Robertson
**Executive Art Editor:** Sally Bond
**Designer:** Julie Francis
**Photographer:** Andy Komorowski
**Production Controller:** Linda Parry
**Picture Researcher:** Jennifer Veall